国家社会科学基金项目(11BKS041)研究成果
河南省高校科技创新人才支持计划(人文社科类)资助

"无直接利益冲突"
生成逻辑及社会治理

谢海军 / 著

THE OCCURRING LOGIC AND SOCIAL GOVERNANCE
ON "NON DIRECT CONFLICT OF INTEREST"

社会科学文献出版社
SOCIAL SCIENCES ACADEMIC PRESS (CHINA)

序

韩庆祥[*]

随着中国现代化建设步入重要战略机遇期与矛盾凸显期，社会稳定成为全面建成小康社会、实现社会主义现代化的重要前提与保障。矛盾凸显期的主要表现形式之一，就是群体性事件类型多元化。其中一种类型，可称为"无直接利益冲突"群体性事件。"无直接利益冲突"作为一种新型群体性事件，其对中国社会稳定的影响超过其他群体性事件，特别是其参与人数众多，冲突手段暴力化且无底限，有可能造成局部社会骚乱和社会动荡，是目前影响中国社会稳定的最大风险源之一。深入研究"无直接利益冲突"生成过程，把握其发展规律，提出有针对性的治理对策，对中国社会稳定有直接的现实意义。《"无直接利益冲突"生成逻辑及社会治理》一书，是目前第一部研究"无直接利益冲突"群体性事件的专著。它在吸收学术界最新研究成果的基础上，形成"无直接利益冲突"研究的整体框架，剖析了"无直接利益冲突"生成机制，提出了有针对性的治理对策，对于政府深入理解"无直接利益冲突"的来龙去脉、维护社会稳定、有效渡过矛盾凸显期，有所裨益。

《"无直接利益冲突"生成逻辑及社会治理》一书的主要特点和价值有以下几个方面。

第一，该书系统地研究了"无直接利益冲突"群体性事件。作为目前第一部研究"无直接利益冲突"群体性事件的专著，该书不是从"无直接利益冲突"某个环节或单个问题进行研究，而是从"无直接利益冲突"的概念、特征、分类、性质、影响、演变的主要环节、生成动因及逻辑关系、治理机制等不同方面进行分析与研究，构成"无直接利益冲突"研究

---

[*] 韩庆祥，中国人学学会副会长、中国马克思恩格斯研究会副会长、中共中央党校副教育长兼哲学教研部主任、教授、博士生导师。

的完整路线图，具有系统性、整体性的研究思维与特点。

第二，该书注重"无直接利益冲突"基础概念的学理性研究，在特征梳理、类型划分与性质分析方面提出了独到见解。该书从事件静态特征与动态特征两个维度，较为全面地阐述"无直接利益冲突"的总体特征；从"无直接利益冲突"参与主体、燃点等特征，尝试区分"无直接利益冲突"三种不同类型；通过对人民内部矛盾理论关于区分矛盾性质标准的深化研究，提出"无直接利益冲突"具有矛盾主体人民性、非政治性、可协调性的因素，只具备矛盾对抗形式而不具备对抗性矛盾的性质。

第三，"无直接利益冲突"是一种生成机理较为特殊的群体性事件，该书初步揭示了其生成动因及其逻辑关系。"无直接利益冲突"的主要参与主体是无直接利益相关者的介入，分析"无直接利益冲突"生成的机理主要是揭示无直接利益相关者介入的动因。无直接利益相关者现场介入动因主要是不公平感的社会心理引发的不满和怨恨心态，这种社会心理和心态显然不是群体性事件现场形成的，而是在事件发生之前就已经形成。本书通过对"无直接利益冲突"生成环节的梳理，提出"无直接利益冲突"生成的四个环节，即矛盾产生的源头、矛盾演变的中间环节、矛盾的诱因事件、无直接利益冲突群体性事件。四个环节中"无直接利益冲突"生成的动因及逻辑关系是，无直接利益相关者日常生活中利益受损的源头性动因，经过利益表达受阻的中间变量，形成不公平感的社会心理，这种隐性社会心理遇到诱因事件，在"无直接利益冲突"群体性事件现场以发泄不满的形式表现出来。

第四，该书通过观察分析"无直接利益冲突"凸显的现象，揭示中国社会矛盾呈现新的阶段性特征。群体性事件是我们得以观察中国社会矛盾的重要窗口，"无直接利益冲突"作为一种新型群体性事件能够反映出中国社会矛盾呈现新的阶段性特征。"无直接利益冲突"中矛盾冲突主体分化为强势利益群体与弱势利益群体，能够反映出中国社会利益关系变迁中的"断裂"现象；"无直接利益冲突"参与主体增多与暴力手段的使用，反映出中国社会局部矛盾的对抗性增强；"无直接利益冲突"发生的环节与动因增多，反映出人民内部矛盾的复杂化。"无直接利益冲突"群体性事件现场演变过程呈现出突发性、非线性等现代风险社会的特点；"无直接利益冲突"生成的直接动因，反映出中国社会部分利益型矛盾转变为社会心理冲突。

第五，该书依据"无直接利益冲突"生成的独特机理，提出了有针对性的治理方式。从"无直接利益冲突"产生过程来看，其生成的独特机理主要在于事件生成动因并不是单一的利益因素，而是利益因素、利益表达、社会心理等多种因素共同作用的结果。因此，治理"无直接利益冲突"不能采取单一手段，需要采取综合性的治理措施。首先，要构建科学的中国特色社会主义矛盾治理理念。辩证地看待中国现代化建设中矛盾产生的必然性，要从过去刚性维稳理念转变为柔性维稳理念；从静态维稳理念转变为动态维稳理念；从行政管理理念转变为法治治理理念；在改革发展中推进稳定，保持社会相对稳定而不是绝对稳定。

"无直接利益冲突"治理需要采取复合型的对策，一是完善矛盾源头预防机制。主要内容包括：矛盾顶层设计完善和公共决策科学化；基层社会矛盾预防与化解机制构建，把矛盾化解在基层，化解在萌芽状态。二是增强矛盾化解环节中利益表达的有效性，需要畅通利益表达渠道，提高利益表达减压阀效果，有效化解矛盾。三是化解不公平感的社会心理，既要解决权力异化的主导因素，又要完善社会心理疏导和社会关怀建设疏导社会不良心态，以解决由权力导致分配不公的问题作为治理的关键。四是完善中国特色危机与应急管理的体制与机制。着重在"本体"诱因事件之前进行风险评估；事中着重提高政府处置突发事件的能力；注重善后处置，从深层次铲除"无直接利益冲突"发生的土壤。五是加强党的自身建设，提高矛盾治理能力的现代化是贯穿"无直接利益冲突"治理的一条红线。

作为研究"无直接利益冲突"探索性的专著，需要在以下几个方面进一步深化探索。一是通过"无直接利益冲突"深化研究，在理论上丰富和完善人民内部矛盾学说。二是把定量研究与定性研究有机结合，在现实案例中把握"无直接利益冲突"的发展规律，同时，细化分析"无直接利益冲突"案例研究，提出可操作性、实用性的对策。谢海军同志是中共中央党校研究生院培养的博士生，我很高兴看到该同志取得的研究成果，并希望其以后能在该问题研究中取得新的成果。

摘 要

进入 21 世纪后,以贵州瓮安"6·28"群体性事件和湖北石首"6·20"群体性事件为代表的"无直接利益冲突"呈现出高发态势,作为一种新型的群体性事件,有其独特的生成机理,并表现出一系列新特征。"无直接利益冲突"是目前影响中国国家安全和政治稳定较为突出的风险与社会矛盾。

"无直接利益冲突"作为一种新型的社会矛盾,展现了若干新特点。从静态特征分析,"无直接利益冲突"具有参与主体多元化、无组织程度、冲突手段暴力化、无利益诉求目的等特点;从动态特征分析,"无直接利益冲突"具有突发性、矛盾积累性、非线性演变、舆情助推增强等特点。虽然,"无直接利益冲突"具有打、砸、抢、烧等暴力冲突形式,但从矛盾性质上看,"无直接利益冲突"具有冲突主体人民性、非政治性、矛盾可协调性等特点,总体上属于非对抗性矛盾性质。

"无直接利益冲突"的独特生成机理主要表现为,其生成的动因并非单一因素,而是多种动因相互作用的复合型因素。"无直接利益冲突"生成的关键环节有日常生活中矛盾产生的源头、矛盾演变的中间环节、"本体"诱因事件和"变体"事件。四个关键环节中的不同动因及相互关系是,日常生活中利益受损是"无直接利益冲突"生成的基础性动因,经过利益表达受阻的中间变量,转变为"不公平感"的社会心理,这种社会心理以"隐性"状态存在于现实中,当遇到"本体"诱因事件时,在舆情助推作用下,不公平感的社会心理成为"无直接利益冲突"生成的直接动因,使"本体"诱因事件转变为"无直接利益冲突"群体性事件。

面对"无直接利益冲突"产生的独特机理,需要建立复合型的治理机制。从矛盾产生的关键环节,需要分别构建"无直接利益冲突"的源头预防机制、矛盾产生中间环节的阻断机制和事件现场的危机管理机制并进行多元治理。从"无直接利益冲突"生成的动因进行治理，需要分别健全矛盾源头防范机制、利益表达的畅通和矛盾化解机制、不公平感的社会心理纾解机制、危机防范与应急管理机制，并进行综合性治理。而贯穿这四个治理环节的红线是中国共产党自身建设与执政能力的提升。

目 录

引 言 ……………………………………………………………… 001

第一章 "无直接利益冲突"的概念、特征、类型与性质 ……… 003
一 群体性事件概念的演变 ………………………………… 003
二 "无直接利益冲突"概念界定 ………………………… 009
三 "无直接利益冲突"特征分析 ………………………… 015
四 "无直接利益冲突"类型划分 ………………………… 034
五 "无直接利益冲突"矛盾性质定位 …………………… 040

第二章 "无直接利益冲突"生成的系统动力机制 …………… 052
一 "无直接利益冲突"系统动力机制内涵 ……………… 052
二 "无直接利益冲突"生成的主要环节及动因 ………… 056
三 "无直接利益冲突"源头性动因：日常生活中利益受损 … 061
四 "无直接利益冲突"中间变量：体制内利益表达受阻 … 089
五 "无直接利益冲突"生成的直接动因："不公平感"
　　社会心理 …………………………………………… 104
六 "无直接利益冲突"诱因：日常生活中的偶发事件 … 115
七 "无直接利益冲突"助推因素：舆情的传播 ………… 121

第三章 "无直接利益冲突"折射社会矛盾的新变化 …………… 133
一 "无直接利益冲突"折射利益关系分化的"断裂"现象 … 135
二 "无直接利益冲突"反映局部社会矛盾的对抗性增强 … 142
三 "无直接利益冲突"揭示人民内部矛盾的复杂化 …… 145
四 "无直接利益冲突"呈现现代风险社会的新特点 …… 148
五 "无直接利益冲突"折射出部分利益型矛盾演变为社会
　　心理冲突 …………………………………………… 150

第四章 "无直接利益冲突"的影响 …… 155
- 一 "无直接利益冲突"触及中国政治稳定的底限 …… 155
- 二 "无直接利益冲突"削弱基层政府的合法性基础 …… 156
- 三 "无直接利益冲突"造成巨大"软"损失 …… 157
- 四 "无直接利益冲突"给政府带来政策修复机遇 …… 158

第五章 "无直接利益冲突"的治理研究 …… 160
- 一 构建中国特色社会主义的矛盾治理理念 …… 161
- 二 在源头上完善矛盾产生的预防机制 …… 168
- 三 增强矛盾化解环节中利益表达的有效性 …… 186
- 四 健全权利平等和心理纾解机制，化解"不公平感"社会心理 …… 193
- 五 提高事件现场的危机防范与应急管理能力 …… 205
- 六 加强党的建设，实现治理能力的现代化 …… 214

参考文献 …… 224

后　记 …… 228

引 言

和谐与矛盾是人类社会发展进程中不可或缺的两条脉络。社会主义制度产生后，关于社会主义社会是否存在矛盾产生了较长时间的争议。1956年毛泽东关于人民内部矛盾理论的提出，科学地回答了社会主义社会是否存在矛盾、存在什么样矛盾的问题，尽管以阶级斗争为主要内容的敌我矛盾还长期存在，但人民内部矛盾已成为社会主义社会的主要矛盾。毛泽东关于人民内部矛盾理论提出的一个背景，是1956年中国出现了少数"群众闹事"，其中除了少部分事件带有当时特定的政治色彩外，大部分"群众闹事"与现在群体性事件在内容特征上基本相同，"群众闹事"是群体性事件的最初形态。

改革开放以来，随着经济体制转型和社会结构变迁，西方用数百年时间完成的从农业社会到工业社会的变迁，在中国赶超型发展战略下，中国现代化进程被压缩到数十年完成，西方现代化过程中次第展开的社会矛盾，在中国变成压缩性"风险胶囊"。随着中国从温饱型发展阶段向全面建设小康社会阶段的迈进，中国经济社会发展进入"战略机遇期"与"矛盾凸显期"。矛盾凸显期的人民内部矛盾出现了尖锐化、多元化、复杂化、关联性的趋势，其外在表现形式之一就是群体性事件凸显。根据中国社会科学院每年公布的"社会形势与预测报告"和其他相关数据分析，我国群体性事件并非简单地呈直线上升趋势，而是呈现复杂的"之"字形特征。21世纪群体性事件演变的具体趋势是，2000~2004年群体性事件数量持续上升，在2005年首次出现下降，2006~2009年群体性事件数量又持续上升，2010年再次出现下降，并延续至今，但群体性事件数量仍在高位运行。

进入21世纪后，群体性事件由单一类型向多元类型发展。2004年重庆万州"10·18"事件、2005年安徽池州"6·26"事件、2006年四川大竹"1·17"事件、2008年贵州瓮安"6·28"事件、2008年甘肃陇南

"11·17"事件、2009年湖北石首"6·20"事件、2011年广东增城"6·11"事件等，都展现出群体性事件参与主体多元化、无组织性、暴力性、泄愤性目的等主要特征，其中贵州瓮安事件和湖北石首事件又被称为此类事件的典型案例。此类新型群体性事件于2006年首先被《瞭望》杂志称为"无直接利益冲突"。此后，"无直接利益冲突"成为描述此类群体性事件的规范性概念。作为一种触及中国政治稳定底限的新型群体性事件，它与传统组织群体性事件在发生机理、基本特征上均呈现出新的变化。

"无直接利益冲突"作为一种新型的群体性事件，因其参与主体众多，冲突暴力化且无底限，给中国社会稳定与国家安全构成重要危害，直接威胁到基层党组织与政府的执政合法性基础，是目前中国社会矛盾凸显期的最大风险源之一。

本书以"无直接利益冲突"中无直接利益相关者的参与动机为研究起点，认真梳理"无直接利益冲突"演变过程，厘清其演变的关键环节，阐述无直接利益相关者在不同环节参与动因的特点，分析不同环节动因演变的逻辑关系，揭示"无直接利益冲突"生成的独特机理。在此基础上，依据"无直接利益冲突"生成的独特机理，笔者提出了有针对性的治理机制。

第一章 "无直接利益冲突"的概念、特征、类型与性质

从类型上分析,"无直接利益冲突"属于群体性事件范畴,它是伴随着我国社会矛盾变迁而出现的一种新型群体性事件。从宏观上讲,它属于群体性事件的范畴,它和其他群体性事件有共同的特征;从微观上讲,作为一种新型群体性事件,它又有自身的特点与发展规律。概念是研究事物的原点,要研究"无直接利益冲突"就必须追溯群体性事件的概念演变过程及其范畴变迁,从中分析"无直接利益冲突"概念与群体性事件概念的相似与区别。

一 群体性事件概念的演变

从时间维度分析,中华人民共和国成立以来,对群体性事件概念的认知可以划分为两个阶段。第一个阶段是从1949年新中国成立到社会主义建设道路探索时期以及"文化大革命"时期,这一时期对群体性事件概念的认知,侧重于从政治角度进行探索;第二个阶段是从1978年至今,这一时期对群体性事件概念的认知,经历了从侧重于法律属性、社会属性到侧重于多元属性的变化。从认知主体分析,主要有政府与学术界两种主体。政府主要是从社会稳定方面进行认知的,多与政治性、违法性联系在一起;而学术界多从社会属性、维权性等方面进行认知,二者既存在某种交叉性又存在一定的分歧。

(一) 我国群体性事件范畴的最初形态:"群众闹事"

群体性事件是观察特别是从体制外观察中国社会矛盾与稳定的重要窗口,作为一个描述某种特定社会矛盾现象,并被党和政府明确接纳的规范性概念,最早出现在2004年中共中央办公厅、国务院办公厅制定的《关于积极预防和妥善处置群体性事件的工作意见》文件中。此后,虽然针对

"群体性事件"概念的科学性还存在争议,但最终在与"治安事件""突发事件""群众闹事"等概念竞争中成为中国目前描述特定社会矛盾的规范性概念。

然而,作为同一类型社会矛盾概念的源头,可以追溯到20世纪50年代中期。1956年社会主义改造完成和社会主义制度确立之际,相继发生农村农民闹社、退社事件,城市工人请愿、罢工,学校学生罢课等群体性事件。据统计,"从1956年9月到1957年3月半年时间内,全国发生数十起罢工、请愿事件,每起事件少则数十人,多则一二百人甚至近千人。在农村,1956年夏收以后,不少地方连续发生闹缺粮、闹退社的风潮"[①]。

1956年部分群众集体上访、请愿、罢工、示威、退社等相似类型的社会矛盾,被第一代领导集体称为"群众闹事"或者"少数人闹事"。从其整体特征来看,"群众闹事"除了"退社"等事件带有特定时代的政治色彩之外,与当今利益或者维权类型的群体性事件结构特征基本相同。1956年发生的"群众闹事",是1949年中国共产党执政以来面临的不曾有过的新型社会矛盾,这种新型社会矛盾的"新"特点体现在:矛盾参与主体不是传统革命斗争中阵营分明的敌人,而是社会主义的建设者,这对中国共产党以阶级斗争的方式处理社会矛盾的思维方式构成巨大挑战。"群众闹事"的提出,反映出第一代领导集体对这种新型社会矛盾的直观化、口语化和类政治化认知的探索。

"群众闹事"概念主要由两部分构成,一部分是参与主体,另一部分是行动的价值判断。"群众"一词带有政治化色彩。"群众"一词,通常有两层含义,一是指"人民大众"或"居民的大多数",即与"人民"一词同义;二是指"未加入党团的人",表示"干部"与"群众"的区别。在历史唯物主义中"人民"是一个历史的、政治的范畴,历史唯物主义把"人民"的政治属性从过去社会属性中剥离出来,凸显其政治属性。在当时中国政治语境下,"群众"与"人民"一词常常同义并且相互通用。从新民主主义时期起群众就带有革命背景下的政治身份色彩,与敌人是对立

[①] 中共中央党史研究室:《中国共产党历史》第二卷(上册),中共党史出版社,2011,第426页。

的范畴，这种政治身份色彩延续于社会主义建设时期。

"闹事"带有明显的口语化的认知，它既不是一个明确的法律术语，也不是一个明确的政治术语，而是对一种特定社会矛盾的直观、通俗的表述。这种直观、通俗的表述表明，一方面社会主义制度下的新型社会矛盾刚刚出现，与社会矛盾的内涵，特别是经济利益主体之间的矛盾还没有充分展现有直接的关系，人们更多的是从事物外部认识社会矛盾；另一方面中国共产党对这种新型社会矛盾还处于一种直观、表面的认知，"闹事"只是带有口语化的概念，还没有上升到理性与规范化概念的范畴。

"群众闹事"说法的提出，既是毛泽东关于人民内部矛盾理论提出的一个主要背景，又是在人民内部矛盾理论指导下，对某种特定社会矛盾现象（罢课、罢工等）认知的结果。它反映出中国共产党第一代领导集体面对社会主义社会出现的新型矛盾，抛弃传统阶级斗争思维方式的新探索，在宏观上是对社会主义社会矛盾性质分析、矛盾类型划分、正确处理方法等系统性的理论探索，尽管这种探索在建设中国社会主义道路中出现了反复性和不确定性，但其为我们改革开放后正确认识和处理群体性事件提供了理论准备和实践基础。

（二）改革开放后群体性事件范畴的演变及确立

党的十一届三中全会以后，随着中国改革开放和社会转型，人民内部矛盾出现新的阶段性特征的大背景下，群体性事件发生的原因、形式、规模等均出现了较大的变化，与之相对应的是，党和政府对群体性事件属性的认知、治理的对策也发生了变化，这种变化集中体现在群体性事件概念的范畴转换中。

1. "群众闹事"转换为"治安事件"

党的十一届三中全会后中国共产党依法治国的基本方略初步显现，20世纪80年代初至80年代中后期"群众闹事"概念范畴被转换为法治视角下的"治安事件"范畴。通过吸取"文化大革命"的教训，在民主法治化的大背景下，随着改革开放后国家法律的制定、颁布和完善，"治安事件"的概念首次在1980年7月5日国务院批准由公安部施行的《人民警察使用武器和警械》法规中提出。其中第五条规定："人民警察在执行逮捕、拘留、押解人犯和值勤、巡逻、处理治安事件等公务时，可以根据本规定，使用武器和警械。"同时该规定还列举了"治安事件"的种类，包括"打砸抢、聚众骚乱和结伙斗殴事件"①。"治安事件"概念范畴的提出使20世纪50年代对群体性事件概念的界定由口语化和类政治化的范畴转变为法律化的范畴。

2. "治安事件"演变为"突发事件"

20世纪80年代末至90年代中期,政府根据群体性事件发生的时间压力和高度不确定性等特征,将群体性事件的"治安事件"术语转换为政府危机管理背景下的"突发事件"概念范畴。1988年11月2日公安部在《关于处置各种突发事件的几点意见》中提出了"突发事件"的概念。此后至90年代中期,"突发事件"、"突发性事件"或者"突发性治安事件"等相似的概念被连续使用。"突发性"是这一时期政府对群体性事件认识的视角和维度,说明此类事件不同于政府常规性决策下的一种非常规、高度不确定性决策,是政府在信息、资源和时间有限的条件和压力下,面对处理危机能力的挑战。

3. "突发事件"回归并延伸为"群体性治安事件"

21世纪初,"突发事件"范畴回归并延伸为"群体性治安事件"。2000年4月5日公安部颁发的《公安机关处置群体性治安事件规定》,把其定义为"聚众共同实施的违反国家法律、法规、规章,扰乱社会秩序,危害公共安全,侵犯公民人身安全和公私财产安全的行为"。"群体性治安事件"概念范畴重新回归20世纪80年代初期违法性界定的维度基础,突出与群体暴力犯罪等刑事案件的区别,并没有概念范畴上的新意,倒有累赘之感。

4. "群体性事件"的多元属性

2004年至今,"群体性事件"概念范畴界定从单一维度走向多维度,在各种概念范畴的表述中得到广泛认可与接纳。中共中央办公厅、国务院办公厅制定的《关于积极预防和妥善处置群体性事件的工作意见》,正式提出"群体性事件"的规范概念范畴并解释了概念内涵,"由人民内部矛盾引发、群众认为自身权益受到侵害,通过非法聚集、围堵等方式,向有关机关或单位表达意愿、提出要求等事件及其酝酿、形成过程中的串联、聚集等活动"。与此前的定义相比较,此次定义从过去界定群体性事件注

---

① 最高人民法院政治部:《人民法院司法警察工作指南》(下),昆仑出版社,2006,第926~927页。

重违法性的单一维度转向了事件产生原因、违法性和危害性等综合性的维度；该定义弱化了群体性事件的社会危害后果，突出了群体性事件发生原因的一定合理性。更重要的是，该定义提出了群体性事件具有利益维权的含义，将维权合理性和手段违法性联系起来，从理论上化解了中国社会管理中"维稳与维权"对立的最大困局（见表1-1）。

表1-1 "群体性事件"概念与属性认知的变化

年份	概念称谓	属性认知
1956	群众闹事	政治属性
1980	治安事件	法律属性
1988	突发事件	
1993	突发性群众闹事	
1994	紧急治安事件	社会属性
1996	群众性突发事件	
2000	群体性治安事件	
2004	群体性事件	多元属性

（三）"群体性事件"概念内涵

我国对"群体性事件"概念范畴的解释出现了两个视角，一个是从政府的视角进行界定，另一个是从学术视角进行界定，尽管这两个解读视角出现了某种交叉点，但总体上存在着一定的差别。

1. 政府侧重于从法律属性的违法性进行界定

界定这一概念的主体是政府及其相关职能部门。政府及其职能部门对群体性事件概念范畴的界定，多从稳定社会的视角，侧重于群体性事件的法律属性，过多强调群体性事件违法行为，忽视群体性事件利益表达的功能。2000年公安部颁发的《公安机关处置群体性治安事件规定》提出的"群体性治安事件"是指"聚众共同实施的违反国家法律、法规、规章，扰乱社会秩序，危害公共安全，侵犯公民人身安全和公私财产安全的行为"。这一概念诠释主要是从公安部门稳定职能视角提出的。2004年中共中央办公厅、国务院办公厅制定的《关于积极预防和妥善处置群体性事件的工作意见》，提出了"群体性事件"新的概念范畴并解释了其概念内涵。

中共中央和国务院提出新的"群体性事件"概念范畴，虽然淡化了群体性事件的违法性，并提出了群体性事件的其他属性，但违法性仍然是其界定概念的主要维度。总体来看，政府界定群体性事件内涵的主要维度有三个，一是参与主体，即不特定人数；二是行为违法性，包括聚集、围堵、打砸抢烧等违法行为；三是对社会秩序造成不良后果。其中，违法性是政府及其职能部门界定群体性事件概念的主要维度。反映出政府及其职能部门从其管控社会稳定的职能进行单向度的认识。"中国大陆主要以违法和扰乱公共秩序、危害公共安全为要件，缺乏'度'的把握，界定的范围较为宽泛，反映出中国政府在社会转型期维护社会稳定的迫切心态，以及因而所持的谨慎和限制的态度。"[①]

2. 学术界从不同视角对"群体性事件"概念范畴进行界定

部分学者侧重于群体性事件的性质界定；有的强调群体性事件特征诠释，即使对群体性事件特征进行界定也有不同侧重点。

（1）侧重于从矛盾性质入手对群体性事件进行概念范畴的界定。马克思主义经典作家注重从矛盾性质区分矛盾的不同类型，毛泽东关于人民内部矛盾理论更是把矛盾性质作为认识和处理社会主义社会矛盾的主线，把矛盾性质作为界定群体性事件概念的首要维度，更能从深层次反映出群体性事件的属性判断。以王伟光为代表的部分学者，侧重于从矛盾性质界定群体性事件的概念，认为"群体性事件"是指"主要由人民内部矛盾引发的，一定数量群众参与的游行、示威、静坐、上访请愿、聚众围堵、冲击械斗、阻断交通，以及罢工、罢课、罢市等严重影响、干扰乃至破坏社会正常秩序的事件"[②]。以矛盾性质界定群体性事件，符合人民内部矛盾理论的认知方法，把敌我矛盾从群体性事件中剥离出来，有利于党对社会矛盾进行分类治理，对社会稳定具有现实意义。

（2）侧重于从矛盾的多元特征维度对群体性事件概念范畴进行界定分析。改革开放后，学术界对群体性事件概念界定的视角发生变化，总的趋势是从过去从单一政治维度转向多元特征维度进行界定。对群体性事件多元特征维度界定视角并不一致，有的侧重于从组织特征进行界定，认为群体性事件"因人民内部矛盾而引发，由部分公众参与并形成有一定组织和目的的集体上访、阻塞交通、围堵党政机关、静坐请愿、聚众闹事等群体

---

① 范明：《中外"群体性事件"问题比较研究》，《中国人民公安大学学报》2003年第1期。
② 王伟光：《提高构建和谐社会能力》，中共中央党校出版社，2005，第98页。

行为，并对政府管理和社会造成影响"①；有的则侧重于目的取向，认为群体性事件"为达成某种目的而聚集有一定数量的人群所构成的社会性事件"②；还有的从多元维度进行界定，如于建嵘从群体性事件参与主体、行动指向等，对群体性事件进行界定，认为群体性事件"是指有一定人数参加的、通过没有法定依据的行为对社会秩序产生一定影响的事件"③。

综合而言，学术界界定群体性事件概念范畴的主要维度有两个层面，一个层面是从矛盾性质进行界定，主要把群体性事件界定为人民内部矛盾，与敌我矛盾区分开来；另一个层面是从矛盾特征进行界定的，主要特征维度有参与主体、矛盾发生原因、行为方式、诉求目的、社会影响五个方面。群体性事件概念内涵是一个整体，是不同要素之间的有机联系，过度强调群体性事件某个维度而忽视其他维度，都可能以偏概全，应结合矛盾性质维度和矛盾特征维度，对群体性事件概念进行全面界定。在中国语境下，人民内部矛盾理论是认识和分析中国社会矛盾的主要理论工具，矛盾性质区分仍然是认识群体性事件的首要维度。在认知群体性事件性质的基础上，进一步分析群体性事件的特征维度，包括群体性事件参与主体、发生原因、行为方式、诉求目的、社会影响等维度。只有结合群体性事件性质和特征两个维度才能从更深层次和更广范围认识群体性事件的概念范畴。结合这两个维度，群体性事件是指"由人民内部矛盾引发的，不特定群体认为自身权益受到侵害，通过某些违法方式对社会秩序产生一定影响的某种诉求表达行动"。这一概念范畴从两个层面对群体性事件进行界定，一个是凸显其矛盾性质的属性判断，另一个是涵盖了矛盾主体、发生原因、行为方式、诉求目的、社会影响五个方面，较为全面地诠释了群体性事件的性质与基本特征。

二 "无直接利益冲突"概念界定

改革开放以来我国群体性事件呈现出动态的变化，在不同时期呈现出不同的阶段性特征。21世纪，群体性事件变化呈现出新的阶段性特征。这

---

① 中国行政管理学会课题组：《我国转型期群体性突发事件主要特点、原因及政府对策研究》，《中国行政管理》2002年第5期。
② 邱泽奇：《群体性事件与法治发展的社会基础》，《云南大学学报》2004年第5期。
③ 于建嵘：《当前我国群体性事件的主要类型及其基本特征》，《中国政法大学学报》2009年第6期。

种新的阶段性特征不是表现在群体性事件某个要素的变迁之中，而是体现在群体性事件的整体性结构要素的变化中，整体性结构要素既包括群体性事件直观的基本特征，诸如群体性事件发生的数量、参与主体人数、构成类型等要素，还包括群体性事件内部特征，诸如群体性事件发生原因、群体性事件表达方式、国际环境的影响等要素。除此之外，还有群体性事件自身因素之外的因素，包括政府应对群体性事件的策略变化等要素，这些不同特征共同构成群体性事件的整体性结构变迁。

（一）我国群体性事件类型的多元化

群体性事件构成是指不同类型群体性事件所占的比例，与数量的直观尺度相比较，群体性事件构成类型变化从更深层次反映不同类型社会矛盾占整个社会矛盾比例的变化。目前关于中国群体性事件类型的划分还没有形成一致的观点，较为普遍的是从过去单一的划分指标走向"综合性"的指标体系，笔者认为应从群体性事件构成的关键维度进行综合性分析。首先，关键维度是事件的性质，但中国目前群体性事件性质绝大部分属于非对抗性矛盾，属于人民内部矛盾，故从性质维度无法做出区分。其次，特征是区别群体性事件的重要维度，特征维度主要包括群体性事件参与主体、产生原因、组织形式、表达方式、诉求内容和产生后果六个方面。在这六个维度中，参与主体是最重要的变量，参与人数的构成特点直接影响群体性事件的其他特征。据此，以参与主体为关键变量，以产生原因、组织形式、表达方式、诉求内容和产生后果为次要变量，把中国群体性事件分为利益群体性事件、"无直接利益冲突"群体性事件、网络群体性事件、民族宗教群体性事件和涉外群体性事件五种类型。

20世纪80~90年代，我国群体性事件类型单一，绝大部分是不同利益主体之间产生的具体利益矛盾，特别是由经济利益矛盾引起的。这种具有矛盾参与主体单一化、边界清晰、无组织形式和暴力倾向以利益诉求为目的等若干特征的利益群体性事件，在改革开放较长时期居于我国群体性事件类型的主导地位。说明改革开放初期，利益矛盾特别是经济利益矛盾，占据着国内社会矛盾的绝对主导地位。

进入21世纪后，其他新型群体性事件开始呈现多元化的趋势。首先，表现为"无直接利益冲突"群体性事件的凸显，较为典型的有2004年重庆万州"10·18"事件、2005年安徽池州"6·26"事件、2006年四川大竹"1·17"事件、2008年贵州瓮安"6·28"事件、2008年甘肃陇南"11·17"事件、2009年湖北石首"6·20"事件、2011年广东增城"6·11"事件等。此类群体性事件具有参与主体多元化、组织方式分散化、冲突手段暴力化等新的特征,被称为"无直接利益冲突"群体性事件。其次,作为一种新的利益表达载体和空间的"网络群体性事件"开始出现并呈现快速上升趋势,其特点是参与主体多元化、表达方式网络虚拟化、冲突手段情绪化等。民族宗教群体性事件也开始凸显,近年来国内小型的民族宗教群体性事件变化不大,但大规模的民族宗教群体性事件影响较大,以2009年拉萨发生的"3·14"事件和乌鲁木齐发生的"7·5"事件为典型代表,其特征是参与主体民族化、诉求目的复杂化、表达方式暴力化等。随着经济全球化的影响,国际形势变化也会引起国内的群体性事件,形成涉外群体性事件。

我国群体性事件构成类型的变化,一方面表明社会矛盾构成内容在变化,但利益群体性事件始终占据我国群体性事件的大多数,说明我国社会主要矛盾并没有发生变化,人民日益增长的物质文化需求与落后的社会生产力之间的主要矛盾并没有发生根本性改变;另一方面利益群体性事件构成比例下降,其他类型群体性事件构成比例上升,说明我国社会主要矛盾并没有改变,但社会矛盾呈现出新的阶段性特征,人民日益增长的物质文化需求内涵在发生改变(见表1-2)。

表1-2 群体性事件类型及其特征

类型	参与主体	发生原因	组织程度	表达形式	诉求内容
利益群体性事件	单一	利益矛盾	有组织	非暴力	利益诉求
"无直接利益冲突"群体性事件	多元化	不满情绪	无组织	暴力化	无明确诉求
网络群体性事件	多元化	不满情绪	无组织	虚拟化	明确诉求
民族宗教群体性事件	单一化	民族宗教	有组织	暴力化	无明确诉求
涉外群体性事件	多元化	国际纠纷	有组织	非暴力化	利益诉求

(二)侧重于参与主体多元化的概念界定

"无直接利益冲突"概念,最早是在2006年10月17日《瞭望》周刊刊登的《我国出现无直接利益冲突现象,参与者只为发泄》一文中提出,

《瞭望》新闻周刊记者钟玉明、郭奔胜在调查广东、上海、江苏、浙江等地的社会矛盾时发现，一些地方出现了"无直接利益冲突"的特殊现象：社会冲突的众多参与者与事件本身无关，而只是表达、发泄一种情绪。①"无直接利益冲突"概念范畴提出以后不仅引起国内的热议，而且作为一种对特定社会矛盾描述较为规范性的概念，迅速被社会各界接纳，成为描述此类社会冲突现象的基本术语。

作为一种新型的社会矛盾，随着研究的深入，也出现了一组相似术语范畴，包括"无直接利益冲突""泄愤型冲突""非直接利益冲突"等，学界对这些不同概念在界定其内涵时，既存在相似之处，也有不同的侧重点。

2006年《瞭望》新闻周刊首先提出"无直接利益冲突"的概念。该概念侧重于从参与主体多元化的特征进行分析。"不少参与群体事件的群众，本身并没有直接利益诉求，而是因曾经遭受过不公平对待，长期积累下不满情绪，借机宣泄。"②这个解释虽然还不能称为严格意义上的定义，但其对"无直接利益冲突"内涵表述已经基本清晰。在此基础上，较为通用的定义是："社会冲突的众多参与者与冲突事件本身并没有直接的利益诉求，而是因曾经遭受过不公平对待，长期积累下了不满情绪，感觉到自己是显在或潜在的被权力迫害者，于是借机表达、发泄不满情绪而出现的冲突。"③"无直接利益冲突"概念界定要点是此类群体性事件参与主体多元化，大部分参与主体与事件本身没有直接利益关系。

（三）侧重于行为目的概念界定

以于建嵘为代表的学者把此类社会冲突类型称为"社会泄愤事件"。2007年10月，于建嵘先生在美国伯克利大学演讲，第一次将这种新型群体性事件定义为"社会泄愤事件"。该概念范畴认为，"绝大多数参与者与最初引发的事件并没有直接利益关系，主要是路见不平或借题发挥，表达对社会不公的不满、以发泄为主"④。此后，于建嵘先后在《中国政法大

---

① 钟玉明、郭奔胜：《社会矛盾的新警号》，《瞭望》2006年第42期。
② 钟玉明、郭奔胜：《社会矛盾的新警号》，《瞭望》2006年第42期。
③ 郝宇青：《当前中国无直接利益冲突现象的特征》，《探索与争鸣》2007年第4期。
④ 于建嵘：《当前我国群体性事件的主要类型及基本特征》，《中国政法大学学报》2009年第6期。

学学报》等刊物发表文章，进一步阐述了社会泄愤事件的基本特征：由偶然事件引起的；没有明确组织者，找不到磋商对象；绝大多数参与者与最初事件没有直接利益关系；对社会不公的不满、以发泄为主；事件发生与发展过程中有信息传播新特点；有打、砸、抢、烧等犯罪行为，行为无底限。

这两种具有代表性的观点，在界定其概念范畴本身上有较大的差别，前者侧重于"无直接利益冲突"群体性事件参与主体的构成特点，即"无直接利益冲突"参与主体与事件本身没有利益关系；后者侧重于事件行为目的特点，即参与主体主要是发泄不满情绪，但两种概念范畴定义的内涵基本相似，都把事件组织特征和行为目的作为"无直接利益冲突"的两个关键要素，只不过概念范畴界定的侧重点有所差别。如果从"无直接利益冲突"群体性事件与其他类型群体性事件的显著差异性特征来看，参与主体多元化和行为目的的泄愤性都是其两个最为显著的差异性特征。如果我们把"无直接利益冲突"发生过程展开，这两个显著特征犹如一枚硬币的两面，呈现出某种逻辑关系，参与主体多元化，特别是无直接利益相关者的加入为后来泄愤性目的埋下了伏笔，有直接的因果关系。

（四）多元维度的概念界定

马克思主义经典作家认为，要认识事物首先要认识事物对象的矛盾特殊性，"科学研究的区分，就是根据科学对象所具有的特殊的矛盾性"[1]。矛盾特殊性是一个事物区别于其他事物的本质，矛盾的特殊性不仅反映了一个事物的矛盾性质，还反映了矛盾性质外延中的矛盾特征，学界对"无直接利益冲突"概念定义应该抓住矛盾性质和矛盾特征。从"无直接利益冲突"矛盾性质分析，虽然有对抗性矛盾的冲突形式，但还属于非对抗矛盾性质的人民内部矛盾，从"无直接利益冲突"矛盾特征分析，应该凸显其矛盾特征的差异性，即与其他群体性事件特征的不同之处，主要凸显"无直接利益冲突"参与主体的特点、表达手段的特点、诉求目的的特点。综合"无直接利益冲突"矛盾性质和矛盾特征的基本要素，笔者界定"无直接利益冲突"的概念是：由人民内部矛盾引起的，与矛盾诱因事件没有直接利益关系的多元化主体，通过较为激烈的诉求方式，表达不满情绪的

---

[1]《毛泽东选集》第1卷，人民出版社，1991，第309页。

社会冲突。

这一定义首先界定了"无直接利益冲突"矛盾性质是人民内部矛盾。其次,突出了此类社会冲突的显著特点,包括参与主体来自不同群体,具有参与主体多元化的特点;表达方式具有严重违法的暴力特征;无明确诉求目的,主要是发泄不满情绪,凸显了"无直接利益冲突"与其他群体性事件的不同之处。"无直接利益冲突"概念的界定是对其矛盾性质和矛盾特征的概括,突出了此类社会冲突与其他社会矛盾的不同,概念的界定凸显此类社会冲突的差异性特征。

(五) 西方社会的相似认识

"无直接利益冲突"是中国语境下形成的对特定社会矛盾概括的概念范畴,西方没有这种概念范畴,但西方也发生过类似的"无直接利益冲突"。例如,1992年美国洛杉矶黑人骚乱事件、2008年希腊骚乱事件、2008年英国伦敦骚乱事件等,西方社会针对这些事件提出更接近中国"无直接利益冲突"概念范畴的说法是"骚乱事件"。这些骚乱事件与中国"无直接利益冲突"的结构基本相同,唯一的区别是中国"无直接利益冲突"主要针对的是地方政府及其职能部门,而西方社会的骚乱冲突针对的不仅包括政府部门,也包括私人商店等。从总体上看,冲突的主体、表达方式、冲突目的等内容结构基本相同,因此中国语境下的"无直接利益冲突"与西方的"骚乱事件"是最为接近的概念范畴。

西方社会对这种特定社会矛盾的认知有一个过程,最早认识到"骚乱"这种现象的是法国社会心理学家勒庞,其代表作《乌合之众》,就是对骚乱这种现象的描述,勒庞虽然没有对骚乱这种现象下一个明确的定义,但对骚乱现象的群体心理做出了深刻的揭示,提出"群体精神统一性的心理学定律",认为个体心理不同于群体心理,群体心理是一种情绪的、非理性的行为。此后,美国社会学家刘易斯·科塞把社会冲突划分为"现实性冲突与非现实性冲突",所谓现实性冲突是指为了实现某种目标的冲突,因此冲突本身不是目的,而是实现目的的一种手段。非现实性冲突是指冲突本身就是目的,冲突高于一切,冲突"不是由竞争性目标引起的,而是由冲突中至少有一方为释放紧张情绪的需要而引起的"[①]。科塞所说的

---

① 〔美〕科塞:《社会冲突的功能》,孙立平译,华夏出版社,1989,第35页。

非现实性冲突概念范畴就接近于骚乱。

西方学者对骚乱没有明确定义，我们通过法国政治学家米歇尔·伯恩对巴黎骚乱主要特点的阐释，可以基本了解西方学者对"骚乱"内涵的概述。一是没有明确的目标（一般来讲，一个社会运动有几个具体的要求，诸如要求增加工资、改善劳动条件等）。但西方发生上述的几次骚乱没有发表什么具体要求，只是一种社会情绪的表达，所以不能算是一个社会运动。但这并不是说这种情绪没有针对性，这些事件参加者说得出的一个理由是政府和警察歧视他们，媒体采访他们时他们就说烦了。二是这些事件表现出的行动就是放火烧汽车、学校、店铺，用石头攻击警察。这种行为的非法性是很明显的，而且是暴力性的。三是根本没有组织。每天晚上郊区的青年用短信决定其聚会地点。他们通知媒体，叫记者来报道他们的行动。每个郊区独立活动，没有统一组织。虽然如此，影响面却很广，最后几乎波及全法国所有大城市的贫民区。四是持续时间比较长。从开始到最后平息共有20多天。五是参加骚乱的人比较年轻，主要是14~20岁北非和非洲移民的第二代和第三代。① 米歇尔·伯恩对骚乱的内涵解释集中在参与行动无诉求目标，行动具有暴力性、无组织性、行动时间持续、参与主体低龄化等特征。

通过西方学者对骚乱内涵的诠释与中国"无直接利益冲突"概念范畴对比，在无诉求目的、暴力方式、无组织性等有相似之处，但也存在着不同的方面，中国"无直接利益冲突"持续时间较短，参与群体更加多元化，冲突目标针对政府。

三 "无直接利益冲突"特征分析

特征是事物本质的外在表现，研究事物不仅要研究事物的本质，还要研究事物的基本特征，只有这样才能更好地把握事物发展的全貌。目前我国学者对群体性事件基本特征的研究已经完成从过去单一维度的思维模式，向多元思维模式的转变。在群体性事件特征的多元分类模式中，具有代表性的是山西警官高等专科学校王战军较早从"矛盾属性""发生根源""参与主体""表现形式""处置方略"等五个方面对群体性事件进行分析。②

---

① 于建嵘：《法国骚乱提示中国未雨绸缪》，《南方周末》2007年4月25日。
② 王战军：《群体性事件的界定及其多维分析》，《政法学刊》2006年第5期。

群体性事件作为一种事物，既有静态的制度结构，又有动态的过程要素。为了更全面地把握"无直接利益冲突"群体性事件的基本特征，我们必须从静态和动态两个视角揭示"无直接利益冲突"群体性事件的特征，静态视角主要运用"结构—制度"分析方法，从宏观结构和制度方面来观察和解释社会现象；动态视角主要采取"过程—事件"分析法，通过对事件演变过程中事前、事发、事中、事后等环节的分析，剖析其演变的特征。

（一）分析方法

1. "结构—制度"分析方法

笔者借用"结构—制度"分析方法从群体性事件横向的静态结构要素构成进行剖析，包括群体性事件参与主体、组织形式、表达方式、诉求内容四个结构要素。

（1）参与主体的构成特点。参与主体构成是指参与群体性事件行动的人员，主要将观测维度放在参与主体是单一化还是多元化。参与主体单一化是指参与主体边界清晰，参与主体经济收入、社会地位等相似的群体；参与主体多元化是指参与主体由哪些不同的利益主体构成，主要考察参与主体中的个体和群体构成特点。参与主体的构成特点是决定群体性事件走向的最大变量，它决定着组织形式、表达方式和诉求内容等要素。参与主体的构成特点将会对组织形式、表达方式、诉求目的构成重要影响。单一化参与主体，往往有着清晰、明确的利益诉求，更容易采取一致的可控行动；多元化参与主体代表着不同的利益诉求，诉求目标更加多元，容易导致不可控行为发生。

（2）组织形式的特点。分析群体性事件参与者的组织特点，主要是考察该事件参与者是分散的还是有组织的。领导者、骨干力量、纪律约束，这些是社会行动的重要资源，组织性可以克服"搭便车"行为，组织可为行动提供动力、诉求目标确定、行为方式选择，甚至协商、谈判的策略等资源。从宏观上分析，组织形式是群体行动资源的重要组成部分，西方政治资源理论对此做出解释，作为美国20世纪60年代兴起的集体行动理论的重要分支，该理论指出20世纪60年代后美国抗争行动的增多，不是社会矛盾导致的相对剥夺感增强或者社会怨恨增加，而是集体行动参与者可以利用资源的增多。该理论所说的资源包括参与者支配的时间、财富、组织形式等。"社会变化导致的这一系列社会结构变化，从人力资源、时间、经济资源等多个方面丰富了社会运动参与者可利用的资源，从而增大了社会运动发生的可能性。"[1] 组织化程度是组织资源的重要变量，它对集体行动的发生与发展产生重要的影响。

群体性事件组织形式主要考察其参与者的高度组织性、组织分散性和无组织性三种形式。群体性事件的高度组织性主要特征是，集体行动参与者组织体系健全，组织分工较为明确，有纪律约束，行动目标明确。群体性事件的无组织性主要特征是，没有组织体系，是临时偶合的群体，无诉求目的，行动策略没有规划，随意性很强。群体性事件的组织分散性主要特征是，组织体系介于高度组织性和无组织性之间，有一定的组织体系，但组织程度和分工较为松散，有诉求目的但不明确，有行动纪律但约束性不强。

群体性事件组织程度与事件参与者行动方式、诉求目标、社会影响有较强的关联性。一般情况下，组织程度较强的群体性事件有自身的约束，一般采取体制内的方式，或者"踩线而不越线"的方式，行动目标明确，与政府谈判协商能力较强，行动容易取得成功。无组织或者组织分散性群体性事件，大多没有自身的约束，往往采用暴力手段，与政府谈判协商处于"谈判缺席者"状态。

（3）表达方式的特点。表达方式是指集体行动的行为方式，主要观测维度是群体性事件行动者是采取体制内和平方式、体制外的暴力方式还是采取介于两区域之间的低度违法形式，以及这些表达方式对社会产生的破坏程度和影响力。体制内和平方式主要采取有序上访、司法或者行政诉讼、媒体曝光等途径，一般是法律范围内允许的利益表达方式。体制外方式一般是违犯法律与法规的行动方式，主要有越级上访，围堵政府机关，阻塞道路，打、砸、抢、烧等暴力行为。部分群体性事件为达到既造成社会影响又不严重违犯法律的效果，采取"踩线不越线"的轻微违法方式，这些方式包括越级上访、围堵政府机关、网上发帖等行为，这些行为虽然违反国家法律，但属于行政处罚范围，与打、砸、抢、烧等暴力行为有着本质区别。

---

[1] D. S. Meyer, S. Tarrow, *The Social Movement Society: Contentious Politics for a New Century* (Boulder: Rowmwn and Littlefield, 1998).

与利益表达方式直接关联的是政府的对策。利益表达与政府应对是利益表达主体与客体之间的一对矛盾同一体，利益主体采取什么样的表达方式决定了政府采取什么样的策略。在通常情况下，采取体制内的有序表达方式会导致政府采取协商等柔性对策，采取体制外暴力表达方式导致政府采取强硬的专政措施，而对介于两者之间的"踩线而不越线"的轻微违法表达方式，政府会采取协商与强硬两种手段交替使用。

（4）诉求内容的特点。诉求内容是指集体行动动机及其提出的要求。主要观测维度是群体性事件参与者的价值性目标、工具性目标和泄愤的目标。价值性目标是行为人注重行为本身所能代表的价值，要求实现社会的公平、正义等价值取向，直接关系利益客体的政治合法性基础；工具性目标是指为实现某种具体目标而采取的理性行动，比如工人为改善生活条件要求提高工资而进行的罢工就属于此类，工具性目标大多追求现实利益；介于两者之间的以泄愤为目标，既没有价值追求，也没有具体行为动机，而是发泄心中不满情绪。

群体性事件诉求内容与诉求动因和行动方式密不可分。价值性目标是价值理念得不到满足而引发的群体性事件，往往通过政治革命才能实现；工具性目标是现实利益特别是经济利益受损引发的，往往通过体制内利益表达渠道实现，利益满足会导致行动终止；泄愤的目标往往是社会心理情绪引发的，通过暴力行为发泄心中的不满情绪。

2. "过程—事件"分析方法

动态视角主要运用"过程—事件"分析法，在社会静态结构之外，从人们社会行动过程之中去把握社会静态结构和社会动态过程之间的联系。笔者运用"过程—事件"分析法从群体性事件纵向演变中进行剖析，从群体性事件的事前、事发、事中、事后演变的特点进行分析，包括事件发生的时间维度、事件的演变过程、舆情助推作用等特征。

针对事件发生之前的特点分析，主要观察群体性事件发生状态是突然性还是有序性，事件发生的导火索、事件燃点等，分析事件发生之前矛盾积累程度与矛盾发生特点的关联度。

针对事件发生过程中的特点分析，主要考察群体性事件中演变的速度、变异、舆情与行动之间的关系等特征，分析哪些变量对群体性事件演变产生了重大影响。

针对事件之后的特点分析，主要考察群体性事件造成的社会损失及社会影响，分析治理此类社会矛盾的方式、特点及难易程度。

由于目前我国不同类型群体性事件的基本特征是在相互比较中进行区分的，因此不同群体性事件都是依据某一类型群体性事件为特定参照系，在相互比较中凸显其群体性事件的基本特征。"无直接利益冲突"群体性事件主要是以"直接利益冲突"群体性事件作为参照系，凸显其基本特征。

为了更好地比较分析"无直接利益冲突"的基本特征，笔者选取了一些影响较大的"无直接利益冲突"群体性事件，梳理其发生的过程，对其有一个直观和全面的比较认识，更容易把握其生成的若干特点（见表1-3）。

表1-3 "无直接利益冲突"典型案例特征分析

事件名称	诱因	参与人数	舆情传播方式	行动方式	时间跨度
瓮安6·28事件	女中学生跳河身亡	上万人围观，300余人暴力行动	"本体"事件以人际传播为主，"变体"事件以网络传播为主	县委、县政府、县公安局和财政局等被砸、烧，42辆公务车被烧，150多人受伤	2008年6月22~30日
石首6·20事件	酒店厨师坠楼身亡	数万人围观，100余人暴力行动	人际传播与网络传播并存	永隆大酒店和笔架山派出所被砸、烧，60余名公安、武警受伤，十余辆警车被砸、烧	2009年6月17~20日
大竹1·17事件	酒店女服务员死亡	上万人围观，30余人暴力行动	人际传播与网络传播并存	莱仕德酒店被打、砸、抢、烧	2006年12月29日至1月17日
万州10·18事件	路人行走纠纷	数千人围观，数十人暴力行动	"本体"事件以人际传播为主，事件结束后网络传播	数辆公务车被砸烧，万州区政府大楼部分房间被砸、抢	2004年10月18~19日
池州6·26事件	汽车撞人纠纷	上万人围观，数十人暴力行动	人际传播为主	1个派出所被砸，4辆车被砸烧，6名武警受伤，1个超市被抢	2005年6月26日
陇南11·17事件	拆迁上访	2000余人围观，数十人暴力行动	人际传播为主	71名武警、民警被打伤，市委办公楼110间房屋被砸、抢，22台车辆被砸、烧	2008年11月17~18日

（二）"无直接利益冲突"的静态结构特征

1. 参与主体多元化

参与主体多元化是指群体性事件中参与主体的构成特点。群体性事件参与主体构成特点是群体性事件发展、演变的基础性动因，群体性事件组织形式、表达方式和诉求内容等特征都是在群体性事件参与主体构成的基本特征上向外延伸的。群体性事件参与主体是由参与主体社会利益关系决定的，因此区分群体性事件参与主体构成的特点，核心是考察参与主体之间相互的社会利益关系，根据群体性事件参与主体与事件本身是否存在直接利益关系，学界把群体性事件参与主体分为利益相关者和无利益相关者。传统的"利益性群体性事件"，诸如劳资冲突、拆迁征地纠纷、环境污染纠纷等事件，其参与主体的基本特征是单一化，参与主体边界清晰。参与主体单一化说明其参与主体社会利益关系具有相似性，社会利益关系相似性表现在经济收入水平、社会声望、社会权利具有一致性，相似的社会利益关系导致其共同的利益诉求。

"无直接利益冲突"群体性事件中出现了参与主体多元化的特征，这与传统利益群体性事件不同，这一特征对"无直接利益冲突"生成和发展产生了直接的影响，"决定'无直接利益冲突'群体性事件中冲突走向与结果的恰恰是那些本来与所争议事项并无直接关联的旁观者。他们的加入，改变了原有的对抗格局，限制了冲突双方的理性诉求途径，并最终导致冲突范围的扩大和烈度的增强"[1]。

从利益相关者理论分析，参与者与利益主体关联程度分为直接利益相关者与无直接利益相关者。直接利益相关者就是与"本体"事件有利益关联的主体，主要包括当事人的家属、亲戚等；无直接利益相关者是与"本体"事件没有直接利益相关的主体，包括在"变体"事件中参与行动的不同主体。从参与主体多元化构成特点来看，在"无直接利益冲突"的"本体"诱因事件阶段，主要参与者是直接利益相关者，其特点是参与主体边界清晰，参与主体单一化。到"变体"事件阶段时，完成从参与主体单一化向多元化的转变，参与主体主要是无直接利益相关者，呈现多元化特征，他们的身份、社会地位不尽相同，但共同的特点是和"本体"事件没有直接的利益关系，此时直接利益相关者还是参与主体，但其人数较少，其利益诉求已经被无直接利益相关者淹没，也不能左右事件发展方向。

---

[1] 许尧、刘亚丽：《群体性事件中的冲突升级及遏制机制研究》，《国家行政学院学报》2011年第1期。

参与主体多元化的根源在于社会利益关系。利益相关者包括与"本体"事件有直接或者间接利益关系的人员，这种利益关系既包括经济利益关系，也包括熟人等社会利益关系，但从"无直接利益冲突"群体性事件参与主体来看，直接利益关系者主要是"本体"事件的家属、亲戚等血缘利益关系；无利益相关者主要是指与"本体"事件没有利益关系的人员。关于"无直接利益冲突"中无直接利益相关者的构成特征，学界目前还存在不同看法，李培林认为，"无直接利益冲突"中群体性事件构成主体多元化表现为"非阶层性""非阶层性是说参与的人群来自社会各个方面"①。"非阶层性"是在特定场景下的偶合群体，其经济收入、社会声望和社会地位并不相似，反而具有较大的差异。郝宇青则认为，"无直接利益冲突"参与主体主要是社会弱势利益群体，"目前为止，我们还未发现关于拥有资源较多的群体参与到无直接利益冲突之中的相关记录"②。

"无直接利益冲突"参与主体多元化的构成是弱势利益群体，还是既有强势利益群体又有弱势利益群体的"非阶层性"，实质上涉及对群体性事件参与主体标准的判别。群体性事件参与主体主要包括现场观望者和直接参与者。从广义范围来看，群体性事件参与者应该包括观望者，这是我国群体性事件较为突出的特点，与中国人喜欢看热闹的性格分不开，然而观望者出现在具有一定风险的现场，本身就是对群体性事件表达了支持态度，这些观望者还有可能在特定的氛围下转变为行动者。从狭义范围来看，群体性事件参与者主要是事件直接行动者。中国群体性事件，特别是"无直接利益冲突"群体性事件参与主体多元化体现的是"非阶层性"特点，还是以弱势利益群体为主的特点，争论的核心是从广义上把观望者作为事件的参与主体还是狭义上以暴力和非法行动者作为事件参与主体。以"瓮安事件"为例，当瓮安事件从"本体"事件转变为"变体"事件时，"人群已汇聚了逾万之众，里面有学生、移民、店主以及碰巧在县城的村民、服务员、按摩女，甚至公务员、警员家属，男女老幼"③。

如果把观望者列入事件参与主体，瓮安事件参与主体则具有"非阶层性"特点，如果仅把事件中非法和暴力行动者作为参与主体，参与主体则

---

① 张魁兴：《"无直接利益冲突"背后有利益的身影》，《南方都市报》2009年12月22日。
② 郝宇青：《当前中国"无直接利益冲突现象"的特征》，《探索与争鸣》2007年第4期。
③ 丁补之：《瓮安溯源》，《南方周末》2008年7月10日。

具有以弱势利益群体为主的特点。对瓮安事件中参与打、砸、抢、烧等违法犯罪行为的人员构成进行分析,除了黑恶势力外,主要构成人员有学生、教师、农民、企业职员、社会闲散人员,他们占无直接利益相关者的77.5%(见表1-4)。这些人员职业有所差异,但共同特征是经济收入少、社会声望低、利益诉求能力差等特点,属于社会弱势利益群体。

表1-4 贵州瓮安事件"涉案人员"构成分析

单位:人,%

合计	黑恶势力	社会闲散人员	企业职员	吸毒人员	学生	教师	农民			
							小计	玉山镇	玉华乡	其他乡
人数 267	60	38	36	1	104	2	26	1	4	21
占比 100	22.5	14.2	13.5	0.4	39.0	0.7	9.7	0.3	1.5	7.9

资料来源:崔亚东著《群体性事件应急管理与社会治理——瓮安之乱到瓮安之治》,中共中央党校出版社,2013。

2. 参与主体的无组织化

组织程度是群体性事件的主要构成要素,包括领导者、组织者、宣传者、谈判者等,组织程度通常会决定群体性事件发展和演变的过程。组织性的根本功能在于将现实中利益个体,通过组织形式使具有相似利益结构的个体组织成群体,约束利益个体原子化的分散状态,以实现利益的聚集和理性的表达。根据群体性事件的领导者、组织者、宣传者和谈判者的结构要素,把群体性事件组织程度分为组织程度较高、组织程度松散和无组织形式。

(1)"无直接利益冲突"群体性事件的组织程度特征表现为无组织化。所谓"无组织化"就是从组织构成来看,没有领导者、组织者、宣传者等层次结构;从行动计划来看,没有统一的行动纲领和行动步骤;从诉求目的来看,没有明确的诉求目的和行动目的。尽管在瓮安事件等少数案例中确实有黑恶势力参与事件之中,但这些黑恶势力参与事件是临时起意,并不是有组织的策划。"无直接利益冲突"群体性事件中多元化参与主体是临时偶合组成的群体,事前没有经过策划、现场找不到事件的领导者和组织者,事件过程中也找不到谈判者,此类群体性事件又被称为"谈判缺席者"群体性事件。之所以出现"无组织化"特征,有两个方面的原因。

第一，多元化的参与主体是临时偶合的群体，这些群体是不同利益群体的复杂集合体。从参与主体属于弱势利益群体范畴的角度分析，弱势利益群体是一个内涵与外延范围较大的集合体，这种弱势利益群体又包含着不同范围的利益群体分支，这些不同弱势利益群体在经济收入、社会声望等方面仍有不小的差别，只是与强势利益群体相区分的利益相似群体，还不是利益完全一致的群体，又不存在熟人关系等因素，只是在某个问题上形成共同的社会心理，这种临时的偶合性群体，无法形成较为稳定的社会组织形式。

第二，中国社会是一个强国家、弱社会的二元结构。从1840年之后，中国传统社会解体，其中传统社会士绅等构成中间社会组织不复存在，中华人民共和国成立后，更是形成强国家与弱社会的二元结构。改革开放以来，虽然全能型国家有所衰退，社会职能有所增强，但这种基本特征并没有发生根本性改变。社会中间组织缺失，包括各种社会团体、社会中介组织严重不足，人们仍然是以原子化方式存在的，特别是弱势利益群体因为经济收入低、受教育水平低等原因，原子化状态更是人们存在的普遍方式，原子化状态往往导致人们以单个主体进行利益表达，或者以临时偶合群体进行利益表达。

（2）这种无组织化表达方式对"无直接利益冲突"群体性事件发展造成三个后果。

第一，无组织化程度使"无直接利益冲突"群体性事件带有较为明显的突然发生和快速消退的特点。我国弱势利益群体由于在政治资源、文化资源、组织能力方面的缺失，更多的弱势利益群体的利益表达方式呈现出原子化特征，其利益表达的能力相对缺失，使其在利益博弈过程中呈现出失衡状态，其利益表达的平台、利益表达的渠道、利益表达的组织能力、利益表达的结果处于缺失状态。无组织化使弱势利益群体难以通过体制内的利益博弈获得利益补偿，从而使物质利益矛盾转变为社会心理冲突。社会心理冲突能量积压到一定程度，则会在某种外界刺激下，呈现出突然爆发的状态。"无直接利益冲突"群体性事件呈现出无组织的特点，事件参与者就像一个个原子化的偶合群体，在政府的强力压制下，会迅速消散，因此我国出现的"无直接利益冲突"群体性事件消退较快。

第二，"无直接利益冲突"参与主体无组织化特征，导致对群体行动约束性较弱，容易产生暴力行为。无组织化导致参与群体处于松散状态，群体无法对个人行动产生约束力，且处于无组织状态的群体消除了熟人社会影响，参与者大多彼此陌生，形成一个个"无名氏"。在群体特定氛围中，少数别有用心的人一旦出现过激行为，在无组织状态下得不到有效的组织行为约束，会导致其他"无名氏"的模仿，产生打、砸、抢、烧等暴力集体行为。

第三，无组织化使"无直接利益冲突"群体性事件呈现"谈判缺席者"特点，给政府应急处理能力带来了挑战。"无直接利益冲突"群体性事件呈现为原子化的个人偶合群体，政府在应急事件处置中找不到谈判的对象，使协商谈判这一处理群体性事件最重要的手段无法实施，政府应急措施被淹没在个体的人群中，对抗行为取代协商谈判，导致暴力行为的升级。

3. 冲突方式暴力化

冲突方式是指群体行动通过何种渠道来表达利益诉求。冲突方式既可以根据法律允许的范围分为体制内和体制外两种渠道，也可以根据冲突能量分为和平方式和暴力方式。这两种划分方法存在着相互关联，体制内表达渠道在法律范围内，呈现出利益表达的有序性，往往以和平的方式进行；而体制外利益表达渠道突破法律禁止的范围，往往呈现出打、砸、抢、烧等暴力手段。

在我国利益表达体制内的形式只有有序上访、司法诉讼、人民调解、媒体报道等手段。利益表达体制外的形式又分为两种情况，一种是体制内与体制外的边缘化表达方式，当事者往往采取"踩线而不越线"的方针，如在当地政府部门或者相关职能部门静坐、围堵、游行等，此类行为虽然没有经过法律许可，但以和平的方式进行，没有严重的违法行为，对社会影响和危害较小。采取静坐、围堵和游行等表达方式，往往是利益群体性事件通常采用的方式。

利益表达体制外的另一种形式是打、砸、抢、烧等严重违法犯罪行为，这是"无直接利益冲突"区别于利益群体性事件的一个基本特征。例如，作为"无直接利益冲突"群体性事件的瓮安事件，伴随着严重的打、砸、抢、烧等犯罪行为，在瓮安"6·28"事件中，现场围观群众超过万人，直接参与打砸抢烧的人员达300余人。瓮安县委木质结构大楼被烧毁，县政府办公大楼104间办公室和县公安局办公大楼47间办公室、4间门面房被烧毁，刑侦大楼14间办公室被砸坏，县公安局户政中心档案资料全部被毁。此外，事件还导致 54 辆车被烧毁，包括 22 辆警车和 15 辆摩托车，150 多人受伤，造成直接经济损失 1600 多万元。其他"无直接利益冲突"群体性事件，如石首事件、大竹事件、万州事件等都存在严重暴力冲突，其他规模较小的"无直接利益冲突"群体性事件也普遍存在暴力冲突。

之所以会出现严重暴力冲突，与"无直接利益冲突"其他相关的基本特征有密切的关联。暴力特征与"无直接利益冲突"参与主体多元化、无组织化等特征有一定的因果关系，正是"无直接利益冲突"参与主体多元化和无组织化导致了冲突行为的暴力化。

4. 无明确利益诉求目的

集体行动的目的是群体性事件特征的一个重要维度。原因与目的是集体行动不可分割的两个关联维度，行动的动因是解释集体行动产生的原因，即群体为什么参加这样的行动。而集体行动的目的则是揭示集体行动目标，即群体行动要达到什么样的目的。改革开放后，利益缺失与满足是中国群体性事件参与主体集体行动的重要原因与行动目的，所以人们普遍认为改革开放后人民内部矛盾是利益矛盾。

"无直接利益冲突"则打破了传统群体性事件利益诉求的基本特征，至少在现场呈现出无明确利益诉求的特征。从"无直接利益冲突"参与主体的动机看，大部分参与者与"本体"事件没有利益关系，其在现场参与事件的利益动因缺失，这与我国大部分利益群体性事件参与主体有明确的利益动机相反，同时也与共同利益导致共同行动的基本理论不符合。所以，"无直接利益冲突"概念的定义就是从事件参与主体的基本动因进行界定。

无明确利益诉求是从"无直接利益冲突"参与者的目的进行分析的。这种分析从空间范围看，主要是基于事件现场空间进行定位的，所以仅仅从事件现场范围看，确实存在事件行动主体目标的缺失。无明确利益诉求主要是由基本社会利益关系进行确定的，没有明确的利益诉求，并不意味着没有其他任何诉求。以于建嵘为代表的学者在无直接利益冲突的基础上，进一步明确了参与者的目的是发泄不满情绪，因此他们把此类冲突定义为"泄愤性事件"。"无直接利益冲突"与"泄愤性事件"犹如一枚硬币的两面，前者是从参与者行动动机的缺失进行定义的，后者主要是从事件参与者的目的进行定性；前者主要明确群体性事件参与者的动因缺失，后者在此基础上进一步追问利益缺失背后的动因。

"无直接利益冲突"群体性事件无明确诉求目的，它的发生往往与积累了大量的社会不满情绪有直接关系。社会冲突理论学者科塞把社会冲突类型分为"现实冲突"与"非现实冲突"，"无直接利益冲突"无疑属于后者。"无直接利益冲突"主要是由于参与者宣泄心中强烈的不满情绪引起的，同时行动的目的也是发泄心中的怨气。这也是以于建嵘为代表的学者把此类冲突定义为"泄愤性冲突"的主要依据。

图1-1反映的是"无直接利益冲突"的静态特征与动态特征。

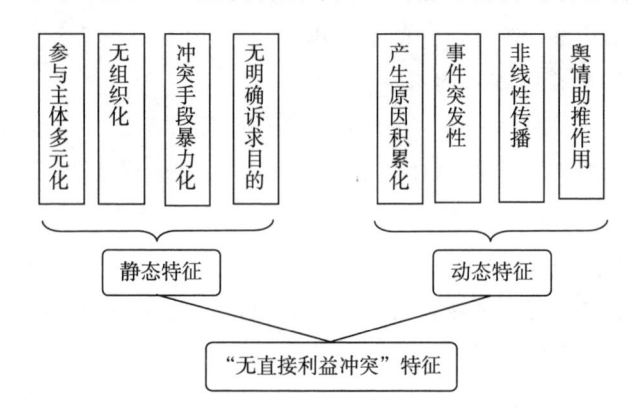

图1-1 "无直接利益冲突"的静态特征与动态特征

（三）"无直接利益冲突"的动态结构特征

动态结构特征主要以"无直接利益冲突"群体性事件的事前、事发、事中、事后为主线，分析其演变过程的特点。事前主要表现为突发性与积累性并存；事发主要表现为诱因事件触点增多与燃点降低；事中表现为非线性传播方式和网络舆情助推作用增强。

1. 突发性与积累性并存

从群体性事件发生的时间特点来看，可以将群体性事件分为"突发性群体性事件"和"非突发性群体性事件"。"无直接利益冲突"群体性事件无疑属于后者。从现实中案例来看，"无直接利益冲突"事前特点以及事前向事发转变特点表现为突发性与积累性并存。

"无直接利益冲突"的突发性主要体现在"本体"事件发生前无征兆，这种事发无征兆主要表现为无体制内利益表达过程或者体制内利益表达过程较短。"无直接利益冲突"群体性事件快速从"本体"事件向"变体"事件转变，"本体"事件发生后，部分"无直接利益冲突"群体性事件没有信访、诉讼等体制内利益表达的过程,安徽池州事件和重庆万州事件就是典型案例。也有部分"无直接利益冲突"群体性事件有体制内利益表达过程,但时间较短,如贵州瓮安事件、四川大竹事件等均有上访等体制内利益表达过程,但时间为数天至十数天。"无直接利益冲突"群体性事件体制内利益表达过程缺失或者较短,与传统群体性事件差异较大,传统群体性事件有较长的体制内利益表达过程,比如政府对反复上访、越级上访、围堵政府等行为,可以按步骤进行应对。"无直接利益冲突"体制内利益表达过程缺失或者较短,快速从"本体"事件向"变体"事件转变,导致政府按部就班的应对方式失效,体现一种快速变化的突发性。

如果单从事件现场发生的时间特征看,"无直接利益冲突"群体性事件的突发性特征明显,其事前发生毫无征兆,但跳出事件现场,从事件发生的源头看,有一个长期的矛盾积累过程,属于"矛盾能量积累型"。沈致远等依据矛盾发生机制认为,"能量积累型"是当能量积累超过所能承受的临界值后突然释放出来,比如泡沫经济的虚假价值不断积累,直至突然崩溃。[①]

我国发生的"无直接利益冲突"群体性事件属于"能量积累型"。大部分"无直接利益冲突"群体性事件发生地属于矛盾高积累地区,这些地方较长时间存在弱势群体利益受损,社会治安问题突出,干群矛盾凸显,利益表达不畅,仇富、仇官、仇警等不满情绪显露,"无直接利益冲突"只是导火索,把这种长期积累的矛盾发泄出来。

有部分学者认为"无直接利益冲突"群体性事件是"直接利益冲突群体性事件"的延伸。"'无直接利益冲突'是伴随直接利益冲突发生的。一方面直接利益冲突可能会为'无直接利益冲突'的发生创造条件;另一方面'无直接利益冲突'反过来又可能会演变为直接利益冲突,从而使冲突的能量加剧。"[②] 这种分析从另一个视角分析"无直接利益冲突"的发生原因,现实中以物质利益诉求为主要内容的社会矛盾没有得到有效化解,直接利益冲突积累了大量的社会矛盾,从而在诱因事件下导致矛盾升级,这

---

① 沈致远、李训经、雍炯敏:《研究突发事件:数学金融学的重要课题》,《科学》1999 年第 2 期。
② 贺宾、许爱青、秦瑞芳、张爱华、张兵:《无直接利益冲突的成因及对策研究》,《甘肃理论学刊》2008 年第 1 期。

与"能量积累型"的解释有相似之处。

2. 触点增多而燃点降低

"无直接利益冲突"群体性事件与直接利益冲突群体性事件发生过程不同之处在于，它有一个从"本体"事件到"变体"事件的转变过程，"本体"事件是诱因事件，是一个参与人数边界清晰、有明确利益诉求目的的群体性事件，当它转变为"变体"事件时，就成为"无直接利益冲突"特征的群体性事件。诱因事件虽然不是此类群体性事件发生的根本原因，但对此类群体性事件起到助燃作用。

（1）近年来中国"无直接利益冲突"群体性事件代表性案例，诱因事件普遍存在触点增多的现象。触点是指诱因事件发生的不同燃点，即哪些事件可以导致"无直接利益冲突"的发生。梳理此类群体性事件"本体"诱因，既有非正常死亡案例导致燃点，如贵州瓮安事件、湖北石首事件、浙江瑞安事件、四川大竹事件均属于此类诱因事件的典型案例，也有日常生活中较为简单的普通治安纠纷，如安徽池州事件、重庆万州事件属于此类诱因事件的典型案例，还有日常经济利益矛盾导致的诱因事件，如甘肃陇南事件属于此类诱因事件代表案例。其中，池州事件和万州事件均是由日常生活中常见的行人摩擦所引起，这说明"无直接利益冲突"发生原因的多元化，各种类型的社会矛盾均可能引发此类冲突。

（2）除了"无直接利益冲突"发生的触点增多外，还存在着燃点降低的现象。燃点是指引发群体性事件的矛盾能量，群体性事件燃点高低与社会矛盾能量呈现反比关系，即群体性事件燃点较高，说明该区域社会矛盾能量较低；群体性事件燃点较低，说明该区域社会矛盾能量较高。我国发生的"无直接利益冲突"一部分为日常生活中的普通治安纠纷事件，这些治安纠纷大多是现实中微乎其微的社会摩擦，还有一部分是非正常死亡治安事件，非正常死亡案件蕴含矛盾能量较普通治安事件能量高，但仍属于普通治安事件，尚达不到刑事案件的标准，其矛盾能量并不高。此外还有经济利益矛盾，也是日常生活中常见的利益矛盾。引发"无直接利益冲突"事件的社会矛盾能量一般较低，特别是行人交通摩擦只是具有微小的矛盾能量，能量较低的社会矛盾就会导致大规模社会冲突发生，表明我国"无直接利益冲突"群体性事件的燃点在降低，背后隐藏着较为尖锐的社会矛盾。

3. 事件非线性演变

"无直接利益冲突"群体性事件演变特点与利益群体性事件不同，具有快速演变的非线性特点。线性是指量与量之间按比例、成直线的关系，在空间和时间上代表规则和光滑的运动；而非线性则指不按比例、不成直线的关系，代表不规则的运动和突变。① "无直接利益冲突"群体性事件的"非线性"，是指此类群体性事件在演变过程中的非规则性变化、跳跃式的发展。

"无直接利益冲突"群体性事件在演变过程中非线性传播特点，是指从"本体"事件迅速向"变体"事件转变。"本体"事件是"无直接利益冲突"的诱因事件，"变体"事件是"无直接利益冲突"群体性事件，"本体"与"变体"事件是既存在相互联系又存在相互区别的两个阶段与两种特点的群体性事件。从群体性事件整个发展过程看，"本体"事件与"变体"事件是在时间和空间上处于两个连续发展阶段的群体性事件。从群体性事件的特点分析，"本体"事件与"变体"事件存在较大的形态与特征差异。

处于第一阶段的"本体"诱因事件是一个边界清晰、利益诉求明确的可控的利益群体性事件。边界清晰是指"无直接利益冲突"参与者主要是直接利益相关者，包括当事人以及与当事人有直接利益关系的亲属、朋友等，直接利益相关者人数有限；明确利益诉求是指"无直接利益冲突"的直接利益相关者有明确的利益诉求，这种利益诉求在不同事件中有所差别，在瓮安事件等非正常死亡案件中家属寻求死者死亡的真相，希望还死者一个公道，主要是以价值性诉求为主。在万州事件等行人治安纠纷中当事人寻求事件真相，还受害人公道，兼顾经济赔偿，是价值诉求与利益诉求的混合体。在陇南事件中当事人要求政府进行拆迁经济利益补偿，属于利益型诉求。可控性是指，"无直接利益冲突"参与者表达方式主要是体制内上访或者"踩线而不越线"等轻微违法方式。一旦诉求目的满足，"本体"诱因事件就会得到解决。

如果政府及其职能部门应对不当，"本体"诱因事件会迅速转向大规模的"无直接利益冲突"群体性事件，这种转变的速度非常快，时间较短的有数小时，较长的也不过半个月左右。已知的典型案例中重庆万

---

① 王秀梅：《论非传统安全与国家合作原则》，《理论导刊》2005年第7期。

州事件和安徽池州事件从"本体"事件转向"变体"事件的时间跨度为4个小时左右,是目前从"本体"诱因事件向"变体"事件转变最快的群体性事件,时间跨度较长的典型案例是四川大竹事件,也不过半个月左右。

"无直接利益冲突"群体性事件发展阶段没有常规利益诉求的完整阶段,利益诉求阶段较短,呈现出跳跃式、非线性的发展过程。一般情况下,在利益群体性事件发展过程中矛盾展开呈现出一定的发展规律。刘少奇在1957年调研人民内部矛盾时,针对群众闹事的过程特点进行过总结,"群众闹事大体上经过这样几个阶段:先是提意见、提要求;然后是派代表交涉;如果交涉没有结果,就开会,向北京告状,或者出墙报,向《人民日报》写信;如果还没有成效就请愿,就闹事"。在矛盾发展过程中利益冲突源出现之后,利益表达过程较长,分别呈现出提意见、派代表、向北京告状,最后才是闹事,整个过程中利益诉求手段是多样化并呈现出递进演变的状态。改革开放后,利益群体性事件诉求方式有所变化,但总体还是呈现出有规则的步骤:"冲突源(起因都很小)→导致主体利益受损→基层反应迟钝→主体挫折感产生(主体心理不满意感产生)→否定性言语产生(牢骚、怪话、气话)→否定性行为产生(对其他个体、群体或政府的反抗)→事态升级爆发→基层无法控制→震惊高层→迅速处置→事态平息"的行为逻辑。①

"无直接利益冲突"群体性事件发展过程往往缺少一定的环节,呈现出非规则的跳跃式发展,这种非规则的跳跃式发展主要表现在两个方面:一是体制内的利益诉求阶段时间非常短,二是无直接利益相关者介入导致"本体"事件快速变异。在安徽池州事件和重庆万州事件中,直接利益相关者在利益诉求阶段几乎是缺失的,瓮安事件、石首事件等存在利益相关者的利益诉求阶段,但利益诉求方式单一且持续时间较短。"无直接利益冲突"群体性事件演变环节非线性呈现出以下特点,"本体"诱因事件出现→直接利益主体不满→体制内利益诉求表达(时间较短或缺失)→政府回应滞后→直接利益主体不满情绪升级→舆情传播放大→政府舆情应对失语→群体不满情绪形成→事件煽动者出现→无直接利益相关者加入→"变体"事件完成。

---

① 朱力:《中国社会风险解析——群体性事件的社会冲突性质》,《学海》2009年第1期。

4. 舆情传播的助推作用

"无直接利益冲突"群体性事件中，大部分参与主体与事件本身没有直接利益关系，要完成从无直接利益相关者到参与行动的主体的转变，需要从"本体"事件中分散的个体情绪转变为"变体"事件中的群体共同心理，舆情传播对群体心理形成扮演着重要角色。正是在舆情传播的作用下，"无直接利益冲突"群体性事件参与者从"本体"事件时的局外人，转变为事件的同情者和参与者。

我国"无直接利益冲突"场域中舆情传播主要是谣言传播，谣言是"一种通常以口头形式在人们中传播，目前没有可靠证明标准的特殊陈述"[①]。随着信息技术的发展以及社会矛盾凸显，谣言在"无直接利益冲突"生成中的作用日渐突出。谣言对"无直接利益冲突"生成的主要功能表现在：谣言对事件生成的助推作用日渐增强，其助推作用主要表现为"助燃"功能；谣言传播从过去人际传播向网络虚拟传播转变；在舆情传播中民间舆论场与官方舆论场阵线分明，而官方舆论场往往难以有效应对民间舆论场。

（1）谣言对事件生成的助推作用日渐增强，其助推作用主要表现为"助燃"功能。在所有"无直接利益冲突"群体性事件中，均有大量的谣言出现。谣言在"无直接利益冲突"生成中的作用主要是助推作用，但不是根本性作用，它是在其他因素具备的情况下有助于事件发生。它的助推作用体现在其"助燃"功能，促使人们社会心理发生变化。谣言传播主要通过情绪感染促使无利益相关者的社会心理发生变化，通过谣言传播使"本体"事件旁观者心理由最初的同情感，转变为指向政府的"不公平感"，激发平时被压抑的社会不公平感，唤起日常生活中曾经受到公权侵害的直接剥夺感和利益受到间接侵害的相对剥夺感，逐步达到社会情绪的共鸣，从而为大规模的集体行动奠定了社会心理基础。

（2）互联网的便捷性和隐蔽性，导致网络虚拟空间传播与现实集体行动呈现互动关系。在湖北石首事件中，网民把现实中的群体性事件初始的图片、视频迅速发到网上，形成对石首事件的网络直播，造成现实行动与网络虚拟两个空间群体的互动、虚拟与现实人群之间相互感染和联动的局

---

① 〔美〕奥尔波特：《谣言心理学》，刘水平、梁元元、黄鹏译，辽宁教育出版社，2003，第141页。

面，导致情绪感染与现实行动相互影响的恶性循环状态。

（3）谣言传播从过去人际传播向网络传播转变。网络传播与传统人际传播模式不同，一是舆情传播主导权不同，二是传播速度与空间不同。网络谣言传播的舆情主导权不同于传统人际传播。现代信息技术为舆情传播提供新的技术支持，以互联网和手机为代表的信息技术，改变了传统舆情传播的话语权，使过去由政府单向控制的"大喇叭"时代转变为舆情传播多元化的"麦克风"时代，每一个公民都可能成为信息发布的主体，导致舆情的信息源大大增加。网络传播的速度和空间与传统人际传播不同。由于现代信息技术的快捷性，改变了过去谣言一对一的传播模式，呈现出$1 \times N$的传播速度，一个谣言现身网络，导致成千上万的人可以浏览，进而传播。网络传播空间更为广泛，传统人际传播明显受到地域限制，属于熟人社会的传播领域，而网络空间传播更多的是跨地域传播，甚至是跨国传播。一个普通的谣言或信息现身网络，可以迅速传播而不受政府控制，出现了谣言满天飞的现象。针对"无直接利益冲突"案例中，我们发现其舆情的传播方式既有传统的人际传播模式，又有新兴的网络传播方式，也有人际传播与网络传播两种方式并存现象。

第一，以传统舆情的人际传播模式为主。在安徽池州事件、重庆万州事件中，舆情传播主流模式还是传统人际传播，主要通过事件现场人与人之间的口头传播为主。安徽池州事件和重庆万州事件中舆情传统人际传播主流模式形成有两个方面原因，一是这两例事件从"本体"事件到"变体"事件之间发生的时间非常短暂，谣言来不及进行网络传播，更多的是事件结束后出现网络舆情传播；二是"无直接利益冲突"群体性事件大多发生在县（区）级场域，也被称为县域群体性事件，县域是中国熟人半熟人社会，舆情传播中的人际传播是以此为基础的。

第二，舆情传播以网络传播为主。湖北石首、四川大竹等事件中网络舆情传播处于明显优势，在湖北石首事件中，事件现场大量的图片、视频、发帖出现在当地论坛、贴吧中，网络成为舆情传播的主渠道。之所以会出现与安徽池州事件不同的舆情传播模式，主要有两个原因，一是湖北石首事件从"本体"事件向"变体"事件转变的时间较长，人们有充分的时间进行网络传播；二是随着县域互联网、手机的普及，人们拥有现代信息技术，因此舆情传播能力更强。

第三，人际传播与网络传播并存。贵州瓮安事件中舆情传播就具有这样的特点,一方面大量的人际传播舆情方式存在,另一方面互联网舆情传播方式显现。这有两个方面的原因,一是许多群体性事件发生在县级行政区域,县域是一个半熟人社会,其中熟人之间会通过人际传播舆情;二是互联网以其便捷性、及时性和隐匿性等特点,促使人们使用互联网进行舆情传播。舆情传播载体总体发展趋势是随着信息技术的普及,舆情网络传播主渠道更为凸显,但县级的熟人、半熟人社会,不会使舆情人际传播模式迅速消失。

(4) 在舆情传播中民间舆论场与官方舆论场阵线分明,而官方舆论场往往难以有效应对民间舆论场。舆情传播已经由"大喇叭"时代向"麦克风"时代转变,民间舆论场增强,在"无直接利益冲突"中两个舆论场阵线分明,一个是以人际传播和互联网传播的谣言场域,另一个是以地方政府为主的官方舆情场域。两个舆情场域传播两种不同的舆情内容,一个主要是针对地方政府及其职能部门的各种负面舆情,另一个是地方政府的回应,在两种舆论场较量中,民间舆论场往往处于主动地位,政府应对处于被动地位,地方政府舆情回应难以有效化解民众的矛盾。

现代信息技术为舆情的传播速度加快、覆盖人群提供了技术支持,使舆情传播对群体情绪能量的点燃、升级助推作用更为强大,造成"无直接利益冲突"群体性事件发生的概率明显增加(见表1-5)。

表1-5 "无直接利益冲突"代表性案例舆情传播内容及方式

事件名称	起因	舆情传播内容	舆情传播方式	政府应对方式	后果
瓮安6·28事件	女中学生跳河身亡	女中学生被奸杀;现场一人是县委书记儿子;李某某叔叔被警察打死等	"本体"事件以人际传播为主;"变体"事件后开始网络传播	"本体"事件政府"无语";6·28事件后政府从跟帖到权威发布	"本体"事件政府无语导致谣言满天飞;后期注重澄清事件真相
石首6·20事件	酒店厨师坠楼身亡	死者被老板所杀;派出所领导参股该酒店;政府抢夺尸体;酒店再现两具尸体	人际传播与网络传播两种模式并存	"本体"事件政府无语与乱语	谣言满天飞;谣言导致事件出现二次反复
大竹1·17事件	酒店女服务员死亡	三位省里高官是酒店老板的朋友;杨某某陪酒被轮奸致死	人际传播与网络传播并存	从"本体"事件到"变体"事件之间政府失语	谣言满天飞,助燃群体情绪

续表

事件名称	起因	舆情传播内容	舆情传播方式	政府应对方式	后果
万州10·18事件	路人行走纠纷	天下公务员是一家；胡某某是国土局的副局长；打断了搬运工余某某的腿；警察还和他握手	人际传播	万州区主要领导现场回应民众	谣言导致事件出现二次反复
池州6·26事件	人车行走纠纷	刘某是学生，被打死；政府袒护外商；丰田车主是某超市老板介绍来的	人际传播	政府现场回应	助推事件发生

四 "无直接利益冲突"类型划分

类型划分是群体性事件研究的重要内容。我国对群体性事件类型的研究主要有政府职能部门和学术界两个主体，政府部门主要从维稳实战视角进行分类，学术界主要从学理属性进行分类。公安机关从维稳角度针对群体性事件产生的方式及其危害程度，将群体性治安事件划分为十种类型。公安部制定的《公安机关处置群体性治安事件规定》认定的群体性治安事件为：人数较多的非法集会、游行、示威，在集会、游行、示威和集体上访活动中出现的严重扰乱社会秩序或者危害公共安全的行为，严重影响社会稳定的罢工、罢课、罢市，非法组织和邪教等组织的较大规模聚集活动，聚众包围、冲击党和国家机关、司法机关、军事机关、重要警卫目标、广播电台、电视台、通信枢纽、外国驻华使馆、领事馆以及其他要害部位或单位，聚众堵塞公共交通枢纽、交通干线，破坏公共交通秩序或者非法占据公共场所，在大型体育比赛、文娱、商贸、庆典等活动中出现的聚众滋事或者骚乱，聚众哄抢国家仓库、重点工程物资以及其他公私财产，较大规模的聚众械斗，严重危害公共安全、破坏社会秩序的其他群体性行为。[①] 政府对群体性事件分类主要以违法程度为主线，是依据参与主体的人数、违法方式、严重后果对群体性事件进行分类，其目的是便于分类处置。

于建嵘依据群体性事件目的、特征和行动指向，将群体性事件划分为

---

① 曹孔超：《群体性事件研究》，山东大学硕士学位论文，2006年。

维权行为、社会泄愤事件、社会骚乱、社会纠纷和有组织犯罪五种类型。①王赐江以目标诉求为核心维度将群体性事件分为三种类型，即基于利益表达的群体性事件、基于不满宣泄的群体性事件和基于价值追求的群体性事件。②肖唐镖的划分则依据民众行动议题指向、民众议题诉求范围、行动手法的合法程度和民众行动的目标属性四个维度。③

目前，我国在群体性事件的分类研究中，对"无直接利益冲突"的分类研究尚无文献记载，笔者尝试对"无直接利益冲突"进行分类研究。"无直接利益冲突"作为一种新型群体性事件，并非单一类型。在已有的文献分类中，对群体性事件分类主要集中在事件的特征上，而"无直接利益冲突"作为一种总体结构相似的群体性事件，也要从其特征上进行分类。从某个特征的差别上，可以把"无直接利益冲突"区分为不同类型。从事件发生的原因区分，可以将"无直接利益冲突"区分为治安燃点型"无直接利益冲突"群体性事件、非正常死亡燃点型"无直接利益冲突"群体性事件和利益型"无直接利益冲突"群体性事件；从冲突主体在"本体"事件与"变体"事件中的角色变化，可区分为主客体诱变型"无直接利益冲突"和主客体一致型"无直接利益冲突"；从冲突对象的差异可以区分为政府客体型"无直接利益冲突"和泛化客体型"无直接利益冲突"。

（一）治安燃点型、非正常死亡燃点型与利益燃点型"无直接利益冲突"

群体性事件发生原因是区分群体性事件的一个重要维度。"无直接利益冲突"是一个诱因事件特征明显的群体性事件，从诱因事件发生的能量特征来看，具有触点增多和燃点降低的特点。具体细分诱因燃点特征，大致可以分为三种类型，一种是以治安矛盾为特征的诱因燃点事件，另一种是以非正常死亡为特征的诱因燃点事件，还有一种是以利益矛盾为特征的诱因燃点事件。

以治安矛盾为特征的燃点事件，主要的矛盾事件起因是违反治安处罚

---

① 于建嵘：《当前我国群体性事件的主要类型及其基本特征》，《中国政法大学学报》2009年第6期。
② 王赐江：《群体性事件的类型化及发展趋向》，《长江论坛》2010年第4期。
③ 肖唐镖：《当代中国的"群体性事件"：概念、类型与性质辨析》，《人文杂志》2012年第4期。

条例，这类事件多以交通治安纠纷为主，包括人与人之间的治安纠纷和人与车之间的交通纠纷。安徽池州事件、甘肃会宁事件等是人与车之间发生交通纠纷，而重庆万州事件是人与人之间发生的治安纠纷。这类事件燃点能量极低，大部分是日常生活中常见的治安纠纷，这些能量极低的治安纠纷之所以能引发大规模群体性事件，除了社会矛盾处于高危状态外，大部分具有冲突双方身份的不对称性，即一方是代表警察、官员、富人等群体，另一方是身份卑微的弱势利益群体，强烈的身份反差容易唤起民怨。安徽池州事件中民众提及双方身份时说："一头是本地中学生，才参加完中考；一头是外地有钱的老板，还带着保镖，这个反差多大啊。"重庆万州事件中，万州事件的主角分别为胡氏夫妇和搬运工余某某，其中胡氏夫妇自称公务员，虽然事后证实胡氏并不是公务员，但当时现场的人们确信他们是公务员。

非正常死亡燃点型"无直接利益冲突"，主要是死亡者年龄较小，大多数为自杀。贵州瓮安事件、四川大竹事件、浙江瑞安事件均属于非正常死亡引起的群体性事件。此类事件之所以能够引起大规模社会冲突，与非正常死亡蕴含的社会矛盾能量较大有关，非正常死亡导致死者家属震惊、悲愤等情绪能量较大，还会引起社会同情、不满情绪。从引发社会矛盾能量方面来看，非正常死亡所蕴含的社会矛盾能量较大，引起社会冲突的概率较大，目前在我国发生过的"无直接利益冲突"群体性事件中有相当一部分是由非正常死亡案件而诱发的。

利益燃点型"无直接利益冲突"，主要是由经济利益矛盾引发的群体性事件，甘肃陇南事件是其典型代表。这类燃点型事件诱因是日常生活中常见的经济利益纠纷，陇南事件是房屋拆迁引发的纠纷。此类事件能够引起大规模的冲突，一方面与经济利益矛盾涉及的人数众多有关系，另一方面与事件参与者利益诉求长期得不到解决有关。此类群体性事件到"变体"事件之后，参与主体除了无直接利益相关者之外，还有较多的直接利益相关者。

治安燃点型、非正常死亡燃点型和利益燃点型诱因事件，对"无直接利益冲突"群体性事件的发展产生一定的影响。治安燃点型"无直接利益冲突"群体性事件具有发生、发展、演变速度快的特点，常常在数小时之内完成；非正常死亡燃点型群体性事件发生、发展、演变的速度较慢，常常在数天至数十天完成；利益燃点型群体性事件发生、发展速度更慢，这与其体制内利益诉求表达过程有直接的关系。在群体性事件演变过程中社会舆情助推方式有一定差别，治安燃点型"无直接利益冲突"群体性事件中，舆情助推方式主要是以传统人际传播方式为主，事件结束之后才会大规模在网络传播；非正常死亡型"无直接利益冲突"群体性事件中，舆情助推方式主要是网络传播，兼有传统人际传播特点；利益燃点型"无直接利益冲突"群体性事件，舆情助推方式既有人际传播又有网络传播。

这三种不同燃点型"无直接利益冲突"群体性事件传播方式的差异主要是在治安燃点型"无直接利益冲突"群体性事件中，事件发生、发展与演变速度极快，现场舆情来不及通过网络传播，事件已经结束；而非正常死亡型"无直接利益冲突"群体性事件发酵时间较长，网络舆情传播方式凸显；利益燃点型"无直接利益冲突"群体性事件酝酿时间更长，既有熟人人际传播又有网络传播，但人际传播方式更明显。三种类型"无直接利益冲突"群体性事件给社会与政治稳定造成巨大影响，但其间仍存在一定的差别。治安燃点型和利益燃点型"无直接利益冲突"群体性事件参与人数规模、造成的社会损害程度、社会影响均不如非正常死亡型"无直接利益冲突"群体性事件后果严重（见表1-6）。

表1-6 治安燃点型、非正常死亡燃点型和利益燃点型"无直接利益冲突"比较

类型	发生诱因	演变过程	舆情传播方式	造成后果
治安燃点型	交通纠纷	快速（数个小时）	人际传播为主	较严重
非正常死亡燃点型	自杀	较慢（数天至十数天）	网络与人际传播	严重
利益燃点型	经济利益	慢（数十天）	人际传播为主	较严重

（二）主客体诱变型"无直接利益冲突"和主客体一致型"无直接利益冲突"

矛盾利益主体是区分不同矛盾类型的另外一个重要维度。根据"无直接利益冲突"中"本体"事件与"变体"事件中利益参与主体的差别，可以区分为主客体诱变型"无直接利益冲突"群体性事件和主客体一致型"无直接利益冲突"群体性事件。

主客体诱变型"无直接利益冲突"群体性事件，是指在"本体"诱因事件中，参与主体是民间的不同利益者，与政府无关，当发展为"变体"

事件时，参与主体转变为群体与政府之间的矛盾，事件的冲突双方在"本体"事件与"变体"事件中发生着变化。主客体一致型"无直接利益冲突"群体性事件，是指在"本体"诱因事件中参与主体是群众与政府，当发展到"变体"事件后，事件的参与主体仍然是群众与政府，虽然参与主体的群体人数有所变化，但其双方的身份并没有发生变化。

这两类"无直接利益冲突"群体性事件突出的特点，是在"本体"诱因事件与"变体"诱因事件两个阶段中，事件参与主体特征不同。主客体诱变型"无直接利益冲突"群体性事件参与主体，在"本体"诱因事件中是民间的两个不同利益主体的博弈，到了"变体"事件中，由于政府的介入，事件参与主体发生了变化，民众与政府成为矛盾的两个方面，民间冲突转化为民间与政府的冲突。主客体一致型"无直接利益冲突"群体性事件，在"本体"诱因事件中，矛盾的双方是群众与政府及其职能部门，到了"变体"事件中，矛盾主体范围有所扩大，但矛盾主体仍然是群众与政府，冲突双方角色并没有发生变化。

在"本体"事件中，主客体诱变型"无直接利益冲突"与主客体一致型"无直接利益冲突"的主体身份不同。在"本体"事件中，主客体诱变型"无直接利益冲突"主要表现为两个不同利益主体的冲突，尽管事实上是两个利益身份相似的主体，但这种冲突往往在舆情传播中体现出强势与弱势的名义，贵州瓮安事件和重庆万州事件在"本体"事件中的利益主体冲突均属此例。在"本体"事件中，主客体一致型"无直接利益冲突"的参与主体主要表现为民众与政府之间的冲突，甘肃陇南事件就是因为征地拆迁导致在"本体"事件中民众就与政府产生了利益冲突。

政府在主客体诱变型"无直接利益冲突"与主客体一致型"无直接利益冲突"中的作用不同。政府在主客体诱变型"无直接利益冲突"的"本体"事件中的主要作用是公正裁判，由于政府介入的方式与方法不当，导致群众对政府介入不公的不满情绪传播，从而使民间双方利益主体之间矛盾，转变为民间一方与政府之间的矛盾，因此政府介入并公正裁判是事件能否升级的关键。在主客体一致型"无直接利益冲突"群体性事件的"本体"事件中冲突双方一开始就是民众与政府之间的矛盾，政府本身就是冲突的对象，政府自身利益行为的公正性是矛盾能否升级的关键（见表1-7）。

表1-7　主客体诱变型与主客体一致型"无直接利益冲突"的特点

类型	参与主体	冲突内容	政府作用	矛盾主体转化
主客体诱变型	在"本体"事件中参与的主体是民间双方	在"本体"事件中是强势与弱势冲突	政府扮演仲裁者角色	民众冲突转变为政府与民众的冲突
主客体一致型	在"本体"事件中参与的主体是民众与政府	在"本体"事件中是政府与民众之间的冲突	政府本身就是冲突对象	政府与民众的冲突身份没有变化

（三）政府客体型"无直接利益冲突"和泛化型客体"无直接利益冲突"

从冲突对象分析，"无直接利益冲突"分为政府客体型"无直接利益冲突"与泛化型"无直接利益冲突"。政府客体型"无直接利益冲突"是指在群体性事件中冲突的对象是政府及其职能部门，泛化型"无直接利益冲突"是在指群体性事件中冲突的对象不仅有政府部门，还包括其他民众利益主体。

冲突对象是两种不同类型"无直接利益冲突"群体性事件最明显的区别。在政府客体型"无直接利益冲突"中，矛盾的双方是民众与政府，民众是冲突主体，政府是冲突客体。在泛化型"无直接利益冲突"中，矛盾双方是民众与政府及其他民众，部分民众是冲突主体，政府及其他民众是冲突客体。于建嵘曾经把后者称为"骚乱"。近些年，我国发生"无直接利益冲突"的主要冲突客体是政府及其职能部门，政府客体型"无直接利益冲突"占据冲突大多数，如贵州瓮安事件、湖北石首事件等均是此类冲突的典型案例，2011年我国连续发生了广东增城事件和浙江湖州事件，这类群体性事件展现的是泛化型"无直接利益冲突"的案例。

在两种类型"无直接利益冲突"群体性事件中，政府客体型"无直接利益冲突"主要是干群之间的矛盾，泛化型"无直接利益冲突"的矛盾较为复杂，不仅有干群之间的矛盾，还有群体与群体之间的矛盾。广东增城事件中，参与主体是四川籍农民工，除了攻击当地派出所、治安队之外，还焚毁广东当地人的汽车；除了四川的民工与政府之间的矛盾之外，还存在着不同区域（广东与四川）之间、农民工与当地企业之间的矛盾（见表1-8）。

表1-8 政府客体型和泛化型"无直接利益冲突"的特点

类型	参与主体	冲突对象	冲突内容
政府客体型	多元	政府	干群矛盾
泛化型	阶层性和地域性	政府和部分民众	干群矛盾和群体矛盾

五 "无直接利益冲突"矛盾性质定位

矛盾是一个内涵与外延非常复杂的集合体,对矛盾认识视角的层次也是多元化。总的来说,西方学者认识矛盾大多是从矛盾外部特征进行分类,如矛盾烈度、矛盾强度、矛盾类型等不同视角。马克思主义经典作家认识矛盾视角较为独特,认识矛盾的层次首先是以矛盾性质作为根本,在此基础上逐步扩展到对矛盾特征方面的认识。"科学研究的区分,就是根据科学对象所具有的特殊的矛盾性。"[①]"这种特殊的矛盾,就构成一事物区别于他事物的特殊的本质。这就是世界上诸种事物所以有千差万别的内在的原因。"[②] 关于矛盾性质的论述集中体现在毛泽东创立的人民内部矛盾理论中。

毛泽东在《关于正确处理人民内部矛盾的问题》一文中,关于矛盾性质的论述集中体现在对社会主义社会中两种不同矛盾性质的分类上,创造性地把社会主义社会纷繁复杂的矛盾划分为两类不同性质的矛盾,提出了处理两类不同性质矛盾的方法,根据矛盾性质对矛盾分类是人民内部矛盾理论的基础和主线。在如何区分不同矛盾性质的问题上,常常存在着简单运用"对抗性矛盾与非对抗性矛盾"的倾向,即把对抗性矛盾与非对抗性矛盾等同于敌我矛盾和人民内部矛盾,这种把人民内部矛盾理论区分不同矛盾性质标准简单化的倾向,容易误判现实生活中纷繁复杂的社会矛盾。

(一)人民内部矛盾理论区分矛盾性质标准的有机整体性

人民内部矛盾理论从区分不同矛盾性质的前提、区分不同矛盾性质的主要标准和矛盾存在的条件三个层次上,构成人民内部矛盾理论区分不同矛盾性质标准的有机整体。

---

① 《毛泽东选集》第1卷,人民出版社,1991,第309页。
② 《毛泽东选集》第1卷,人民出版社,1991,第308~309页。

1. 利益主体的政治关系是区分不同矛盾性质的前提

这个前提是从不同利益主体之间的政治关系来甄别人民和敌人的两个基本范畴,"为了正确地认识敌我之间和人民内部这两类不同的矛盾,应该首先弄清楚什么是人民,什么是敌人"①。区分不同矛盾性质的前提主要是分析不同矛盾参与主体之间的政治关系;除了对矛盾参与主体范畴进行区分外,还要考察矛盾参与主体范畴的动态性,其划分标准的根据主要是社会主要矛盾的变化;人民和敌人范畴的外延是不同阶级和阶层的复杂集合体。

2. 区分不同矛盾性质的依据和主要标准

马克思主义经典作家都注重把唯物辩证法作为认识和分析社会矛盾性质的方法论。毛泽东在《矛盾论》和《关于正确处理人民内部矛盾的问题》中,都把辩证法中的对立统一规律作为区分不同矛盾性质的方法论。"对立统一规律是宇宙的根本规律。这个规律,不论在自然界、人类社会和人们的思想中,都是普遍存在的。矛盾着的对立面又统一,又斗争,由此推动事物的运动和变化。"②依据唯物辩证法中的对立统一规律,毛泽东创造性地提出社会主义社会也存在着矛盾,并把矛盾的不同性质作为区分矛盾类型的主要依据,"社会总是充满着矛盾。即使社会主义和共产主义社会也是如此,不过矛盾的性质和阶级社会有所不同罢了"③。

毛泽东在把矛盾性质作为区分不同社会矛盾类型依据的基础上,进一步提出对抗性矛盾与非对抗性矛盾是区分社会主义不同矛盾性质的主要标准。"敌我之间的矛盾是对抗性的矛盾。人民内部的矛盾,在劳动人民之间来说,是非对抗性的。"④对抗性矛盾与非对抗性矛盾是人民内部矛盾理论区分不同矛盾性质的主要标准,是分析和衡量不同矛盾性质的判断依据。

3. 动态看待不同矛盾性质存在的条件

不同矛盾性质是依矛盾存在的条件而发挥作用,当矛盾存在的条件发生变化时,矛盾性质就可能会发生转变。工人阶级和民族资产阶级的剥削与被剥削的矛盾是对抗性矛盾,从性质上归属于敌我矛盾,但是在中国特

---

① 《毛泽东文集》第 7 卷,人民出版社,1999,第 205 页。
② 《毛泽东文集》第 7 卷,人民出版社,1999,第 213 页。
③ 《毛泽东文集》第 7 卷,人民出版社,1999,第 164 页。
④ 《毛泽东文集》第 7 卷,人民出版社,1999,第 205 页。

殊的条件下，民族资产阶级的两面性和我国社会主义改造时期的赎买政策等特殊条件，使矛盾的属性发生改变，变为非对抗矛盾，导致其转化为人民内部矛盾。同样，其他社会主义国家与中国国情不同，民族资产阶级和工人阶级之间的矛盾并不会转变为非对抗性矛盾。因此，我们在区分两类不同性质矛盾时，要注重分析矛盾属性存在条件的变化，矛盾存在条件的变化可能会导致矛盾性质的变化。"事物内部矛盾着的两方面，因为一定的条件而各向着和自己相反的方面转化了去，向着它的对立方面所处的地位转化了去。"①

人民内部矛盾理论从区分不同矛盾性质的前提、主要标准以及矛盾存在的条件，共同构成区分不同矛盾性质标准的有机整体。我们既要注重区分不同矛盾性质的主要标准，又要把握区分不同矛盾性质的前提和矛盾存在的条件，辩证地运用区分不同矛盾性质标准的整体性，避免区分不同矛盾性质标准的简单化，这样才能克服在纷繁复杂的社会矛盾中混淆不同性质的社会矛盾。

（二）人民内部矛盾理论区分矛盾性质标准的复杂性

1. 矛盾性质判断标准的抽象性加剧了区分矛盾性质的模糊性

毛泽东在人民内部矛盾理论中提出了对抗性矛盾与非对抗性矛盾是区分两类不同矛盾性质的标准。在此基础上，毛泽东对非对抗性矛盾内涵做了进一步的解释，"一般说来，人民内部的矛盾，是在人民利益根本一致的基础上的矛盾"②。因此，对抗性矛盾与非对抗性矛盾的区分内涵表现为利益主体的根本利益对立性或者一致性。这种区分矛盾性质标准主要是从哲学视角进行宏观判断的。

对抗性矛盾与非对抗性矛盾判断标准的哲学范畴，导致区分不同矛盾性质标准的内涵和外延有较大的伸缩余地，矛盾判断标准的抽象性导致对某个特定矛盾性质的判断会出现不同结果，某个矛盾的表现形式和特征变化，诸如矛盾的表达方式变化、矛盾强度增加等，就可能被认定为矛盾性质的变化。1957年后大量的人民内部矛盾被误判为敌我矛盾，就与人民内部矛盾理论中矛盾判断标准的抽象性有一定的关系。

---

① 《毛泽东选集》第1卷，人民出版社，1991，第328页。
② 《毛泽东文集》第7卷，人民出版社，1999，第206页。

2. 区分矛盾性质标准"三位一体"整体性增强了矛盾性质判断的系统性

区分矛盾性质标准"三位一体"整体性，需要我们从矛盾主体范畴、矛盾性质判断主要标准和矛盾存在条件进行综合性判断，由于对抗性矛盾与非对抗性矛盾是区分不同矛盾性质的主要标准和主线，通常情况下，人们会把矛盾判断标准"三位一体"整体性简化为"对抗性矛盾与非对抗性矛盾"的单一标准，忽视矛盾性质判断标准的其他两个条件对矛盾性质判断的制约。这两个条件对对抗性矛盾与非对抗性矛盾标准产生一定的影响，使对抗性矛盾与非对抗性矛盾不能简单等同于人民内部矛盾和敌我矛盾。党的历史上曾经出现过，把一些人民内部矛盾作为敌我矛盾处理，这就是非对抗性矛盾没有受到矛盾主体和矛盾存在条件制约，转化为对抗性矛盾。

3. 矛盾表现形式的多样性增加区分矛盾性质的难度

矛盾的性质是从矛盾的属性进行分类的，矛盾的形式是指矛盾存在的具体条件决定矛盾的外在冲突方式。同矛盾的内在属性相比较，矛盾的外在表现形式会更加多样化和复杂化，现实中不同性质矛盾或者同一性质矛盾都会通过不同的形式表现出来，"矛盾的斗争性是一个最广泛的哲学范畴，它在内容上有着最大的普遍性和概括性，在形式上有着无限多样性"[1]。

毛泽东曾经对矛盾性质和矛盾形式之间的辩证关系做出精彩的论述，"剥削阶级和被剥削阶级之间的矛盾，无论在奴隶社会也好，封建社会也好，资本主义社会也好，互相矛盾着的两阶级，长期地并存于一个社会中，他们相互斗争着，但要待两阶级的矛盾发展到了一定的阶段的时候，双方才采取外部对抗的形式，发展为革命"[2]。被剥削阶级和剥削阶级之间的对抗性矛盾，其表现形式是多样的，既可以表现为剧烈对抗性冲突的形式，也可以表现为非对抗性冲突形式。同样，人民内部矛盾从性质上讲是非对抗性矛盾，但它的外在表现并不都是单一的非对抗形式，也会呈现纷繁复杂的矛盾表现形式。而现阶段这种矛盾复杂性主要表现为少数黑恶势力同大多数普通群众混合在一起，暴力冲突的对抗形式和非对抗性矛盾交织在一起，少量的违法犯罪行为和多数的观望行为并存。在面对复杂社会

---

[1] 李秀林、王于、李淮春等：《辩证唯物主义和历史物质主义原理》，中国人民大学出版社，1990，153页。
[2] 《毛泽东选集》第1卷，人民出版社，1991，第384页。

矛盾时，人们有时会把矛盾外在表现的对抗性形式作为矛盾的性质，混淆了矛盾性质与矛盾外在表现形式的区别，把矛盾的外在对抗形式作为矛盾性质来认识。

矛盾的复杂性导致社会主义社会矛盾的多样性。矛盾性质标准的抽象性导致对矛盾性质判断的伸缩性，将矛盾标准整体性与矛盾判断标准简单化，忽视矛盾外在表现形式的多样性与矛盾内在属性的隐蔽性，均容易导致对不同矛盾性质判断的失误，在"文化大革命"及之前出现的阶级斗争扩大化，把人民内部矛盾混淆为敌我矛盾，与社会矛盾性质判断标准的复杂性有一定的关系。

（三）探索矛盾性质的标准：根本利益的整体性分析

毛泽东在《关于正确处理人民内部矛盾问题》一文中，对区分"对抗性矛盾与非对抗性矛盾的性质"标准的内涵做了进一步的解释，"一般说来，人民内部的矛盾，是在人民利益根本一致的基础上的矛盾"①。因此，对抗性矛盾与非对抗性矛盾性质的区分标准主要表现为利益主体在根本利益上的一致性或者对立性。1957年后，中国共产党在指导思想上"左"倾现象逐步扩大，毛泽东终止了对人民内部矛盾理论的深化探索，对非对抗性矛盾与对抗性矛盾的内涵解释，停留在哲学的宏观认识阶段。要丰富和完善毛泽东人民内部矛盾理论，就需要进一步对对抗性矛盾与非对抗性矛盾从哲学的方法论转向政治学的系统性分析。

毛泽东把"对抗性矛盾与非对抗性矛盾"判断标准的内涵与利益主体的"根本利益"有机联系起来，与利益概念本身一样，根本利益也是一个内涵和外延较为宽泛的概念，要深化对对抗性矛盾与非对抗性矛盾判断标准的探索，就必须界定"根本利益"的内涵。

1. 根本利益在一定利益主体范围内表现为"共同利益"

一定利益主体既存在相同利益需求又存在不同利益需求，只有满足不同单个利益主体的共同利益需求才可能是根本利益，局部利益不可能是根本利益。"对于特定的利益关系和处于该利益关系中的利益主体而言，特殊利益常常表现为非根本利益，相形之下，共同利益对于该利益关系和利

---

① 《毛泽东文集》第7卷，人民出版社，1999，第206页。

益主体来说具有更加重要、更加根本的意义。"①

2. 根本利益是对一定利益主体起着支配性和决定性作用的生存利益和发展利益

因为不同层次的共同利益内容对一个利益群体需求所具有的功能重要性并不相同，根本利益就是对一个利益主体生存和发展起着决定性作用的共同利益。生存利益是一个群体共同体存在的前提条件，"全部人类历史的第一个前提无疑是有生命的个人的存在"②，发展利益是一个利益共同体在生存利益解决之后决定其走向的又一个利益维度。"已经得到满足的第一个需要本身、满足需要的活动和已经获得的为满足需要而用的工具又引起新的需要。"③ 一定利益主体生存和发展的根本利益是受到时代变迁而发生变化，决定其生存和发展根本利益的主要依据是某一时期社会的主要矛盾。

3. 根本利益在内容上表现为一定利益主体是否存在共同物质（经济）利益、共同政治利益和共同价值取向

生存利益是一个利益群体存在的依据，没有生存利益就不存在其他利益，而获得生存需求是物质利益的满足，所以共同物质利益满足是一个利益群体首要的根本利益。"一切人类生存的第一个前提，也就是一切历史的第一个前提，这个前提是人们为了能够创造历史，必须能够生活。但是为了生活，首先就需要吃喝住穿以及其他一些东西。因此第一个历史活动就是生产满足这些需要的资料，即生产物质生活本身。"④ 当共同体物质利益满足之后，还有共同政治利益和共同价值取向。

一定利益主体范畴根本利益的一致或者对立，通过两个维度表现出来，即根本利益对立的内容与利益对立的方式，包含着五个要素，即是否有共同经济利益、是否有共同政治利益、是否有共同价值取向、利益是否可调和和利益对抗强度。社会经济关系在利益关系中起着决定性和基础性作用，因此共同的经济利益在根本利益中起着决定性和基础性的作用；共同政治利益是某个政治共同体能否和平存在的重要条件；共同价值取向更多地表现为社会核心价值观的对立；根本利益可调和性是指"组成矛盾的

---

① 王浦劬等：《政治学基础》，北京大学出版社，2006，第60页。
② 《马克思恩格斯选集》第1卷，人民出版社，1995，第67页。
③ 《马克思恩格斯选集》第1卷，人民出版社，1995，第79页。
④ 《马克思恩格斯选集》第1卷，人民出版社，1995，第78页。

利益双方均不以根本否定对方或者完全排斥对方作为印证和实现自己利益的必要条件"①；利益对抗形式主要表现为利益矛盾表达方式是制度内的和平方式还是制度外的暴力方式。

（1）对抗性矛盾和非对抗性矛盾中经济利益对立表现为生产资料占有的不同。不同利益主体矛盾的对抗性和非对抗性首先体现为共同经济利益的一致或者对立，经济利益的根源来自生产关系中生产资料的占有形式。"必须到生产关系中间去探求社会现象的根源，必须把这些现象归结为一定阶级的利益。"②马克思主义经典作家剖析资本主义社会无产阶级和资产阶级对抗不可调和性的原因，就是将生产资料所有制形式的对立作为其对抗性的根源与根本内容，"影响横向利益矛盾存在状态的因素是复杂多样的，其中，起决定性作用的是生产资料不同占有者之间的关系"③。对抗性矛盾与非对抗性矛盾的核心表现为不同利益主体是否拥有共同生产资料。

（2）对抗性矛盾与非对抗性矛盾中政治利益对立表现为争夺政治权力的斗争。以生产资料所有制为基础的经济利益矛盾在现实中最终通过政治利益矛盾表现出来，马克思主义经典作家认为政治是经济的集中体现。"政治关系的建立和实际运行，在其本质、内容、形态和方式等方面，根本上是由经济关系决定的；政治关系以围绕特定权力活动的集中方式，体现和反映着经济关系的根本要求，并且对经济关系起着反作用。"④现实中经济利益对抗性矛盾最终通过政治利益矛盾来解决，而政治利益矛盾以国家政权问题为核心，对抗性矛盾表现为围绕政治权力展开的政治利益对抗。相反，非对抗性矛盾不会上升到围绕政治权力展开斗争，而是围绕着经济分配的利益关系展开。

（3）对抗性矛盾与非对抗性矛盾价值观对立体现为政治合法性危机。对抗性矛盾与非对抗性矛盾的价值观不同主要表现在社会核心价值观的对立，它是经济利益和政治利益对立在文化思想领域的表现。现实中价值观对立更多表现为一个政治体系统治是否能赢得民心的支持，同时也反映一个政治体系是否存在合法性危机。

（4）对抗性矛盾与非对抗性矛盾的解决方式，体现了矛盾是否具有协

---

① 王浦劬等：《政治学基础》，北京大学出版社，2006，第40页。
② 《列宁全集》第1卷，人民出版社，1984，第464页。
③ 王浦劬等：《政治学基础》，北京大学出版社，2006，第59页。
④ 王浦劬等：《政治学基础》，北京大学出版社，2006，第7页。

调性。对抗性矛盾具有利益主体之间矛盾的不可调和性，只有通过推翻现存制度才能解决。非对抗性矛盾是在制度内可以协商解决的利益矛盾。"对抗性矛盾与非对抗性矛盾区分的标准，在于构成矛盾关系的利益主体之间的矛盾是否具有可协调性，显然，不具有可协调性的矛盾是对抗性矛盾，反之亦然。"①

（5）对抗性矛盾与非对抗性矛盾强度不同，表现为是否具有暴力冲突形式。非对抗性矛盾是体制内的非暴力冲突，往往通过法律诉讼等体制内的方式进行解决。对抗性矛盾是体制外的暴力冲突，主要表现为通过体制外的非法手段解决问题，并伴随着推翻国家机器的暴力行为。"资本主义社会的矛盾表现为剧烈的对抗和冲突，表现为剧烈的阶级斗争，那种矛盾不可能由资本主义制度本身来解决，而只有通过社会主义革命才能够加以解决。"②

（6）对抗性矛盾与非对抗性矛盾判断标准的整体性。现实生活中任何一个事物都具有存在系统和要素两个方面，"系统是诸多要素（不少于两个要素）的相互联系的整体"。整体性原则是系统方法的核心，"系统在要素与要素的相关性中产生出高于要素的整体性或系统性，因而整体的功能和性质不能还原为要素的功能和性质"③。整体性原则要求对事物属性从"组织性""相关性""有机性"进行整体性认识，而不是从某个因素进行认知。整体性分析矛盾性质要求从矛盾五个要素外部特征进行系统性判断，不能只对一个或者几个凸显因素进行甄别，而要从其五个要素进行整体性分析，要注意经济利益矛盾基础性因素，可通过矛盾外部因素的系统性综合分析确定矛盾内部的性质。

在不同社会形态中，对抗性矛盾与非对抗性矛盾的内涵也存在着一定的差别，在阶级社会中，剥削阶级与被剥削阶级之间根本利益对立是其内涵，集中体现在矛盾主体对生产资料占有形式的对立、政治权力的争夺、意识形态的矛盾、矛盾的对抗强度和矛盾的不可调和性五个方面。社会主义初级阶段消灭了生产资料私有制，实行生产资料公有制为基础的多种所有制经济共同发展的基本经济制度，对抗性矛盾的经济基础已经不复存

---

① 王浦劬等：《政治学基础》，北京大学出版社，2006，第59页。
② 《毛泽东文集》第7卷，人民出版社，1999，第213页。
③ 李秀林、王于、李淮春：《辩证唯物主义和历史唯物主义原理》，中国人民大学出版社，1990，第220页。

在，马克思主义意识形态指导地位和中国特色社会主义共同理想的价值观已经形成，社会主义核心价值观念已经树立。在现阶段判断中国社会的矛盾是否具备对抗性主要看矛盾的内容是否具有政治性、矛盾的强度（是否具有暴力行为）和矛盾是否具有可协调性三个特征，只有具备政治性、暴力性和不可协调性三个特征的矛盾才会发展成社会主义初级阶段的对抗性矛盾。

（四）"无直接利益冲突"矛盾性质定位：具有矛盾对抗形式的非对抗性矛盾

改革开放后，我国人民内部矛盾出现新变化和新特点。其中，群体性事件是我国新时期人民内部矛盾复杂化、尖锐化与对抗化的集中体现。在改革开放较长的一段时间内，利益群体性事件占据主导地位，此类群体性事件具有参与主体边界清晰和单一化，冲突的主要物质利益诉求明确，冲突方式具有非暴力化等特征。进入 21 世纪后，我国相继发生了 2004 年重庆万州"10·18"事件、2005 年安徽池州"6·26"事件、2006 年四川大竹"1·17"事件、2008 年贵州瓮安"6·28"事件、2008 年甘肃陇南"11·17"事件、2009 年湖北石首"6·20"事件、2011 年广东增城"6·11"事件等。2005 年《瞭望》新闻周刊，首次把这种新型群体性事件称为"无直接利益冲突"，此后"无直接利益冲突"概念被社会各界迅速接纳，成为描述此类社会现象的规范性术语。

作为一种新型群体性事件，其特征是在与其他群体性事件，特别是利益群体性事件相比较中体现出来的，"无直接利益冲突"群体性事件展现出一系列新特点：参与主体多元化，无利益相关者参与；冲突对象为当地党委和政府及其职能部门；冲突方式伴随着打、砸、抢、烧等暴力手段。特别是冲突群体化、冲突手段暴力化、冲突目标明确化，对抗性因素明显增强，导致人们容易混淆两类不同性质的矛盾。现在学界一般把"无直接利益冲突"判断为人民内部矛盾，但判断的依据大多语焉不详。为什么在矛盾对抗性因素凸显的情况下，学者仍然做出人民内部矛盾性质的判断，其令人信服的依据何在？这种对抗因素凸显的非对抗性质矛盾与其他类型的非对抗性质矛盾有何区别？笔者主要从政治学视角对"无直接利益冲突"属于人民内部矛盾性质判断的依据做出甄别。

要对"无直接利益冲突"性质做出判断,必须运用人民内部矛盾理论,从区分不同矛盾性质标准的整体性进行综合分析。

1. 从区分不同矛盾性质的前提分析,"无直接利益冲突"参与主体具有"人民性"

毛泽东《关于正确处理人民内部矛盾的问题》一文在区分敌我矛盾和人民内部矛盾性质之前,首先提出了如何区分人民和敌人两大范畴,把区分人民和敌人两大范畴作为区分两类性质矛盾的前提,并提出社会主义建设时期人民和敌人的范畴。"在现阶段,在建设社会主义的时期,一切赞成、拥护和参加社会主义建设事业的阶级、阶层和社会集团,都属于人民的范围;一切反抗社会主义革命和敌视、破坏社会主义建设的社会势力和社会集团,都是人民的敌人。"[1]

改革开放后,社会主义初级阶段以公有制为主体、多种所有制经济共同发展的基本经济制度,使社会经济成分、组织形式、就业方式、利益关系和分配方式日益多样化,人民的范畴也在发生着变化,特别是改革开放后新出现的社会群体也属于人民的范畴。社会主义初级阶段中国根本利益的利益主体范畴表现为绝大多数人民,具体范围既包括全体社会主义劳动者、拥护社会主义的爱国者和拥护祖国统一的爱国者,其中全体社会主义劳动者的主体是工人阶级、农民阶级和知识分子阶层,又包括新增加的"在社会变革中出现的民营科技企业的创业人员和技术人员、受聘于外资企业的管理技术人员、个体户、私营企业主、中介组织的从业人员、自由职业人员"[2] 等社会主义建设者。社会主义初级阶段共同利益是指社会主义劳动者、社会主义建设者和拥护祖国统一爱国者的共同利益。

发生在以贵州瓮安和湖北石首等地的"无直接利益冲突"群体性事件中,尽管参与事件主体多元化,除了极少数黑恶势力外,其参与主体主要为社会弱势群体,这些社会弱势群体是现阶段社会主义建设的参与者,因此从区分两类不同性质矛盾的前提看,其参与主体属于人民的范畴。1957年刘少奇到河北、河南、湖北、湖南和广东 5 省专题调研人民内部矛盾,针对当时少数反革命分子混进群众中闹事的现象,就如何区分此类事件的矛盾性质时说,群众闹事时,第一要分清敌我,绝不能把人民内部的问题

---

[1] 《毛泽东文集》第 7 卷,人民出版社,1999,第 205 页。
[2] 《江泽民文选》第 3 卷,人民出版社,2006,第 539 页。

当成敌我问题来处理。即使在群众中混进了个别坏人，我们也要按照处理人民内部问题的原则，先把群众的问题处理了，使群众安定下来，然后再处理反革命分子的问题①。

2. 从区分不同矛盾性质的主要标准分析，"无直接利益冲突"具有非政治性、可调和性和对抗形式的复合型因素

笔者在深化人民内部矛盾学说中的对抗性矛盾与非对抗性矛盾的分析中，提出从哲学方法论分析向政治学领域分析转变，对抗性矛盾与非对抗性矛盾主要从矛盾的内容、强度和解决方式三个维度进行整体性分析。如果单从冲突的形式维度来看，"无直接利益冲突"群体性事件伴随着打、砸、抢、烧等暴力手段，具有对抗性的因素。暴力手段仅仅是区分对抗性矛盾与非对抗性矛盾的一个维度，从矛盾的内容上看，"无直接利益冲突"群体性事件没有政治目的和行动纲领，不是有组织的而是临时偶合的群体，对党政机关的打、砸、抢、烧等暴力行为，不具有推翻和占领国家机器的意图，而是"不特定多数人（集群）、重在释放不满，可表述为基于不满宣泄的集群行为"②，在矛盾内容上不具有政治性特点。这类矛盾是可调和性的矛盾，只是由于少数地方政府在矛盾解决方式上出现失误造成的，通过制度化解决方式可以化解。因此，"无直接利益冲突"群体性事件既具有矛盾对抗形式，又具有矛盾非政治性、可协调性的因素，只具备矛盾对抗因素而不具备对抗性矛盾性质的完整形态。

3. 从矛盾性质的整体性分析，"无直接利益冲突"属于非对抗性矛盾，归属于人民内部矛盾

"无直接利益冲突"矛盾性质作为一个系统，是由四个要素构成的，即矛盾参与主体具有人民性，矛盾冲突内容具有政治性，矛盾表现形式具有暴力性，矛盾解决方式具有可协调性。这四个要素对矛盾性质影响并不是同等重要的，其中矛盾参与主体具有人民性，是决定矛盾性质的前提条件；矛盾冲突内容具有政治性是影响矛盾性质的重要变量；矛盾可协调性是影响矛盾性质的另一个变量，它主要从矛盾最终解决形态影响矛盾性质；矛盾表现形式具有暴力性是影响矛盾性质的一个次要变量，因为矛盾暴力性既可以是对抗性矛盾表现形式，也可以是非对抗性矛盾表现形式。

---

① 张建华：《1957年刘少奇南下五省调研人民内部矛盾》，《党史博览》2011年第3期。
② 王赐江：《群体性事件的类型化及发展趋向》，《长江论坛》2010年第4期。

从四个要素的整体性功能来看，矛盾表现形式对矛盾性质影响是受到其他要素的影响，它不是决定矛盾性质重要的变量，也起不到决定性作用。在其他三个重要变量的影响下，从系统的整体性分析，"无直接利益冲突"具有对抗因素，但并不具备完整对抗性矛盾性质的构成要素，仍属于非对抗性矛盾性质，是人民内部矛盾而非敌我矛盾。

第二章 "无直接利益冲突"生成的系统动力机制

改革开放后，我国群体性事件发生着动态的变化，其主要表现形式之一就是从改革开放初期单一型向多元并存的群体性事件类型转变，"无直接利益冲突"作为一种新型的群体性事件，其参与主体构成、生成机制、演变过程及其发展规律有自身的特点。笔者以"过程—事件"分析法为纵向坐标和"制度—结构"分析法为横向坐标，将"无直接利益冲突"群体性事件发生的场景延伸到日常生活中，以参与主体多元化的特征为研究起点，深入分析无直接利益相关者出现在事件现场中的动因。依据"无直接利益冲突"事前、事发、事中、事后整个过程，区分"无直接利益冲突"生成的主要环节，即"无直接利益冲突"生成的源头矛盾、中间环节、诱因事件、无直接利益冲突四个主要环节。"无直接利益冲突"中不同环节生成的动因不同，分为基础性动因、中间变量动因、诱发因素动因、直接动力动因四个综合动因。"无直接利益冲突"的各个环节和其动因，共同构成"无直接利益冲突"生成的动力机制，即源头基础性动因、中间环节的中介变量、诱因事件的诱发动因、无直接利益冲突现场的直接动因。探讨"无直接利益冲突"群体性事件现场之外的源头性因素、事件现场的直接动因、事件诱因以及从源头性因素到直接动因的中间变量，分析不同因素在整个事件中不同阶段所起的不同作用及其相互演变的关系，探索"无直接利益冲突"生成的系统动力机制。

一 "无直接利益冲突"系统动力机制内涵

机制最初在古希腊语中用于描述机械装置和物理现象的运行过程，后来被推广到心理学、经济学等社会科学领域，同研究事物的静态功能——"体制"范畴相比较，学者从传统哲学视角认为"机制"，泛指"一个系统中诸元素、部分、要素之间的相互作用的过程和功能"[1]，机制侧重对事件运行起着关键作用的结构和功能。社会学家查尔斯·蒂利认为，社会事务无法还原为个人心理事件，应该关注个人行动和具有因果联系的相关性过程，把对某个社会过程的解释"视为对由诸多机制构成的因果链的确认，这些机制以不同的序列和不同的结合形式重现于各不相同的环境中，由此而产生的集体性后果彼此有异"[2]。动力机制主要从动力学的视角考察某一事物的结构和功能，社会科学的"动力机制"是指社会中某个系统运动、发展、变化内部外部要素相互作用的方式，是整个系统诸要素、部分、环节在相互作用中形成的结构和功能。系统动力机制主要探讨某一事物产生、发展过程中多元动力因素之间的互相作用，构成一组动力系统。相对于某一事物"原因—结果"单一的动力因素，系统动力机制更多探讨某一事物动力机制中多元动力因素相互作用及其演进过程，共同构成复杂的系统动力机制。

动力学视角的动力机制包括结构动力机制和行为动力机制两个方面，群体性事件的结构动力机制侧重研究外部条件对参与主体行动的动力因素影响关系，包括群体行为动力与制度结构、社会结构、传播媒介等要素之间的相互影响；行为动力机制侧重解释集体行动参与主体对行动的构建，主要诠释事件参与主体的内部动因。结构动力机制和行为动力机制归结为一点，核心是诠释群体性事件外部要素与行动主体自主性构建之间的相互关系，揭示行动主体为什么参加集体行动。

参与主体多元化是"无直接利益冲突"诸多特征的核心要素，其他特征均是围绕着事件参与主体多元化这一特征向外散射的。从利益相关者理论分析，参与主体多元化可以被简化为两类利益群体：一类是与"本体"诱因事件有直接利益关系的参与者，但在"本体"事件转变为"无直接利益冲突"的"变体"事件之后，其对事件走向的影响已经无足轻重，其最初的诉求目的、表达方式均被淹没在"无直接利益相关者"的人群混乱之中；另一类是与"本体"诱因事件没有直接利益的相关者，他们的加入改变了群体性事件的走向和特征，使参与主体单一化、明确利益诉求目的、可控性的"本体"事件，演变为参与主体多元化、无明确利益诉求、不可

---

[1] 郭湛、王洪波：《改革、发展、稳定、和谐的动力机制》，《天津社会科学》2008年第5期。
[2] 〔美〕查尔斯·蒂利等：《斗争的动力》，李义中译，译林出版社，2006，第26~27页。

控的"无直接利益冲突"群体性事件。

研究"无直接利益冲突"生成的系统动力机制，核心是研究"无直接利益相关者"参与行动的动力机制。随着中国群体性事件进入高发期，国内学者对群体性事件发生动力机制进行探讨并取得了一定的研究成果。于建嵘以基层农民反抗基层政府引发的群体性事件为例，提出了农民抗争"压迫性反应"动力机制。于建嵘依据中国社会抗争的经验，否定了奥尔森的"选择性激励"揭示中国农民维权抗争的合理性，中国农民所进行的维权抗争不是根据"集团"内部"奖罚分明"进行"选择"，而是对"集团"外部"压迫"的反应，"基层政府及官员的压迫是农民走向集体行动最为主要的动力"[1]。这是中国学者借鉴西方集体行动理论并依据中国实际提出的集体行动的动力模式。

以北京大学刘能为代表，针对 21 世纪以来中国群体性事件发生的特点，提出了"怨恨"是中国群体性事件发生的动力机制。刘能认为怨恨变量是导致集体行动发生的三个核心变量之一。"怨恨的生成是利益表达和需求保卫的导火索，它既可以是对现行社会问题和社会不公正的关注，也可以是个体或群体正在遭受着的苦难体验，也可以是对某种潜在的社会危机的担忧和关心。而对怨恨进行解释的结果，便是一个集体行动框架的建构：这个框架既界定了问题，又对责任进行了归因，并且指出了行动的必要性，因此成为集体行动的催化剂。"[2]

郭景萍提出"情感"是集体行动的重要变量。郭景萍依据对西方集体行动理论分析，认为"情感因素具有强烈的价值色彩，它对集体行动的作用是显而易见的。如果仅由利益引导，而缺乏情感等价值的支撑，集体行动者难免各自算计，一盘散沙。利益总会引起情感的悸动，反过来，情感的存在又是维系利益的纽带，因而是影响集体行动的关键变量"[3]。

应星依据中国传统伦理，提出"气"是中国集体行动的重要动力。通过对数十起中国群体性事件进行实证研究之后，应星认为：当代中国乡村集体行动再生产的基础并非利益或理性，而是伦理。这种伦理在中国文化

---

[1] 于建嵘：《利益、权威和秩序——对村民对抗基层政府的群体性事件的分析》，《中国农村观察》2000 年第 4 期。
[2] 刘能：《怨恨解释、动员结构和理性选择——有关中国都市地区集体行动发生可能性的分析》，《开放时代》2004 年第 4 期。
[3] 郭景萍：《集体行动的情感逻辑》，《河北学刊》2006 年第 2 期。

中有其独特的概念:"气,在蒙受冤抑、遭遇不公、陷入纠纷时进行反击的驱动力,是中国人不惜一切代价来抗拒蔑视和羞辱、赢得承认和尊严的一种人格价值展现方式。"①

中国学者对群体性事件动力机制的研究,丰富了中国关于群体性事件研究的内容。于建嵘提出"压迫性反应"概念,对解释20世纪中后期,中国基层农村税费负担较重情况下农民抗争动因具有说服力,21世纪中国农村税费改革后,这种对农村农民抗争动力的解释力逐渐消退。"怨恨""情感""气"表面上从不同视角提出中国群体性事件发生的动力,但这三者都属于社会心理层面,"情感"从更广的范畴解释了群体性事件发生动力,但情感范畴较广,具体是什么样的情感导致群体性事件发生则语焉不详。"怨恨"从更微观角度分析了中国群体性事件发生的动因,"气"与"怨恨"属于同一层次的范畴,只不过社会心理能量有所差别。这些研究为我们揭示"无直接利益冲突"生成动力机制提供了基础和方向,但仅有"怨恨"或者"气"尚不能完全揭示"无直接利益冲突"生成的动力机制。

"无直接利益冲突"作为一种新型社会矛盾,其生成动力机制并非单一动力因素,表现为多元化的复合型动力因素,复合型动力因素是指某一事件发生并非单一因素导致的,而是多种动力因素呈现出相互作用的状态。恩格斯曾经提出历史发展动力合理概念,"历史是这样创造的:最终的结果总是从许多单个的意志的相互冲突中产生出来的,而其中每一个意志,又是由于许多特殊的生活条件,才成为它所成为的那样。这样就有无数互相交错的力量,有无数个力的平行四边形,由此就产生出一个合力,即历史结果,而这个结果又可以看作一个作为整体的、不自觉地和不自主地起着作用的力量的产物。因为任何一个人的愿望都会受到任何另一个人的妨碍,而最后出现的结果就是谁都没有希望过的事物"②。恩格斯对历史发展动力的论述说明,历史发展变迁并非是由单一动力促成的,而是多种动力合力作用的结果。

美国社会学家斯梅尔塞借用经济学中产品价值增值理论,提出了集体行动"价值累加理论",该理论认为集体行动需要具备六个方面的必备条件:一是有利于社会运动产生的结构性诱因,即特定的集体行为更容易发生在特定的社会结构条件下;二是由社会结构衍生出来的怨恨、剥夺感或

---

① 应星:《"气"与中国乡村集体行动的再生产》,《开放时代》2007年第6期。
② 《马克思恩格斯选集》第4卷,人民出版社,1995,第697页。

压迫感，有学者称之为结构性紧张；三是一般化信念，指由结构性紧张转化成的对问题发生原因及解决办法的共同认知；四是触发因素，即引发事件的直接要素或"导火索"；五是行动动员，指事件的组织领导、策略选择、方式步骤等过程要素；六是社会控制，即政府对社会冲突的把握和处置能力。斯梅尔塞认为，这些因素自上而下形成的程度越强，发生集体行动的可能性越大，如果六个因素都具备的话集体行动就必然发生。[1] 斯梅尔塞提出的"价值累加理论"改变了过去把单一因素作为集体行动的必备条件，六个因素诠释了集体行动发生需要多元因素共同作用。

"无直接利益冲突"动力复合型体现在：一是"无直接利益冲突"发生动力并非由单一因素"利益"或者"怨恨""气"导致的。如果说是利益因素是其动因，现场看不到利益影子，更多的是由"怨恨"而引发的发泄不满的冲突，如果说"怨恨"是事件发生的动因，"怨恨"情绪并没有在现场产生，"怨恨"生成的动因何在？单一因素不能科学诠释"无直接利益冲突"发生的复合型动因。二是在"无直接利益冲突"整个生成过程中，事前、事发、事中、事后不同阶段动因并不相同，并呈现出逐层作用的关系。"无直接利益冲突"事前、事发、事中、事后分别体现出复合型动因中基础性动因、中间变量、直接动因和事件诱因四个不同动因之间演变过程及其相互之间的关系。

二 "无直接利益冲突"生成的主要环节及动因

（一）群体性事件发展过程和环节

生成环节是指某一事物发展过程中的主要变化阶段，是事件变化过程中"量"变与"质"变中时间和空间维度的节点。事物发展变化标志着运动的多样性，运动的不同过程、状态和趋向，如量的变化和质的飞跃、前进与倒退等状态。"无直接利益冲突"群体性事件发展过程中没有发生"质"的变化，这种"质"的变化是指矛盾的性质并没有发生改变，即非对抗性矛盾性质贯穿着事件发展的整个过程。但"无直接利益冲突"群体性事件发生的整个过程中矛盾发生了"量"的变化，"量"是"事件所固有的一种规定性，它是事物的规模、程度、速度，以及它的构成成分在空间上的排列组合等可

---

[1] 赵鼎新：《西方社会运动与革命理论发展之述评——站在中国的角度思考》，《社会学研究》2005年第1期。

以用数量表示的规定性"①。具体到"无直接利益冲突"群体性事件上,事件过程"量"变主要体现在群体性事件演变过程中参与主体的数量变化、矛盾表现形式变化、矛盾能量变化、矛盾动力机制变化等方面。

中共第一代领导集体在探讨人民内部矛盾理论时,已经开始分析群体性事件生成过程和环节。刘少奇在《如何正确处理人民内部矛盾》一文中指出,"群众闹事大体上经过这样几个阶段:先是提意见、提要求;然后是派代表交涉;如果交涉还没有结果,就开会,向北京告状,或者出墙报,向《人民日报》写信;如果还没有效果就请愿,就闹事。大体上都不是突然闹起来的,往往是经过了好几个月,经过了半年,采取了各种办法,官僚主义不理,解决不了问题,最后才来请愿、闹事、罢工、罢课"②。刘少奇总结了"群众闹事"过程中的几个关键环节,包括协商、交涉、信访、求助媒体,这些均是利益表达的不同渠道,但都没有超出利益表达的范围,这些"群众闹事"过程和环节是"利益受损→利益表达→利益表达受阻→闹事"。

改革开放以后我国经济体制转轨和社会结构转型,导致社会利益关系发生巨大变迁,我国从一个政治利益主导型的社会转变为经济利益主导型的社会,经济利益分配失衡成为我国社会矛盾和冲突的源头,利益群体性事件在我国社会群体性事件中占据主导地位。有学者在总结利益群体性事件时,提出了利益群体性事件发生的基本轨迹和特点。其基本轨迹是:一定的社会冲突源存在→多方利益博弈导致部分利益主体受损→部分主体产生挫折感、失落感(主体心理出现某种不平衡)→冲突性言语(牢骚、怪话、气话时常挂在嘴边)→心理失衡引发行为困境,爆发冲突性行为(与其他个体、群体或政府的冲突和对抗)。③ 这里对群体性事件发生的过程和环节做了基本总结,但缺少分析群体性事件中间利益表达环节;加上利益表达的中间环节,利益群体性事件演变的整体环节是:利益主体受损→体制内利益表达→体制内利益表达受阻→利益群体性事件发生。

(二)"无直接利益冲突"群体性事件的主要环节

进入 21 世纪后,"无直接利益冲突"群体性事件凸显,此类群体性事件

---

① 李秀林、王于、李淮春:《辩证唯物主义和历史唯物主义原理》,中国人民大学出版社,1990,第 139 页。
② 《刘少奇选集》下卷,人民出版社,1985,第 307 页。
③ 姜建成:《社会冲突的发生机理、深层原因及对策治理》,《毛泽东邓小平理论研究》2012 年第 2 期。

演变过程与生成机制均与利益群体性事件不同,呈现出较为独特的方面。如果仅从"无直接利益冲突"群体性事件现场发生的过程看,其演变过程和主要环节是:"本体"诱因事件出现→社会舆情传播→情绪共鸣→"无利益相关者"参与→"变体"事件出现。如果我们进一步将"无直接利益冲突"群体性事件发生原因向源头推进,此类事件的演变过程和主要环节表现为:日常生活中利益主体利益受损→体制内利益表达→体制内利益表达受阻→"不公平感"社会心理产生→"本体"诱因事件出现→社会舆情传播→情绪共鸣→"无利益相关者"参与→"变体"事件出现(见表2-1)。

表2-1 利益群体性事件与"无直接利益冲突"群体性事件生成主要过程的比较

冲突阶段 冲突类型	利益矛盾产生阶段	利益表达过程	社会心理冲突	矛盾升级过程
利益群体性事件	利益主体竞争	体制内利益表达		事态升级
				基层无法控制
				高层震惊
	部分利益主体受损	体制内利益表达受阻		迅速处置
				事态平息
无直接利益冲突群体性事件	利益主体竞争	体制内利益表达	不公平感社会心理产生(隐性状态)	偶发诱因事件
				政府应对不力
				舆情传播
	部分利益主体受损	体制内利益表达受阻		不公平心理凸显
				无直接利益者参与
				无直接利益冲突产生

1. "无直接利益冲突"的生成过程及环节的复杂性

较之利益群体性事件相比较,"无直接利益冲突"演变过程和生成机制呈现出若干特征。

(1)"无直接利益冲突"生成过程中环节复杂化。利益群体性事件生成过程和环节主要有利益矛盾冲突源和利益表达过程,而"无直接利益冲突"群体性事件除了涉及利益矛盾冲突源和利益表达过程之外,还有社会心理冲突阶段、诱因事件产生、社会舆情传播导致的情绪共鸣、"无利益相关者参与"等过程及环节。

(2)"无直接利益冲突"生成的变量在增加,使此类群体性事件生成的原因更加复杂。变量是事件产生的必要条件,完整的变量是事件产生的充分条件。利益群体性事件产生的变量主要是利益主体受损、体制内利益表达受阻两个变量,这两个变量共同构成利益群体性事件产生的必要条件。"无直接利益冲突"群体性事件主要变量为利益主体受损、利益表达受阻、社会不公平产生、诱因事件出现和舆情传播导致情绪共鸣,这五个变量共同构成此类群体性事件产生的充分条件。

(3)"无直接利益冲突"生成动力中直接动因在发生变化。利益群体性事件生成的直接动因是共同利益受损导致共同行动,而"无直接利益冲突"群体性事件生成的直接动因是"不公平感"社会心理形成,共同的社会心理导致共同的行动。

2. "无直接利益冲突"生成动因及功能

无直接利益相关者参与行动的利益动机缺失,主要是发泄不满情绪,这些不满情绪并不是在事件现场形成的,而是在事件出现以前就已经在日常生活中形成,这些在日常生活中积累的不满情绪可能来源于日常生活中利益直接受损或者利益相对受损,而且在现实中并没有通过利益表达机制得到有效解决,这种不满情绪在现实中被积累起来,当遇到诱发事件时,就会以"无直接利益冲突"群体性事件的形式表现出来。

(1)"无直接利益冲突"源头和基础性动因是日常生活中利益主体的利益受损,只不过利益受损的基础性动因在此类群体性事件中呈现出隐形的基础性作用。

(2)"无直接利益冲突"生成的中间变量是利益主体在体制内利益表达受阻。利益受损主体通过体制内利益表达寻求利益补偿,在体制内利益表达供给缺失的情况下,往往会导致利益表达受阻。

(3)"无直接利益冲突"生成的直接动因是"不公平感"社会心理。在体制内利益表达受阻会导致不公平感社会心理产生,不公平感社会心理是此类群体性事件发生的直接动力,正是在这种不公平感社会心理直接作用下,无直接利益相关者才会参与到现实行动中,借机发泄心中不满。

(4)"无直接利益冲突"生成的诱因事件是"本体"事件的发生,"本体"事件起到导火索的作用,"本体"诱因事件使隐性的不公平社会心理转变为"显性"状态。

3. "无直接利益冲突"生成动因及关联性

在"无直接利益冲突"生成过程环节和动因中,我们发现在事件源头、中间环节、诱因事件和"变体"事件四个环节中,分别有四个不同变量，即利益受损、利益表达受阻、"本体"事件和"不公平感"。这四个变量分别在不同环节中起着基础性动因、中间变量、诱发因素和直接动因的作用。四个不同动因分别有不同的功能，它们既在不同阶段呈现出独立功能，又呈现出相互作用的特点，共同构成"无直接利益冲突"生成的必要条件。利益受损的基础性动因在整个动因中起着基础性作用，呈现"隐性"作用；"不公平感"社会心理呈现"显性"作用；体制内利益表达受阻是从利益矛盾到社会心理冲突形成的中间环节与变量；诱因事件起着导火索作用。形成一个完整的闭合动力系统（见图 2-1）。

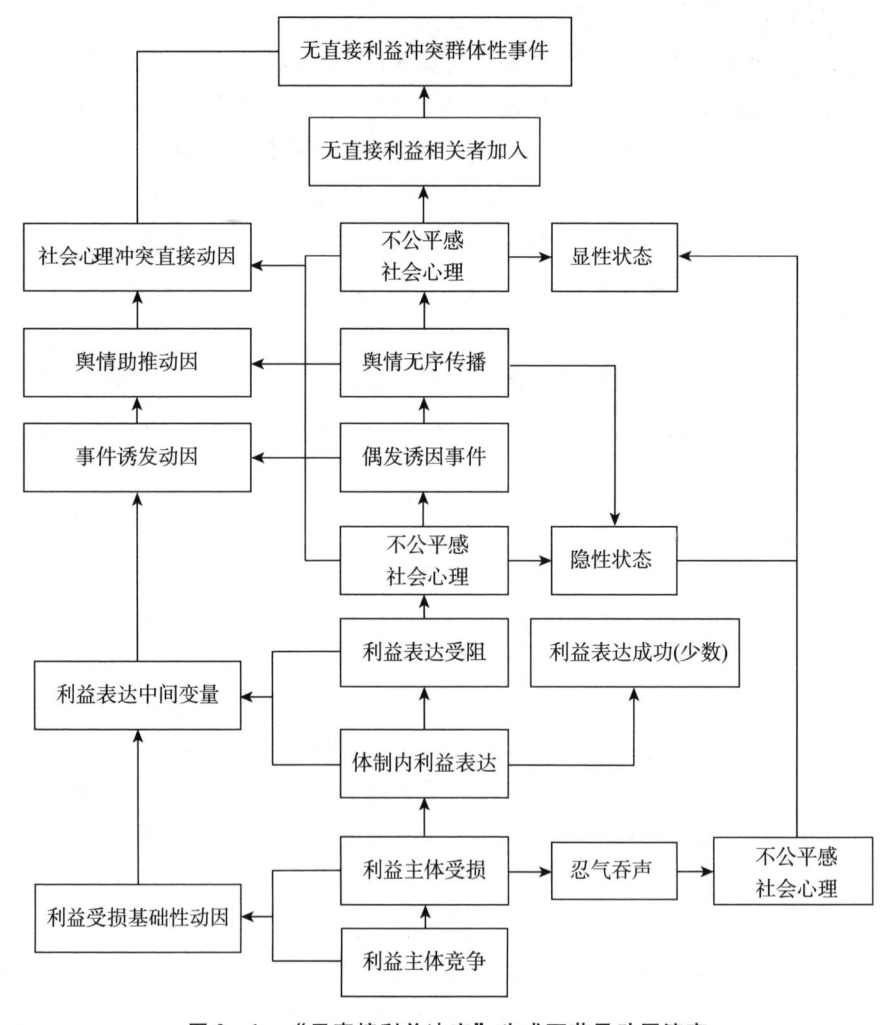

图 2-1 "无直接利益冲突"生成环节及动因演变

三 "无直接利益冲突"源头性动因：日常生活中利益受损

（一）无直接利益相关者的介入：从"本体"到"变体"事件转变的枢纽

研究和治理"无直接利益冲突"群体性事件，必须以"无直接利益冲突"群体性事件参与主体多元化作为主要研究对象，而无直接利益相关者参与动力问题又是破解"无直接利益冲突"群体性事件的关键。

动力机制是人们从事某种活动的一种动力或心理倾向，它促使人们产生某种活动、按某种方式行事，它是激励人们从事某种社会行动以达到特定目的的内在动力。人们参与集体行动的动力机制，即人们为什么参加某种集体行动，或者说人们为什么不参加某种集体行动，是研究集体行动的起点，也是集体行动发生的关键，所有研究集体行动的理论是在有意或者无意中，围绕着剖析人们为什么参与集体行动的动因这一主线展开论述，并分别从不同视角提出了不同集体行动的动机理论。

"无直接利益冲突"动力机制主要研究对象是群体性事件参与主体动力形成的条件和过程，核心是解决在"无直接利益冲突"群体性事件参与主体中无直接利益相关者"为什么参与到集体行动中"的问题。参与主体多元化是"无直接利益冲突"与传统利益群体性事件最核心的区别，研究事件参与主体多元化主要是研究参与主体中与"本体"事件无直接利益相关者行动的动因，无直接利益相关者参与行动的动因，成为解决"无直接利益冲突"群体性事件规模扩大、暴力升级、性质改变等问题的关键和枢纽。

从事件现场看，无直接利益相关者加入基于显然不是其中共同的利益关系，无利益相关者与"本体"事件直接利益相关者既没有任何经济利益关联，也不是亲戚、朋友等社会利益的关系，而是出于同情和发泄心中不满情绪，发泄心中不满情绪是事件发生的直接动因，但现场并没有形成无利益相关者不满情绪的条件和原因，无利益相关者不满情绪并不是在事件现场形成的，而是在"本体"事件出现之前即已经形成，这些诸多无利益相关者参与主体的不满情绪是在"本体"事件出现之前的日常生活中积累起来的。"无直接利益冲突"群体性事件参与主体从事件现场看是找不到利益动因的，更多的只是一种不满情绪的发泄，而追溯无利益相关者不满情绪产生的源头，仍然与利益关系密不可分。"从本质上说还是一种利益冲突，它远远不是表面上显示的一种单纯的情绪表达和发泄，而是一种导源于终极意义上的利益冲突，具有根本利益追求的性质。"①

（二）"无直接利益冲突"群体性事件生成的源头：利益受损的基础性动因

利益关系是马克思主义经典作家分析人们从事物质生产和精神活动、研究社会发展动力和规律的一条主线。马克思主义经典作家在其理论中虽然没有专门论述利益理论，但散见于其不同的著作中，在其庞大的理论构建中，灵活运用利益理论将其贯穿于分析人们从事物质生产和精神生活的动因，分析资本主义社会基本矛盾产生的原因，研究人类社会发展基本规律。利益理论是贯穿马克思主义经典作家庞大理论体系的一条主线。列宁在论述社会主义建设理论时指出："我国的对内和对外政策归根结底是由我国统治阶级的经济利益和经济地位决定的。这个原理是马克思主义者整个世界观的基础。"②

1. 马克思主义经典作家利益理论

（1）"人的利益形成是一个从人的需要到人的劳动再到社会关系的逻辑过程"③，揭示了利益的自然属性和社会属性及其关系。利益不仅是人们从事一切活动的动因，"人们奋斗所争取的一切，都同他们的利益有关"④，而且利益反映出人与人之间特定的社会关系，"每一个社会的经济关系首先是作为利益表现出来"⑤。

（2）利益是人类社会矛盾产生的根源，是推动人类社会进步的初始动力。阶级斗争是"基于物质利益的"根本冲突，马克思主义经典作家围绕物质利益矛盾为起点，剖析资本主义社会主要矛盾的不可调和性，但是利益矛盾并不是社会发展的根本动力，利益矛盾要通过社会生产力和生产关系之间的变量才能起作用。

（3）人们在现实生活中形成不同的利益关系，这种利益关系包括共同

---

① 郝宇青：《当前中国无直接利益冲突现象的特征》，《探索与争鸣》2007年第4期。
② 《列宁全集》第34卷，人民出版社，1985，第306页。
③ 王浦劬等：《政治学基础》，北京大学出版社，2004，第46页。
④ 《马克思恩格斯全集》第1卷，人民出版社，1956，第82页。
⑤ 《马克思恩格斯全集》第18卷，人民出版社，1964，第307页。

利益和利益矛盾，不同利益主体的共同利益使人们在一定范围内形成集体利益、阶层利益、阶级利益、民族利益、国家利益等；不同利益主体形成利益矛盾，包括个人矛盾、家庭矛盾、阶层矛盾、阶级矛盾、民族矛盾、国家矛盾。利益差别是不同利益主体产生利益矛盾和利益冲突的基础，但并不是说利益差别一定就会引发利益矛盾。利益差别引发利益矛盾的前提条件是：不同利益主体对同一利益客体的要求，也就是不同利益主体存在于同一的利益关系中。"两个利益主体对于同一利益客体都有利益要求通常有两种形式的表现：一种形式是某一利益主体对另一利益主体既有利益的要求，这实际上是一种利益剥夺；另一种形式是两个利益主体对于某种双方均未获得的利益都有利益要求，这往往表现为一种利益竞取。"[1]

2. 改革开放前中国社会利益关系的基本特征

（1）国家主导型利益关系。决定不同利益主体在利益格局中位置的主导要素是国家，国家通过政治权力、经济利益分配、文化共同体的构建等，使不同利益主体构建了新型的社会主义利益关系和利益结构。

（2）不同利益主体同质化。这种不同利益主体同质化主要表现为不同主体利益的平均化。利益平均化主要表现在通过政治权力实现生产资料私有制转变为生产资料公有制和集体所有制，为利益主体平均化奠定了经济基础。同时，"按劳分配"的社会主义分配制度又转向大锅饭制度，使人均收入明显趋同，1978年中国城镇居民收入的基尼系数为0.185，农村居民收入的基尼系数为0.212，在世界上属于收入差距最小的国家之一。

（3）利益关系政治化。利益关系政治化主要表现为在经济利益、政治利益和文化利益不同利益要素构成中，政治利益对经济利益和文化利益影响占据主导地位。政治利益的主导作用主要表现在：一是决定不同利益主体在社会关系中的地位的首要因素是政治利益。人们按照政治身份进行排序，干部、工人、农民、地主、富农、反动分子、坏人、右派等，都是通过政治利益地位获得社会声望，民族资本家尽管占据较多的利益，但是其政治身份较低，在社会中的声望明显低于工人、农民。二是政治利益对其他利益的剥夺，国家通过政治利益对部分利益主体的经济利益和文化利益随意剥夺，如"文化大革命"中通过政治权力随意对"地、富、反、坏、右"分子个人资产和个人收入进行剥夺，通过劳动改造和群众监督剥夺

---

[1] 王浦劬等：《政治学基础》，北京大学出版社，2004，第59页。

"地、富、反、坏、右"分子的发言权。三是政治权利对部分利益主体其他社会权利的剥夺，国家通过政治权利剥夺"地、富、反、坏、右"分子及其子女的参军、高考、提干等社会权利。

（4）社会关系结构简单化。以生产资料公有制为根本经济利益关系平均化，使我国社会利益关系同质化的倾向明显，导致我国利益关系简单，利益关系简单化使我国社会结构简单化，形成两个阶级一个阶层的社会结构。

3. 社会主义市场经济下新的利益关系

（1）市场经济调节利益关系的基础性作用。随着社会主义计划经济体制转型为社会主义市场经济体制，国家调节经济利益"看得见的手"让位于市场经济"看不见的手"。党的十四大提出："我们要建立的社会主义市场经济体制，就是要使市场在社会主义国家宏观调控下对资源配置起基础性作用。"[1] 十八届四中全会进一步提出："经济体制改革是全面深化改革的重点，核心问题是处理好政府与市场的关系，使市场在资源配置中起决定性作用和更好发挥政府作用。"[2] 从市场在资源配置中起基础性作用到起决定性作用的转变，表明市场经济在我国资源配置中的作用越来越显著。所以，社会主义市场经济体制的确立是中国改革开放后利益关系变迁的主导性因素，从而推动了中国社会主义新型利益关系的全面转型。

（2）利益竞争动力和利益差距扩大化同时存在。市场经济的确立使每一个体成为独立的利益主体，利益认知、利益竞争相继出现，市场经济解决了计划经济条件下利益主体追求利益动力不足的问题，使利益主体追求利益动力充分释放。同时，市场经济追求利益最大化的张力，使中国社会在30多年时间里，迅速从一个利益过度平均化的国家变成利益差距扩大化的国家。

（3）利益矛盾多元化和复杂化。在我国，利益关系过度分化和利益主体差距扩大化，出现了错综复杂的利益矛盾，经济利益差距、权利不平等、思想认识差异使利益关系复杂化。"人民内部矛盾是一个复杂的矛盾系统，其中既有思想是非矛盾，又有利益得失矛盾，还有差异互补矛盾，因而解决这些矛盾的方法也是各不相同的。此外，还有一种人民内部矛

---

[1] 《江泽民文选》第1卷，人民出版社，2004，第226页。
[2] 《中共中央关于全面深化改革若干重大问题的决定》，人民出版社，2013，第5页。

盾，带有综合性，交叉有是非问题、利益问题、差异问题，可以称之为交叉复合型人民内部矛盾。"①

（4）利益矛盾凸显化。利益矛盾凸显化是指不同利益主体之间冲突能量增强，主要表现在体制内利益主体矛盾数量在不断增多，1993~2004年，作为观察体制内社会矛盾重要窗口的信访量持续上升；体制外社会矛盾的冲突数量明显增多，1993~2004年，作为观察体制外社会矛盾重要窗口的群体性事件持续上升，至今仍保持高位运行。利益矛盾凸显化的另一个标志是不同利益主体的对抗性暴力程度增强，矛盾冲突过程中围堵政府、阻断交通、示威游行等方式不断出现，同时极端的打、砸、抢、烧等暴力手段经常出现，以瓮安事件、石首事件、陇南事件、孟连事件等为代表的极端事件出现频率增多。

（三）经济利益矛盾是我国利益矛盾生成的主导类型

分析利益差别和利益矛盾的视角是多元的，从利益的构成来分类，主要有物质（经济）利益矛盾、政治利益矛盾、文化利益矛盾；从不同利益主体之间的关系来看，有个人、集体、国家等利益主体的矛盾；从利益冲突能量与性质划分，有对抗性矛盾与非对抗性矛盾之分；从利益总量的绝对变化与相对变化的角度，可分为直接利益受损和相对利益受损。利益主体在利益变迁过程中的获益或受损状态，直接影响中国社会利益矛盾的产生与变化。

早在20世纪50年代中期社会主义改造完成之际，经济利益矛盾在社会主义制度刚刚建立之时就已经表现出来。毛泽东在《关于正确处理人民内部矛盾的问题》中已经提出，1956年群众闹事的直接原因是一些物质上的要求没有得到满足。毛泽东在《论十大关系》中认为，除了党与非党的关系、革命与反革命的关系、是非关系、中国和外国的关系四个矛盾之外，其他六大矛盾主要是经济利益分配的问题。刘少奇在《如何正确处理人民内部矛盾》中对群众闹事的原因进行了分析，"我研究了一些地方的闹事，几乎全部是为了经济性质的切身问题。政治性质的罢工、罢课、游行、示威，很少发生，也不容易发生"②。

---

① 杨春贵：《正确处理群体性事件等人民内部矛盾》，《学习时报》2007年7月5日。
② 《刘少奇选集》下卷，人民出版社，1985，第305页。

改革开放后我国利益关系呈现出新的特征,即利益关系市场化、利益竞争动力和利益差距扩大化并存、利益主体多元化和利益矛盾复杂化、利益矛盾凸显等,由此可见,我国改革开放后利益关系变迁的主导性力量是物质(经济)利益矛盾。物质利益贯穿于人们利益动力的产生、利益矛盾的分化、利益矛盾类型的变化过程中,是利益矛盾的一条主线。物质利益成为主导我国利益关系的主线,与马克思主义经典作家分析人类社会发展的基本规律是吻合的,人类的"第一个历史活动就是生产满足这些需要的资料,即生产物质生活本身"①。物质利益成为主导我国利益关系的主线,这与我国处于社会主义社会初级阶段的基本特征分不开,我国社会主义初级阶段主要矛盾是人民物质文化需求同落后的社会生产力之间的矛盾。特别是我国处于社会主义初级阶段从温饱社会向全面建设小康社会过渡的过程中,经济利益需求与满足之间矛盾更加突出。

改革开放后出现的社会矛盾,甚至包括对抗性较强的群体性事件,从矛盾内容上整体属于经济利益矛盾,而非政治利益矛盾,经济性大于政治性,即使在"无直接利益冲突"中的瓮安事件、石首事件泄愤心理明显,但经济利益矛盾仍起着源头性、基础性的作用,所以新时期人民内部矛盾的主要内容是经济利益矛盾。

(四)我国利益矛盾中利益直接受损和利益相对受损

矛盾的同一性与斗争性是矛盾的两个基本特征,同一性是指不同利益主体存在着共同利益,这些共同利益分别形成国家利益、民族利益、集团利益、阶级利益、阶层利益、群体利益等。斗争性产生于不同利益主体之间的矛盾,由于不同利益主体之间的差别,这些差别在特定条件下,会形成不同利益主体之间的利益矛盾。在当代中国由于不同利益主体在生存利益和发展等根本利益方面存在着一致性,所以,中国各种社会矛盾能够共处于中华人民共和国共同体和中华民族共同体之中。

不同利益主体存在着非根本利益的差别和矛盾,存在不同范围的民族利益矛盾、阶层利益矛盾和群体利益矛盾。利益矛盾类型有多种,如长远利益与近期利益矛盾、根本利益与非根本利益矛盾、局部利益与整体利益矛盾、个人利益与集体及国家利益矛盾等。为了凸显改革开放背景下中国

---

① 《马克思恩格斯选集》第1卷,人民出版社,1995,第79页。

社会利益格局的变动过程，以及这种利益变动对人们利益关系的直接影响，笔者将改革开放过程中的利益"获益—受损"作为划分利益矛盾产生的标准，利益"获益—受损"是利益变动过程中最直观感受，也是对人们社会利益关系甚至利益格局产生影响的最重要变量。依据"获益—受损"的标准，对改革开放以来人们利益关系变化做出直观的描述和分析，因为这里主要是分析利益矛盾对人们行为的影响，因此省去对利益获得者的分析，主要分析利益受损者的变化及其心理的影响。

从利益主体受损状态分析，有两种利益受损形式，一种是利益直接受损，另一种是利益相对受损。利益直接受损主要是指利益主体的利益总量受到利益客体的剥夺，导致利益主体利益总量减少；利益相对受损是指利益主体的利益总量并没有减少，只是与其他利益客体获益比较相对较少。改革开放后，我国利益主体受损状态主要由这两种形式构成，在改革开放和现代化建设中这两种利益受损状态分别呈现出一些阶段性特征。

1. 我国利益矛盾中利益直接受损的主要类型

在我国改革开放和现代化建设过程中，利益矛盾中利益直接受损是一个长期存在的历史与现实问题，总的来看，利益直接受损类型的变化与中国现代化阶段性特征相一致。例如 20 世纪 90 年代国有企业改制导致大量职工下岗失业，其中部分下岗失业职工经济收入、社会声望受到直接损失。进入 21 世纪后，我国新型城镇化步伐加快，城市拆迁安置、农村征用土地、农村环境污染、企业拖欠工人工资等成为现阶段利益受损的主要内容。

从利益直接受损的主体与客体关系看，主要有两种利益主体受损情况。一种是民众与政府之间的利益矛盾，主要是由政府行政活动引起民众的利益受损。比如，部分城镇化建设土地征用、城镇拆迁改造等，政府与民众在利益博弈中，民众利益受到直接损失。另一种是不同利益主体在利益博弈中导致部分利益主体受到损失。例如，在农村中企业的污染环境问题、民营企业拖欠农民工工资问题等，这是两个不同利益主体在利益博弈过程中，弱势利益群体受到强势利益群体的利益剥夺。虽然，后一种利益主体在博弈中利益受损与政府行政活动没有直接关系，是市场经济中两种不同利益主体相互博弈的结果，但由于政府是市场经济不同利益主体博弈中的规则制定者与市场行为的裁判者，利益受损主体会寻求政府提出利益诉求。然而，在我国的市场经济中政府职能不完善，政府在裁定不同利益主体活动中会失去公平性，导致不同利益主体之间的矛盾转变为部分利益受损主体与政府之间的矛盾。所以，在社会主义市场经济不完善的情况下，政府是不同利益主体活动的矛盾焦点，这也是民众与政府之间矛盾凸显的一个原因。

改革开放过程中利益直接受损是一个动态过程，在现代化建设的不同阶段，利益直接受损的内容和类型并不一样，总的来看，在我国改革开放和现代化建设中波及范围较大，并对全局有影响的直接利益受损问题有：国有企业改制中下岗失业职工利益直接受损问题、民营企业农民工工资被拖欠问题、城镇改造拆迁安置赔偿问题、农村土地征用补偿问题、少数行业利益受损问题、环境污染赔偿问题等（见图2-2）。

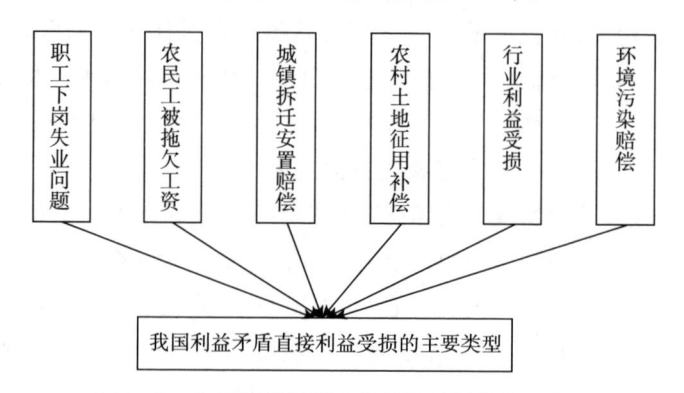

图 2-2 我国利益矛盾直接利益受损的主要类型

（1）在国有企业改制中，国有资产处置和下岗职工安置时出现利益直接受损问题。20世纪90年代，在国有企业改制过程中，下岗职工成为国有企业改制中出现的特有现象和名词，是指那些在原企业已没有工作岗位，但仍与原企业保持着劳动关系，仍有就业意向并接受企业安排再就业及其他服务的职工。大规模国有企业职工下岗失业，是中国从计划经济体制向市场经济转轨的客观反映，也是中国经济发展长期积累的深层次矛盾的爆发。依据中国现代化发展的阶段性特征和国有企业改制的计划，下岗职工作为一个过渡性的名词，在2003年完成其使命。从20世纪90年代初期开始，国有企业和集体企业的下岗、失业、救济等问题开始凸显，并延续到21世纪初期。1995年职工人数最高值与2003年职工人数最低值相差4416万人，其中城镇职工就业人数（即正规就业人数）自1992年呈现持续下降，到2006年减少了2811万人（其中1997~1998年减少1053万人）。国有企业职工人数从 1995 年持续下降，到 2006 年减少了 4723 万人，在短短十余年时间里，国有企业和集体企业从业人员和职工数量共减少 7784 万人（其中职工减少 7534 万人）。

1992 年，社会主义市场经济体改革方向确立之后，我国国有破产企业及下岗人数显著增加，其中 1996 年下岗职工达到峰值，为 815 万人（见表 2-2）。此后，下岗职工人数虽有减少，但到 21 世纪初期，下岗职工人数仍维持在数百万人。下岗职工地域特征明显，主要集中在国有企业集中的区域和城市，其中东北地区国有企业下岗职工占全国总数的 25%，老工业基地所占比重较大，主要集中在纺织、煤炭、机械、军工等行业。下岗职工再就业主要有三条出路，一是下岗失业职工自主创业，二是企业吸纳下岗职工再就业，三是国家增设公益性岗位安排困难职工。这三种方式使部分下岗职工实现了再就业，但仍有部分职工由于年龄、技术、自身原因无法实现再就业。1992 年之后，城镇登记失业人数，处于上升趋势，从初期的 300 多万人增加到 2006 年的 847 万人，扣除非国有企业下岗职工，国有企业下岗失业职工数量仍然是非常庞大的。

表 2-2　1992~2006 年城镇失业下岗人员和离退休职工人员变动情况

单位：万人

年份	登记失业人员 数量	登记失业人员 比上年增加	发放保险失业金人数	国有企业下岗职工人数 数量	国有企业下岗职工人数 比上年增加	离退休职工 全部数量	离退休职工 企业人数	离退休职工 比上年增加
1992	364	12	30	—	—	2598	1681	595
1993	420	56	103	300	—	2780	1839	158
1994	476	56	197	360	60	2929	2079	240
1995	520	44	261	563	503	3094	2241	162
1996	553	33	331	815	253	3212	2358	117
1997	557	27	319	634	-181	3351	2533	175
1998	571	-6	158	610	-24	3594	2767	234
1999	575	4	271	653	43	3730	2864	97
2000	595	20	330	657	4	3876	2978	114
2001	681	86	469	515	-142	4018	3072	94

续表

年份	登记失业人员 数量	登记失业人员 比上年增加	发放保险失业金人数	国有企业下岗职工人数 数量	国有企业下岗职工人数 比上年增加	离退休职工 全部数量	离退休职工 企业人数	离退休职工 比上年增加
2002	770	89	657	410	-105	4223	3261	189
2003	800	30	742	260	-150	4523	3486	225
2004	827	27	754	153	-107	4675	3775	289
2005	839	12	679	61	-92	5088	3842	67
2006	847	8	327	0	-61	—	3966	124

资料来源：根据《中国统计年鉴》（1992~2007年）、《中国社会保险年鉴1997》、《中国劳动和社会保障年鉴》（1992~2004年）整理。

国有企业职工下岗失业是我国现代化建设中经历的一次巨大的阵痛，职工下岗失业是对其经济收入、社会声望、生活方式、心理适应能力的巨大冲击。由于我国国有企业改制中监督不到位，职工与政府和资方利益博弈失衡，社会养老保险的缺失，以及国家对下岗职工后续政策准备不足，使国有企业下岗失业职工受到的冲击远胜于西方国家失业者。从20世纪90年代中期至21世纪初期，国有企业改制以及职工下岗补偿和再就业过程中主要围绕着经济利益产生了一系列矛盾。由于国有企业下岗职工数目庞大，且国企改制延续时间较长，围绕着国有企业改制的一系列问题成为我国现代化建设中一个阶段性矛盾的集中爆发。

国有企业改制对下岗职工的直接冲击就是经济收入下降、生活水平降低，部分下岗失业职工沦为社会弱势群体，部分下岗职工生活出现困难，现在城市中许多贫困人口是下岗失业职工。

一是下岗职工经济补偿标准较低。国有企业在改制中解除职工劳动关系，置换职工"全民"身份时涉及的核心问题是对职工的经济补偿问题。这种经济补偿既是对过去职工为国家做出贡献的肯定，也是国有企业解除职工劳动关系时发放的补偿金，是下岗和失业职工较长一段时间内维持本人甚至家庭基本生活，进行后续相关的技能培训和支付社会保险费用等主要经济来源。20世纪90年代中期在推进国企改制的较长时间内，国家一直没有出台统一的针对国有企业解除职工劳动关系中经济补偿问题的政策和法规。

2002年中共十六大以来，国企加快了改革步伐，许多地方政府出台有关国企解除职工劳动关系的补偿政策。这些补偿政策绝大部分是依据《劳动法》和原劳动部《关于违反和解除劳动合同的经济补偿办法》（以下简称"481号文件"）的相关规定。依照《劳动法》和"481号文件"的规定，国有企业与职工解除劳动关系时，用人单位补偿下岗职工的标准为国有企业职工的工作年限，国有企业职工工作一年的工龄，补偿其一个月的工资，显然，这种补偿标准过低。过低的补偿标准直接影响其家庭生活，引起了下岗职工的强烈不满（见表2-3）。

表2-3 失业下岗人员失业前与失业后的个人月收入对比

单位：元

指标	失业前	失业后
平均收入	419.71	235.07
标准差	365.14	173.15
最低收入	30.00	20.00
最高收入	6000.00	1230.00

资料来源：李强与姚裕群在1998年对全国失业下岗职工的调查数据。

二是在企业改制中国有资产流失问题，导致本单位下岗失业职工的下岗失业补偿金、失业金、救济金、医疗保险金等受到较大损失。改革开放以来，随着国家"让权放利"政策全面实施，国家逐步把企业职工招聘、辞退、工资调整等权力交给企业，企业权力越来越大，但没有相应的机制约束企业的违法行为，职工在与企业的博弈中处于相对劣势，其合法权益得不到应有的保障。此外，本应代表职工利益的企业工会和职代会，由于其职能的行政化，工会及其职代会参与企业民主管理的功能几乎丧失殆尽。再加上我国企业改制中对国有企业改制中政策法规出台落后于实践，出现大量的体制和政策漏洞，政府相关职能部门对改制过程中违规行为视而不见，职工对改制行为的监督形同虚设，其结果是在企业改制中，企业资产被过低评估、国有资产被隐瞒，国有资产被私分，职工的切身利益受到巨大损失。

国有企业下岗职工除了少部分职工通过再就业取得稳定的经济收入、保持和超过改制前的收入水平外，大部分下岗职工经济收入水平不仅比其他社会人群收入低得多，同时其经济收入与企业改制前相比呈现绝对下降，是利益直接受损的典型群体。传统以残疾人、灾民及城乡孤寡老人为主体的社会弱势群体，开始向部分下岗职工、失业家庭扩展。以民政部提供的2002年6月底享受城市最低生活保障待遇的对象为例，传统的"三无"人员（指无生活来源、无劳动能力、无法定赡养人或抚养人的孤老残幼）仅占5%，而特困职工、失业人员及其家属却占到95%。对下岗职工中的困难户虽然缺乏精确的统计，但相当一部分人陷入生活困境难以自拔则是有目共睹的事实。①部分国有企业下岗职工经济收入水平的直接下降，再加上国家对下岗失业职工社会保障能力缺失和下岗职工利益诉求渠道不畅通，必然对国有企业下岗职工的心理产生影响，使国有企业下岗职工产生各种负面社会心理和情绪问题。

三是社会声望降低，导致下岗职工在心理上产生较多负面情绪。国有企业下岗职工作为一个特殊群体，其不同于一般民营企业失业职工，除少数下岗职工会保持下岗再就业的信心外，大部分人下岗后会产生较为特殊的社会心理和情绪。较为集中体现在社会不公平感心理，认为自己辛辛苦苦为国家干了那么多年，为国家做出了那么多的贡献，现在被国家抛弃了，认为国家让这么多人下岗不对，有强烈的不公平感。还有的人希望企业好转以后再去上班，再就业也不愿意选择非国有企业和非集体企业；下岗破产后产生自卑抱怨心理，认为自己经济收入、社会声望下降，对国有企业改制不理解，对企业下岗政策产生抵触；对再就业有畏难心理，认为自己年龄偏大、没有一技之长，对重新就业持悲观态度，对未来生活悲观失望。

这些负面社会心理和情绪的产生，并不是由单一环境造成的，而是多方面原因的产物。主要是因为我国计划经济体制下形成的国有企业职工"身份观"，习惯于国有企业优厚的经济收入和福利待遇，包分配和无失业的就业观，拥有较高的社会声誉。在面临市场经济急剧转型时，这种传统"身份观"难以适应市场经济的就业观，从而造成心理失衡。此外，政府在国有企业改制中没有出台相关的监管制度和劳动保障制度，使国有企业在改制中出现大量的国有资产流失，权力支配、暗箱操作、法规不全、职工及债权人权益受损已经成为较为普遍的现象。

关于国有企业在改制中资产流失情况还没有权威的统计数字，"在2003年国资委成立前，有学者估计，国有资产每天以3.3亿元的速度流

---

① 张瑞等：《城市低保的历史进程》，《中国社会报》2002年7月20日。

失，每年流失超过 1000 亿元。还有人匡算出，我国国有大、中、小型企业损失净资产的比重分别高达 15.2%、59.4% 和 52.8%。世界银行则估计我国国有资产的流失量占国内生产总值的 8%~12%。"① 在国有企业改制中，国有资产流失直接侵害下岗职工利益，职工看到自己一手创建的企业被不合法地瓜分，企业下岗职工的生活境遇与企业改制后所有者和管理者待遇形成强烈的反差，这种"穷庙富方丈"的现实反差使下岗失业职工的不公平感更加强烈。

四是国有企业下岗职工经济收入下降、社会声望降低、不公平感心理加剧，导致以下岗职工为主体的群体性事件发生率呈现明显的上升趋势。国有企业下岗职工因为国有资产流失、企业下岗职工的安置补偿不到位，职工养老金、失业金和救济金缺失等问题，导致企业职工上访、静坐、围堵政府大门、阻断交通、封堵厂门、游行示威，以致较为激烈的冲突事件屡见不鲜。

2002 年上半年，全国共发生百人以上企业职工及退休人员群体性事件 280 起，同比增长 53%；涉及 16.2 万人，是上年同期的 2.6 倍。其中，1000 人以上群体性事件 39 起，是上年同期的 3.9 倍；涉及 10.2 万人，是上年同期的 4.4 倍。2003 年，全国在岗职工、下岗职工及离退休人员参与群体性事件为 140 多万人次，占全国各类群体性事件参与人次总数的 46.9%，居第一位。2006 年，全国百人以上企业职工及退休人员群体性事件为 516 起。②

随着国有企业改制基本完成，以及国家对企业离退休人员退休金提高幅度加大，对下岗职工实施低保收入、失业金、城镇居民医疗保险等福利政策，国有企业改制过程中的职工与企业、职工与国家之间的经济利益矛盾有所下降，但企业改制的遗留问题还不时成为社会热点话题，由于历史和体制原因导致企业改制遗留问题处理难度也在加大。2002 年 9 月 30 日，中共中央、国务院颁布《关于进一步做好下岗失业人员再就业工作的通知》，此后劳动和社会保障部与国务院其他有关部委会同中华全国总工会，相继出台了有关下岗失业人员享受再就业扶持政策的 8 个配套文件。这些政策的及时出台，在一定程度上缓解了下岗失业工人的生活困难和再就业

---

① 令狐补充：《遏制国资流失，须改革国企分配机制》，《时代周报》2010 年 5 月 27 日。
② 乔健：《劳动者群体性事件发展和特点》，《中国改革》2010 年第 7 期。

困境，从而收到抑制国有企业改制过程中引发的工人集体行动的效果。

随着国有企业改制进入尾声，国有企业改制导致的群体性事件数量有所减少，但仍然发生了少数影响全国的群体性事件，如吉林通钢事件和河南省林钢事件。近年来，国有企业改制引发的群体性事件出现新的变化，一些企业下岗职工要求重新返回原来企业就业或者办理正式离退休手续，企业离退休职工要求提高养老保险待遇，国有企业管理层与一线职工收入差距太大等，这些成为国有企业群体性事件发生的新的动因。

2003年以后，国有企业改制进入尾声，以国有企业下岗职工为主要群体的群体性事件发生数量在减少，但国有企业改制给职工特别是下岗失业职工带来的各种遗留问题并没有消失。在2013年的全国"两会"上，"谁为国企下岗职工埋单"的话题再度引起关注。国有企业下岗职工为经济体制改革做出了巨大的牺牲，其生活状态、心理情绪渐渐被人们遗忘，成为失语阶层。除了少数下岗职工利用技术等优势获得再就业外，大部分下岗职工在国家、政府和社会关心下，基本生活得到初步保障，他们的集体行动得到抑制，但这并不意味着下岗职工的遗留问题得到了解决。下岗失业职工对利益受损的补偿要求渐渐被不公平感、相对剥夺感等取代，他们不再以显性的集体行动来呈现，而是更多地以隐性的负面心理和情绪表现出来，数目庞大的下岗职工成为社会集体行动的"易感"人群。

（2）在企业改制中，出现了国退民进的现象，民营企业吸纳了大量的务工人员，民营企业主与企业职工之间的劳动关系纠纷逐步增多。随着国有企业改制的结束，民营企业取代国有企业成为吸纳就业的主力军。目前，民营企业集体行动数量和人数逐步超越国有企业，成为我国社会矛盾新的增长领域。民营企业中利益直接受损主要表现为民营企业拖欠工人工资，特别是拖欠农民工工资的现象更为突出，除了拖欠工资外，还表现为拖欠应缴纳的工人各种社会保险金。

第一，民营企业拖欠工资的纠纷。改革开放后我国从计划经济体制转变为市场经济体制，但在城乡二元结构体制没有改变的情况下，出现了农民工这一特殊身份的群体，其身份是农民，但从事着工人的职业。农民工群体数量逐步壮大，国家统计局发布的全国农民工最新监测数据显示，2013年中国农民工数量为26894万人，成为中国工人阶级的主力军。在中国强政府、强资本、弱社会大局没有改变的情况下，中国劳动权益保障制度不完善，城乡二元体制没有根本改善等，农民工合法权益受到侵害的现象较为普遍。

一是农民工被拖欠工资现象较为普遍。关于中国农民工被拖欠工资的具体人数一直没有明确的权威的说法，2009 年国家统计局为了摸清农民工工资被拖欠的范围和人数，曾经在全国 31 个省份 857 个县 7100 个村和 68000 个农村住户开展了一次大规模的抽样调查。这次抽样调查基本摸清中国农民工被拖欠工资的具体情况。被拖欠工资的返乡农民工占农民工总数的 5.8%，其中保留工作只是回家过年的农民工中有 4.4% 被雇主拖欠了工资，而在需要重新找工作的返乡农民工中有 8% 被拖欠了工资。受金融危机影响，因企业关停而返乡的农民工中有 13% 被拖欠了工资，因企业裁员而返乡的农民工中有 5.7% 被拖欠了工资。在不同行业的农民工中，建筑行业是拖欠农民工工资最多的一个行业（见表 2-4）[1]。

表 2-4 京、渝、深建筑行业拖欠农民工工资比例

单位：%

欠薪情况 \ 城市	北京	重庆	深圳	平均
有过	48.3	31.5	44.2	41.2
自己没有遇到过，也没见别人遇到过	22.3	43.8	30.3	31.9
自己没有遇到过，但知道别的工友遇到过	27.3	21.6	22.4	24.2
其他	2.0	3.1	3.0	2.6

资料来源：北京行在人间文化发展中心：《京、渝、沪、深四城市建筑工人生存状况调查报告》，2011。

二是农民工的社会保险得不到落实。部分民营企业在追求效益最大化的背景下，对劳务用工的就业金、失业金、养老金、救济金、公积金等少缴、不缴和欠缴。2006 年，工伤保险的参保比例最高，达到 62.1%；其次为基本医疗保险和基本养老保险，参保比例分别为 50.91% 和 48.08%；失业保险较低，为 41.14%；生育保险最低，为 34.54%。总体来看，企业职工参保的比例还不够高，与职工利益关系较大的基本养老保险和基本医疗保险的参保率均只有 50% 左右。[2]

---

[1] 陈可奇：《国家统计局称 5.8% 返乡农民工被拖欠工资》，人民网，2009 年 3 月 26 日。
[2] 汝信、陆学艺、李培林：《2008 年中国社会形势分析与预测》，社会科学文献出版社，2007，第 270 页。

三是农民工劳动条件得不到保障。农民工因为缺少技术、知识等因素，他们多数收入低、工作环境差、福利差。农民工劳动时间长，且企业随意加班，每天工作长达 10 个小时以上。农民工劳动强度大，大多在建筑等行业，长时间超负荷劳动极大地损害了农民工的身心健康。一些单位安全教育缺失，没有劳动安全防护措施，或者安全保护设施简陋，安全保护制度不落实，劳动安全事故频发，高危劳动行业导致职业病较为普遍，对农民工的人身安全与健康构成严重威胁。

四是农民工工资待遇低。国家统计局发布的《2012 年全国农民工调查监测报告》显示，2012 年我国农民工月平均工资为 2290 元。东部、中部、西部地区农民工收入趋同，月平均工资分别为 2286 元、2257 元、2226 元，中国港澳台地区及国外就业的农民工月平均收入较高，为 5550 元。行业上，农民工收入水平较高的是交通运输、仓储、邮政业和建筑业，人均月收入分别为 2735 元和 2654 元；收入较低的分别是服务业、住宿餐饮业和制造业，月均收入分别为 2058 元、2100 元和 2130 元。

第二，分析农民工权益受到侵害的程度有两个视角。一是从相对剥夺与绝对剥夺分析，农民工被拖欠工资是绝对剥夺，而工资待遇太低、劳动条件较差、社会保险被欠缴均属于相对剥夺。二是从影响农民工生存权益与发展权益分析，农民工被拖欠工资、工资待遇太低属于生存权益，而劳动条件较差和社会保险被欠缴属于发展权益。

农民工作为一个处于维持温饱的群体，其生存权益对其影响更大。影响其生存权益的主要内容是经济收入，拖欠农民工工资是对其生存权益的直接侵害，有可能导致农民工的抗争行为发生。劳动条件较差、社会保险金被欠缴属于发展权益，虽然对农民工现实生存影响不如生存权益重要，农民工更多选择沉默，但也是农民工感到生存权利受到威胁而行动的主要动因。"在国家宏观制度环境总体未变的情况下，作为理性的农民工当面临自己权益受损时自有他们的行动逻辑：在次要权益受损时，他们在行动上采取沉默的方式；在首要权益受损时，他们便会通过多种维权方式进行抗争，有时会采取比较激进的方式，甚至不排除使用暴力的可能性。"[①]

[①] 陈鼎：《农民工利益受损状况及其行动选择的社会学分析——基于浙江温岭市外来农民工的实证调查》，浙江省党校系统"改革开放 30 年与中国特色社会主义在浙江的实验"理论研讨会，2008。

数目庞大的农民工群体最直接的利益受损就是工资被拖欠，属于首要生存权益受损，也是对农民工社会心理产生最大的影响因素，进而对其行动产生直接的影响。这种直接影响表现为农民工以讨薪为内容的群体性事件显著增多。珠三角地区农民工因维护自身权益而产生的群体性事件从2000年的240起增加到2004年的4008起，参与人数从2001年的16万多人次增加到2005年的25万人次。[①]

在农民工欠薪事件中，最能引起人们关注的事件是，2003年10月在重庆考察的温家宝总理，亲自为当地农妇熊德明讨要包工头欠她丈夫的工钱，农民工欠薪问题浮出水面，引起国人的强烈关注，大规模的清欠工作拉开帷幕。此后，从中央到地方出台的一些法规和措施，采取了不同方式来解决农民工工资拖欠问题。农民工工资拖欠现象得到一定遏制，但尚没有从根本上解决，拖欠农民工工资现象时有发生，极端讨薪事件不时出现在网络上，如农民工讨薪"跳楼秀"，云南大理市"13名孩子帮农民工父母讨薪"事件，湖南省耒阳市男子讨薪失败怒杀欠薪老板一家三口人等极端案件。

随着中国经济结构转型，外出打工是农民家庭的主要收入来源，拖欠农民工工资直接影响他们的家庭收入和生活条件的改善，使农民工家庭经济收入直接受损，它不仅影响农民工本人，还影响其一家人的生活。农民工被欠薪后，挽回受损利益的方式主要有两种形式，一是采取合法的手段进行工资的讨要；二是采取极端方式讨要工资，以引起社会关注。当然还有一些农民工选择忍气吞声。通过合法方式，部分农民工讨回了被欠的薪金；极端方式分为群体极端方式和个体极端方式，群体极端方式主要是以群体性事件形式出现，个体极端方式主要是个人极端行为，通过这两种极端形式农民工虽然有的也能讨回薪金，但以影响社会稳定为代价。忍气吞声者只能把愤怒压抑在心中，增添了农民工对社会的不满情绪。

(3) 城镇改造中拆迁、安置和补偿中的经济纠纷。我国现代化建设中一项主要任务是实现城镇化率的提升，与此相伴随的是城镇现代化建设中的拆迁安置问题，如"城中村"改造，农村新型社区建设均涉及此问题。党的十六大以来，我国城镇化发展迅速，2002~2013年，我国城镇化率以

[①] 蔡禾、李超海、冯建华：《利益受损农民工的利益抗争行为研究——基于珠三角企业的调查》，《社会学研究》2009年第1期。

平均每年提升1.33个百分点的速度发展，城镇人口平均每年增长2082万人。2013年，城镇人口比重达到53.73%，比2002年上升了14.64个百分点；城镇人口为73111万人，比2002年增加了22899万人（见表2-5）；乡村人口62961万人，减少了15280万人。

表2-5　2002~2013年全国城镇人口比重

年份	城镇人口数（万人）	城镇人口比重（%）	比重比上年提高（个百分点）
2002	50212	39.09	1.43
2003	52376	40.53	1.44
2004	54283	41.76	1.23
2005	56212	42.99	1.23
2006	58288	44.34	1.35
2007	60633	45.89	1.55
2008	62403	46.99	1.10
2009	64512	48.34	1.35
2010	66978	49.95	1.61
2011	69079	51.27	1.32
2012	71182	52.57	1.30
2013	73111	53.73	1.16

资料来源：2002~2013年国家统计局公报。

由于我国城镇化过程中拆迁制度不完善，拆迁过程中的拆迁者和被拆迁者的资源不对称，导致居民在拆迁过程中被强制拆迁、拆迁安置区域不合理、拆迁安置补偿费用不到位、拆迁信息不透明等现象，引起大量的经济利益纠纷。

第一，拆迁安置补偿标准不统一。同一个拆迁安置项目时间先后不同，补偿标准不统一；同一时期拆迁安置同一项目，不同位置补偿标准不统一；同一时期或者同一项目拆迁安置奖励标准、过渡房补助标准不统一等。

第二，补偿政策执行不到位。部分地方政府对拆迁安置补偿存在地方本位主义，总想从拆迁安置中获得利益，并低于国家补偿标准来补偿被拆迁户，截留部分补偿费用归拆迁或安置单位非法所有。

第三，超标准发放补偿费。针对拆迁过程中遇到难缠户、钉子户，为了息事宁人，减少矛盾，地方政府采取提高补偿标准方式处理矛盾，导致其他拆迁户的不满，产生新的矛盾。

第四，拆迁手段暴力化。在拆迁过程中，由于就补偿安置标准及其他利益难以达成一致意见，少数拆迁户采取"对抗"态度，导致拆迁者与被拆迁者难以有效协商，拆迁者与被拆迁者僵持不下，而拆迁工作要求有很强的时效性，在时间紧任务重的情况下，拆迁者抱着刚性操作的心理，不愿耐心做协商、协调工作，采取强制拆迁；有的为推动拆迁，甚至动用黑社会势力，采用断水断电威胁、语言恐吓、暴力驱逐等手段，往往造成被拆迁户财产损失、精神损害，出现人身伤亡事件，使双方互有损伤，最终酿成重大社会事件。

进入21世纪后，城镇拆迁引发的社会纠纷呈现出较快的增长趋势，国家信访局统计，截至2003年8月，国家信访局接到关于拆迁纠纷的投诉信件共11641封，比上年同期上升50%，上访人数5360人次，比上年同期上升47%。[1]

北京市信访办和零点集团成立的社会矛盾和社会问题独立观察与对策研究中心发布城市拆迁系列调查成果，"拆迁矛盾已成为现阶段我国社会矛盾中一个突出问题，无论在深度、广度和烈度上都显著高于其他社会矛盾。社会对城市拆迁不满，主要是认为拆迁补偿不合理"[2]。

2013年11月，国家信访局相关负责人表示，从2013年全国信访情况来看，"主要集中在民生领域，反映的突出问题主要包括三个方面：农村土地征用、城镇房屋拆迁及劳动和社会保障问题"[3]。

城镇拆迁导致被拆迁人的居住、生活和社会环境发生重要变化，特别是在拆迁过程中的利益关系不对称，导致被拆迁人直接的利益损失。拆迁补偿不到位是拆迁过程中最显性和最直接造成被拆迁人利益损失的因素，会对被拆迁人的经济收入和生活水平造成直接的影响。此外，补偿标准不统一以及暴力拆迁都会对被拆迁人的心理产生直接影响，使其对社会公平正义产生怀疑和抵触心理。这些负面心理和情绪会直接导致被拆迁者与拆迁者矛盾激化，与政府之间的矛盾激化，以致出现许多拆迁过程中的极端

---

[1] 龙腾飞、徐荣国、施国庆：《城市拆迁的满意度研究》，《安徽农业科学》2007年第3期。
[2] 张艳：《机构调查显示拆迁矛盾已成我国首要社会矛盾》，《京华时报》，2011年6月23日。
[3] 国家信访局：《征地拆迁社保是信访突出问题》，新华网，2013年11月29日。

事件。2009年重庆唐福珍拆迁自焚事件、2010年江西宜黄拆迁自焚事件、2011年江西抚州市临川区连环爆炸案等，暴露出在强拆过程中漠视生命、践踏人权的极端野蛮行为。当然，这些暴力拆迁事件为极少数案例，而更多的被拆迁者经历过上访、诉讼后无果而终，默默忍受着由此产生的不满、怨恨情绪。

(4) 农村土地建设征用与补偿问题。随着城镇化加速和我国现代化建设中基础设施建设的扩大，地方政府为加快经济发展，工业园区、产业集聚区、高科技园区、物流中心等遍地开花，高速公路、高等级公路和高速铁路、普通铁路的开工建设，新水库建设以及城镇化建设等需要占用大量的耕地，这些都涉及土地征用和费用补偿问题。在这些土地上建设的工程有的是国家重点工程，有的是地方政府主导的地方重点工程，还有的是地方政府参与和引进的招商项目。许多项目在实施过程中都会出现土地征用补偿利益博弈主体的不均衡状态，加上我国原有的土地征用立法体系不完善，只能从《土地管理法》等相关法律中借用一些相关法律条文解决土地征用问题，致使在土地征用过程中操作混乱，围绕着土地征用补偿标准等问题产生了一系列社会矛盾，并由此引发了不同程度的群体性事件。

第一，补偿标准过低引发的社会矛盾。《土地管理法》第47条规定，征收土地的，按照被征收土地的原用途给予补偿。征收耕地的补偿费用包括土地补偿费、安置补助费以及地上附着物和青苗的补偿费。土地补偿费为该耕地被征收前三年平均年产值的6~10倍。安置补助费按照被征收的耕地数量除以征地前被征收单位平均每人占有耕地的数量计算。被征收土地的市场价格由两部分组成，一是农地被征收前三年平均纯收入所构成的基础价格，也就是被征收土地的原始价格；二是土地由农业用地转变为非农用地之后的自然增值。国家目前补偿的仅是土地本身所值的原始价格，而自然增值部分全部归公。公共政策不公平性是长期以来导致农村土地征收矛盾日益尖锐化的根本原因。

第二，征地过程中截留、拖欠、挪用被征用土地补偿款，导致征地补偿标准降低。在我国征地过程中，由于征地过程的不透明，被征地的主体——农民经常被排除在征地过程之外，参与征地策划、安排的主要是征地政府、征地使用者资方、土地调查和评估人员及少数集体土地的领导者，征用土地面积、标准、具体实施办法不透明，导致征用土地款被地方基层政府截留、被部分村干部截留等，这种经济利益补偿不到位和不公平常常成为农民上访的主要原因。

第三，在征地过程中有关农民失业、养老等问题引起的后续纠纷。目前我国对农民土地征用主要是货币补偿，对农民再就业、养老等后继补偿问题几乎缺失，一旦被征用土地的农民货币补偿使用完毕，失地农民就会因为再就业、养老等问题陷入困境，还会不断引起后续问题。

第四，征地过程中的暴力问题。由于征地过程受阻，一些地方政府和征地企业采取非法手段，通过暴力手段或者以暴力威胁的手段，用强制方式进行征地，造成被征地人死亡、受伤等暴力事件，给政府、企业造成严重负面影响。

农村土地被非法征用导致被征地农民的直接利益损失是多方面的。从显性直接利益受损分析，主要表现为农民赖以生存的土地丧失，补偿标准降低导致农民生活水平下降。另外，征地补偿款被截留、暴力征地导致农民对政府公平正义执政理念的否定。从隐性直接利益受损分析，农民土地丧失导致其再就业和养老问题凸显，这些问题虽然暂时还不会显现，但对农民生活长久影响是巨大的。

(5) 行业利益受损的维权问题。我国改革开放过程中形成不少职业上的弱势利益群体，包括农民工、民办教师、出租车司机、退伍军人等，这些群体职业不同，社会地位有所差异，此类行业维权事件均是由于行业弱势利益群体的经济利益受损导致的。

第一，教师维权。1997 年，国务院办公厅发布《关于解决民办教师问题的通知》，要求全国在 2000 年年底以前解决全国 491 万名民办教师的问题。到 2000 年，全国只有 25 万名民办教师转为正式教师，其余民办教师均被辞退。尽管中央对辞退民办教师有明确的政策规定，但一些地方政府在落实民办教师待遇时并非全部到位，致使相当一部分民办教师被辞退后，生活无着落，加之年龄偏大，很多人陷入生活困境。为争取生存的权益，这些人自动组织起来，一直采取集体上访的方式，要求政府解决他们的生计问题并落实中央政府的政策。

代课教师利益受损主要是同工不同酬，代课教师工资收入较低，且没有医疗费、书报费等福利待遇；代课教师工作环境差，工作地点偏远，办公设施简陋；代课教师工资不能按时发放；代课教师无退休待遇等问题。

21 世纪以来，全国各地发生了数百起中学、小学和幼儿园教师罢课事件，每次参与人数从数十人到数千人，参与者多来自贫困的农村地区，主要集中在四川、重庆、湖北、湖南、陕西等省份。教师们要求地方政府按照《中华人民共和国教师法》《中华人民共和国义务教育法》和中央政府有关文件的规定，在工资收入方面给予其与公职教师同等待遇。有媒体在调查后指出，在教师津贴补贴待遇方面，中央政府只负责出台政策，而政策要求的津贴补贴多数要由地方政府负担，一些地方政府在财政资源紧张的情况下，无力执行中央政府的政策。这些调查虽然可以部分地说明中央政府政策得不到执行的原因，但是无法解释在同一地区，公务员收入与教师收入之间的巨大差异。

第二，出租车司机维权。2004~2011年，全国各地发生的出租车停运事件接近百起，2008年11月，重庆市9000余辆出租车的司机罢驶事件，曾经在全国产生重大影响。大部分罢驶行动的起因是出租车司机对出租车公司规定的"承包金"（也称"份儿钱"）过高不满。司机们反映，每月上交的"份儿钱"数额过高，加之各地无出租车经营权的"黑车"泛滥，致使出租车司机的收入与其劳动强度和工作时间极不相称。

第三，退伍军人安置问题。在退伍军人安置方面主要是安置周期长、对安置工作不满意，货币化补偿较低等问题，核心还是经济收入问题。2004年1月1日，广西柳州市100多名参加过对越自卫反击战的老兵上街游行；2004年6月，数千名退伍老兵聚集在北京总政大院门口静坐示威，要求解决就业安置问题。

下岗职工、征地失地农民、城镇拆迁安置户、农民工被拖欠工资者、行业利益受损者等群体，是改革开放过程中利益直接受损的主要群体，这些群体涉及人数众多，下岗职工、失地农民等群体数以千万计。这些数以千万计的利益直接受损者，积累了大量的负面情绪，成为中国社会矛盾产生的源头，也成为中国社会矛盾激化的易感人群。

2. 我国利益矛盾中的利益相对受损现象

除了现实中利益直接受损外，我国现代化进程中还存在大量的利益相对受损现象，这种现象逐步成为我国现代化建设中矛盾产生的重要根源。利益直接受损和利益相对受损是利益主体自身利益总量的不同表现形式，利益直接受损是利益主体自身利益总量的减少，而利益相对受损是利益主体自身利益总量并没有减少，而是利益总量与利益主体认定的参照系数相比较的间接减少。

利益直接受损和利益相对受损是人类社会发展进程中两种主要的利

益损失形式。利益直接受损曾经是人类社会历史发展中的一个主要现象。在奴隶社会和封建专制社会，由于生产资料私有制和奴隶与农民的非人身自由和部分人身自由，导致利益直接受损的极端现象——两极分化，它的后果就是奴隶终身和农民部分时期的生活处于极端贫困状态，以致其自身及其家庭无法生存，奴隶起义和农民起义经常是在这种状况下发生的。资本主义社会生产资料私有制对工人的剥削在马克思、恩格斯生活的19世纪达到顶峰，马克思主义经典作家对资本主义社会资本对工人的剥削状态认定为"两极分化"，"这一规律制约着同资本积累相适应的贫困积累。因此，在一极是财富的积累，同时在另一极，即在把自己的产品作为资本未来生产的阶级方面，是贫困、劳动折磨、受奴役、无知、粗野和道德堕落的积累"[1]，"两个分化"现象是利益直接受损或绝对利益受损的典型代表。

由于资本对工人剥削的无限制，导致工人的绝对贫困化，从而使工人与资本家之间的矛盾尖锐化，导致工人反抗资本家的斗争不断。为了缓和阶级矛盾，资本家通过股份制等一部分资本社会化的行为，建立劳资双方的工资协商谈判制度和福利社会的再造，导致资本对工人剥削由过去直接剥削改变为对工人利益的相对剥削。马克思敏锐地观察到资本主义国家资本剥削工人方式发生的变化，他在《雇佣劳动与资本》一文中通过比喻方式，精辟地论述了人的满足感不取决于自己所得到的绝对量，而是取决于与他人比较的相对量。"一座房子不管怎样小，在周围的房屋都是这样小的时候，它是能满足社会对住房的一切要求的。但是，一旦在这座小房子近旁耸立起一座宫殿，这座小房子就缩成茅舍模样了。这时，狭小的房子证明它的居住者不能讲究或者只能有很低的要求；并且，不管小房子的规模怎样随着文明的进步而扩大起来，只要近旁的宫殿以同样的或更大的程度扩大起来，那座较小房子的居住者就会在那四壁之内越发觉得不舒适，越发不满意，越发感到受压抑。"[2]

社会学家默顿则用"参照群体"（reference group）的理论来解释相对剥夺感，即关键在于人们将哪一个群体视为自己的参照群体、同哪一个群体比较。这种"参照群体"比较有横向比较和纵向比较。横向比较是同现

---

[1] 《马克思恩格斯选集》第2卷，人民出版社，1995，第259页。
[2] 《马克思恩格斯选集》第1卷，人民出版社，1995，第349页。

在地位和经济收入相似的人群进行比较；纵向比较的参照群体是同自身的过去相比较，即将过去的"我"或"我们"与现在的"我"或"我们"进行比较。

美国社会学家斯托夫最早提出相对剥夺范式，认为相对剥夺感是一种很矛盾的心理状态，此种心态的产生在于人们将自己的命运与那些既和自己的地位相近，又不完全等同于自己的人或群体进行反向比较。此种心态变得强烈是由于人们所对比的群体变成自己的潜在对手。①

美国社会学家泰迪·古尔研究了相对剥夺的三种形式，分别是下降的剥夺、渴望的剥夺、渐进的剥夺。下降的剥夺是指人们在价值期待保持相对均衡而价值能力却在下降时感到的相对被剥夺。处于这种状态中的人因失去他们曾经拥有的或认为他们能够拥有的东西而感到愤怒；在与过去的条件相比较时，他们感到相对被剥夺了。渴望的剥夺是指人们在价值能力相对静止而价值期待却在增长或加强时感到的相对被剥夺。那些感到被渴望剥夺的人不曾期望或经历他们所得的明显损失，他们生气是因为他们感到缺乏达到新的或强化的期望的手段。渐进的剥夺是指人们在价值期待增长与价值能力下降（增长速度快于下降速度）同时发生时感到的相对剥夺。渐进的剥夺可以看成是渴望的剥夺的一个特例，即人们价值地位长期、稳定的增长使人们期待继续增长，如果在这样一段发展期之后，价值能力不变或下降，就会产生渐进剥夺。②

一般而言，在静态社会中最可能出现下降的剥夺，而渴望的剥夺和渐进的剥夺则出现在社会经济剧烈变迁的社会中。然而，在特定的社会和时期，一些群体可能会经历各种类型的相对剥夺。例如，第一次世界大战后欧洲战败国工人阶级中的大部分人同时经历了涉及安全价值和参与价值的下降的剥夺和涉及福利价值的渐进剥夺。要了解一个社会相对剥夺的完整图景需要详述关于每个社会经济群体的每一价值类别的相对剥夺的程度和模式。

（1）在我国利益相对受损的群体。由于利益相对剥夺是在比较过程中产生的社会现象，因此它是一个动态的过程，我国改革开放过程中的不同时期，出现过不同的利益相对受损群体。在改革开放初期的20世纪80年

---

① S. Stouffer, *The American Soldier*（Princeton University Press，1955）.
② 李俊：《相对剥夺理论的价值论视角》，《学海》2005年第4期。

代较长一段时间内,知识分子是较为典型的利益相对受损群体,因为市场经济改革不到位,知识在社会中出现了反向的作用。20世纪80年代流行"拿手术刀的不如拿剃头刀的,搞原子弹的不如卖茶叶蛋的"的顺口溜,是对当时知识分子利益相对受损的真实写照。

第一,知识分子群体。20世纪90年代,中国社会主义市场经济改革方向的确立,知识经济的价值重新显现,知识分子的经济收入和社会声誉较80年代有所上升,特别是部分国有企业职工的经济收入和社会声誉下降,更衬托出知识分子经济收入和社会声誉的提升。但是进入21世纪后,权力阶层隐性收入与社会声望提升,知识分子遭遇相对被剥夺现象又有所抬头,知识分子经济收入增长缓慢,特别是部分知识分子依据《教师法》规定,向国务院和全国人大提出教师工资不低于公务员工资的条文,表达出其对经济收入增长缓慢的不满。更为重要的是在中国市场化过程中加重的"官本位"现象,导致知识分子的社会声望处于较低水平。知识分子在市场经济发展中也出现了利益分化的现象,高等院校、大型医院、国家科研院所等单位的知识分子收入相对较高,处于相对获益者群体;而知识分子的下层,包括中小学教师、民办教师、中专院校教师、县乡医院医护人员,因其经济收入和社会声望较低,处于相对被剥夺的群体范围。

第二,原国企下岗职工群体。20世纪90年代中期后,国有企业改制后企业职工发生了分化,其经济收入、社会声望出现了明显的变化。国有企业下岗职工处于利益直接受损的地位,特别是少数下岗职工成为城市中新的贫困人口。随着再就业工程的实施,养老保险、失业保险和城镇医疗保险等社会福利制度逐步完善,下岗职工的经济收入有所提升,其退休后的工资实现了社会统筹,部分下岗职工由20世纪90年代到21世纪初的利益直接受损转向了利益相对受损。部分国有企业在岗职工,同下岗职工相比较,他们属于相对获益群体,但国有企业较长时期不景气,使他们的经济收入和社会声誉难以恢复如初,也使这些职工处于利益被相对剥夺状态。还有部分国有企业处于垄断行业的特殊地位,包括石化、石油、烟草、银行等行业职工,因国有企业改制对他们影响不大,其经济收入由于行业的垄断性而一直处于较高水平,与此相应的是社会声誉较高,属于较为特殊的获益者群体。

第三,农民工群体。农民工部分群体也属于利益相对被剥夺的范围。之所以没有把农民工作为一个整体列入利益相对被剥夺范围,是因为一部分农民工被拖欠工资，工伤补偿不到位，企业对农民工劳动合同中"五险一金"缴纳缺失，这些农民工是现实中利益直接受损者。除此之外，其余农民工处在利益相对被剥夺范围，这些被剥夺的既是包括劳动力付出的低报酬在内的绝对被剥夺，也是其社会权利的相对被剥夺。社会权利相对被剥夺包括城乡二元户籍管理制度，农民工无法享受到城市的经济适用房、取暖、物价等各种补贴，还包括代际传递中的子女受教育平等权，以及图书馆、体育设施等公共服务设施的均等化权利。由于农民工数目的庞大，其中部分群体是目前利益相对被剥夺的一个重要组成人群。

第四，毕业大学生就业难群体。部分就业难的大学生也逐步进入利益相对被剥夺群体。大学生在改革开放后较长时间内是"天之骄子"，20世纪90年代后大学生群体就业逐步走向市场化，但接受过精英教育的大学生在就业市场上总体仍处于需大于求的局面，大学生总体仍然是改革开放利益获得者群体。从1999年起中国高等教育方针发生了重大变化，高等教育由精英教育阶段跨入大众普及教育阶段，高等院校连续扩招。1999年，当年招生人数增加51.32万人，招生总数达159.68万人，增长速度达到史无前例的47.4%；之后2000年的扩招幅度为38.16%，2001年为21.61%，2002年为19.46%；到2003年，中国普通高校本专科生在校人数超过1000万人，这种大规模扩招持续到2009年。大学生扩招一方面提高了中国社会国民教育的总体水平；另一方面扩招人数急剧增加，大学生专业结构性差异，使大学生就业出现了一定的困难。大学生就业困难的直接后果就是，部分大学生接受高等教育后走向社会出现利益相对受损，成为利益相对受损的群体。

2011届大学毕业生毕业半年后就业率（90.2%）比2010届（89.6%）略有上升。近年来，全国大学毕业生失业率呈下降趋势，2011届（9.8%）比2010届（10.4%）下降0.6个百分点，其中高职高专毕业生下降较为明显。2012届大学生毕业半年后的就业率为90.9%，比2011届相比略有上升。①

总体来看，我国大学生就业率还是比较高的，由于就业基数太大，大学生失业率仍在10%左右徘徊，我国每年不能就业的大学生总数在70万~80万人，连续几年累积下来，不能就业的大学生人数庞大，会对社会稳定造

---

① 《2012年中国大学生就业报告》，社会科学文献出版社，2012，第46页。

成压力。部分大学生不能充分就业，毕业几年后成为"啃老族"；部分大学生所学非所用，造成人才的浪费，所学的知识价值及其自身价值不能得到体现；部分城市招收环卫工人，引得大学生甚至研究生报名竞聘。除此之外，随着大学生就业人数超出社会需求，大学生就业岗位工资出现了降低趋势，特别是与其他没有进入高等院校的就业群体相比较，大学生就业岗位的工资已经与其他群体持平，部分岗位的工资还不如技校生，甚至农民工的工资，部分就业难的大学生已经成为典型的利益相对受损群体。

随着改革开放进程的加快，我国利益相对受损群体的人数不断地增加，不同群体，甚至同一群体内部利益分化都在加速。总体来看，我国存在着城乡、区域、群体、行业等不同方面的利益分化，这些不同方面利益差别主要体现在不同利益主体经济收入差别上，基尼系数是国际上用来综合考察居民内部收入分配差异状况的一个重要分析指标。国家统计局公布了 2003~2013 年来我国基尼系数，2003 年为 0.479、2004 年 0.473、2005 年 0.485、2006 年 0.487、2007 年 0.484、2008 年 0.491、2009 年 0.490、2010 年 0.481、2011 年 0.477、2012 年 0.474、2013 年 0.473。

从基尼系数发展趋势来看，2003 年以后，我国基尼系数差距呈现连续扩大的趋势；到 2009 年出现拐点，呈现连续下降的趋势，2013 年与 2004 年持平。按照国际一般标准，我国基尼系数一直在较高位置运行。0.4 以上的基尼系数表示一个国家内部收入差距较大，当基尼系数达到 0.6 以上时，则表示收入差距很大。目前，对于基尼系数反映中国社会收入差距的客观性还存在一定争议，但中国基尼系数处于差距较大的区间运行，说明我国贫富差距较大，处于收入中下等的人群较多，利益相对被剥夺的群体较为庞大，不能共享改革红利和发展成果。

(2) 改革开放后我国从源头产生了大量的社会矛盾，源头性社会矛盾生成有若干特点。

第一，从数量上看，利益直接受损群体数量庞大。数量较大群体数以千万计，单是国有企业下岗失业职工就有数以千万计，除了少数从再就业中获得较高收入外，尚有千万级数量的国有企业改制职工属于利益相对受损群体。失地农民也数以千万计，其他利益受损群体少则数以十万计，多则数以百万计，目前我国直接利益受损群体为数以千万计，庞大的利益受损群体，成为社会矛盾的易感人群，数以千万计的利益受损者是一个个矛盾源头，导致我国潜在的矛盾爆发点增多。

第二，源头矛盾产生内容从生存型利益矛盾转变为生存型与发展型利益矛盾并存状态。改革开放后较长一段时期内，由于我国处于从温饱型向小康型过渡的社会发展阶段，以人的生存为主要内容的经济利益社会矛盾凸显。主要类型有国有企业下岗职工以经济补偿为主要内容的群体性事件，民营企业拖欠农民工工资群体性事件，部分行业（如民办教师、出租车等）为提高待遇的行业维权事件，城镇拆迁安置补偿群体性事件，农村征地补偿群体性事件，等等。上述若干社会矛盾是典型的生存型利益矛盾。

随着中国改革开放走向全面建设小康社会的新阶段，以传统生存型利益为主要内容的社会矛盾得到缓解，但仍处于高位运行，随着国有企业改制进入尾声，以下岗职工为主体的群体性事件开始减少，但围绕拖欠农民工工资、城镇化拆迁补偿安置、农村征地补偿等群体性事件仍居高不下。此外，以发展利益为主要内容的群体性事件开始凸显，随着人们生活水平提高，对环境质量要求也在提高，有关环境污染群体性事件呈现快速上升趋势；以政治参与为主要内容的农村村民自治选举与监督问题的群体性事件，新生代农民工以职业发展、权利诉求为内容的群体性事件，城镇小区业主为维护正当权益针对物业的群体性事件，对司法不公引起的涉法、涉诉群体性事件，非法集资群体性事件，医患纠纷群体性事件等将成为新型群体性事件的发展趋势。

总的来说，我国源头性矛盾属于人民内部利益矛盾，从影响人的存在状态分析，一部分属于生存型利益矛盾，如国有企业改制下岗职工再就业矛盾，由农民工拖欠工资问题、农民征地补偿问题、城镇拆迁补偿问题等所引发的矛盾，涉及利益受损者的生存问题，生存型矛盾容易导致利益受损者的激烈抗争。在我国从温饱型迈向全面建设小康社会的过程中，发展型利益矛盾在源头性社会矛盾中所占的比重上升，如行业利益受损问题、环境污染问题、利益相对受损问题，成为社会矛盾新的增长点。生存型利益矛盾与发展型利益矛盾交织在一起，使我国源头性社会矛盾类型复杂化。

第三，源头性矛盾产生原因既有顶层制度设计问题，也有基层执行力问题。源头性矛盾有一部分是顶层制度与政策设计问题。有的源头性矛盾是制度不完善导致的社会矛盾。农民征地补偿问题就是由于《土地管理法》不完善而产生的源头性矛盾。《土地管理法》规定，土地补偿费劳动力安置补助费，均是按照被征收土地前三年的平均年产值计算的，而与被征地的区位、被征前土地使用状况、当地经济社会发展水平等地价因素以及被征土地的用途和市场价值无关，导致被征用土地增值价值与农民获得的补偿存在巨大的差异，成为土地征用矛盾的根源。还有的源头性矛盾是政策性矛盾，如由于国有企业政策性破产导致员工下岗，属于国家政策导致的矛盾。还有部分源头性问题是由于基层政府在经济活动中自身不作为、过度干预经济活动、执行上级政策偏差导致的矛盾，这些矛盾较多产生于群众最直接、最现实的生活中。

利益直接受损群体和利益相对受损群体庞大，源头性矛盾类型复杂化，制度性矛盾、政策性矛盾、基层执行力问题导致矛盾不易解决，使我国源头性社会矛盾居高不下。

四 "无直接利益冲突"中间变量：体制内利益表达受阻

利益矛盾是社会矛盾产生的主要源头，但在现实中利益矛盾产生后并不会直接导致集体行动发生，利益受损时有的人会选择用集体行动来争取自己的利益，而有的会选择沉默不再争取自己的利益。现代社会科学在矛盾研究方面逐步拓展了矛盾产生的条件，从注重物质利益矛盾到注重矛盾产生的社会心理条件、社会结构等，从矛盾产生必要条件到矛盾产生充分条件逐步开展研究。为了解释社会矛盾产生的原因和条件，政治学、社会学、心理学等学科从不同视角提出了不同的理论。这些理论内容各异，但共同的内容是：社会矛盾的产生是由各种因素共同作用的结果，不是某个或几个简单因素起作用，并且这些不同因素之间呈现一定的关系。

现代社会冲突理论认为，人们现实中利益矛盾并不会直接导致社会冲突，从利益损失到社会冲突行为之间需要一些中间环节和变量，这些中间环节和变量包括利益表达效果、社会不公平感等内容。其中利益表达成为利益矛盾到不公平感社会心理产生的中间环节和主要变量，也就是现实中人们利益受到损失时并不会直接导致社会冲突行为发生，而往往是通过利益表达渠道弥补利益损失。只有当利益表达不能挽回其利益损失时，才会产生不公平社会心理，从而为社会冲突的产生创造了必要条件。中国社会科学院实证调查研究证实了这一假设。2002年在对中国城市居民社会观念的问卷调查中，设置了公民面对自身利益损失时可能采取的行动一题，行动的类型分为三种倾向，一是通过体制内方式进行有序表达，二是"无所作为"的方式；三是体制外的解决方式（见表 2-6）。

表 2-6　城市公众在自身利益受损时可能采取的行动

单位:%

排序	可能采取的行动	选择占比	合并类型
1	协议解决	38.3	体制内解决方式
2	向政府部门反映	38.2	
3	诉诸法律	38.0	
4	向新闻单位反映	18.5	
5	发牢骚	12.2	无所作为方式
6	忍气吞声	11.4	
7	集体上访或请愿	6.4	体制外解决方式
8	拉关系争取利益	2.4	
9	私下报复	0.7	
10	罢工罢课	0.5	

注：由于本题是多选题，故总百分比超过100%。
资料来源：中国社会科学院 2002 年中国城市居民社会调查数据。

问卷调查显示，当现实利益受到损失时，人们倾向于采取制度内的利益表达方式去争取自己的应得利益。当人们现实利益受损时，一般不会直接出现体制外的集体行动，利益受损要经过其他环节和变量，才会导致集体行动的发生。

人们通过体制内方式进行利益表达，与现实中"理性人"有关系，现实中人们普遍会追求自身利益最大化，人们会通过收益与成本的比较，选择以最小的成本获取收益的最大化。在现实中，当人们利益受到损害时，希望通过不同利益表达渠道实现利益的补偿，而利益表达渠道中体制内利益表达渠道和体制外利益表达渠道是国家利益结构中的基本选择路径。体制内的利益表达渠道为国家法律所保障，付出的成本较小，在付出利益成本和利益收益之间存在着利益最大化的倾向，而体制外的表达方式为国家法律所不允许，因而采取相应行动需付出较大的成本。所以，在现实中人们往往把体制内利益表达渠道作为人们利益诉求表达的首选渠道。

（一）利益表达的内涵与外延

利益表达概念是西方学者提出的，阿尔蒙德与鲍威尔合著的《比较政治学：体系、过程和政策》一书，分析的视角和提出的观点皆有其独到之处，堪称分析利益表达的经典之作。作者在书中构建了较为完整的"结构—功能主义"理论学说，指出政治体系是一个包括环境、输入、转换、输出和反馈等部分的系统，较为完整地提出了利益表达的概念："当某个集团或个人提出一项政治要求时，政治过程就开始了。这种提出要求的过程称为利益表达。"[①] 进入 21 世纪后，西方学者转向从公民参与视角，注重从公共政策理论和沟通模型来研究利益表达，代表作有《新政府沟通——后工业社会的政治沟通》（〔美〕皮帕·诺里斯，2005）、《公共决策中的公民参与》（〔美〕约翰·克莱顿·托马斯，2010）、《政府未来的治理模式》（〔美〕盖依·彼得斯，2013）等，他们从游行示威、大众传媒、社会团体等内容来研究利益表达。

改革开放后，我国的利益主体多元化和利益格局分化，不同利益主体进行了不同方式的博弈，利益表达由此进入中国学者的研究视野，以王浦劬、毛寿龙为代表的学者，在政治学理论中探讨利益表达的类型和途径；以朱光磊、胡伟、孙立平为代表的学者，注重从中国社会利益表达实践中探讨利益表达的现实问题。笔者认为，利益表达就是不同利益主体为了实现特定的利益要求，借助一定组织和形式，向利益客体表达利益要求，实现自身利益满足的过程。

利益表达结构要素主要由利益表达主体、利益表达客体、利益表达方式、利益表达内容、利益表达效果五个方面组成，这五个要素是影响利益表达的主要变量。

利益表达主体是影响利益表达的最重要的因素，影响利益表达的主要因素是利益表达主体的类型与资源。利益表达主体的类型主要是指利益表达主体构成的集合体，有个人、群体、集团、民族等类型，这是影响利益表达主体的重要变量，一般情况下群体利益表达能量大于个体，有组织的群体表达能量大于松散群体；利益表达主体的资源主要是不同类型的利益主体所拥有的组织结构、经济资源、政治资源和文化资源等，不同利益主体资源状况将会对利益表达方式和效果产生重大影响，甚至决定利益主体表达的成败。在一般情况下，拥有资源越多的利益主体，越会产生更多的

---

① 〔美〕加布里埃尔·阿尔蒙德、宾厄姆·鲍威尔：《比较政治学：体系、过程和政策》，曹沛霖等译，上海译文出版社，1987，第 199 页。

利益表达能量和更好的利益表达效果。

利益表达客体是指利益主体进行利益表达活动时所指向的对象，利益主体与客体之间的关系，包括个人与群体、群体与群体、个人与政府、群体与政府之间的利益关系，利益表达客体对利益表达主体的影响是一种反向作用，主要表现为利益客体能否回应利益主体的表达。影响利益主体与利益客体之间关系的变量有两个，一是利益主体与客体是否具有根本利益的一致性；二是利益主体与客体拥有的资源是否具有对称性。

利益表达方式主要研究利益主体通过何种渠道进行利益诉求并实现利益目标，其主要区分标准是采取体制内利益表达方式还是体制外利益表达方式，体制内利益表达主要是通过合法方式进行，具有非暴力特征；体制外利益表达主要是通过违法犯罪方式进行，伴随着暴力行为。利益表达内容是指利益主体对利益客体提出的要求，包括经济利益、政治利益、文化利益等；利益效果是指利益主体提出利益要求的实现程度，是衡量利益表达过程的最终效果。

中国处于利益分化的时代，不可避免地从源头产生大量的社会矛盾，这些大量的社会矛盾在通过利益表达中间环节和变量之后，可以使大量的社会矛盾在利益表达过程中得到有效化解；也可以因为利益表达渠道阻塞，发生堰塞湖的效应，使社会矛盾没有得到有效缓解，并进一步转化为不公平感社会心理，促使社会矛盾的转型与升级，从而为社会冲突发生提供更为充分的条件。

1. 利益表达存在的整体性结构要素缺失

总体来看，中国社会利益表达呈现整体性结构要素的缺失，这种整体性要素缺失不是表现在某一单个要素的不足，比如过去我们常常认为利益表达渠道不足，实际上利益表达渠道仅仅是利益表达整体性要素的一部分，当前中国社会不仅仅是利益表达渠道的不足，而是利益表达的整体性结构不足。利益表达整体性结构不足主要表现为利益表达主体资源不对称，利益表达方式供给不足，利益客体对利益主体诉求的回应性不足，利益表达结果有效性较差。

（1）利益表达主体资源不对称。利益主体发育不平衡，导致不同利益主体的组织能力有较大差异，资源不对称性主要表现为强势利益群体与弱势利益群体分化。

第一，利益主体组织发育的不均衡。目前我国社会组织发育落后，大量利益主体以"原子化"形式存在社会中,当不同利益主体产生社会矛盾时,原子化的利益个体很难对抗有组织的利益群体。以中国社会结构变迁中的"单位人"向"社会人"转变为例,大量"社会人"以社区形式存在,但大量社区并没有成立业主委员会,分散的"原子化"个人没有组织性,很难在同物业公司利益博弈中取得成果,导致社区矛盾呈现出较快的上升趋势。

第二,利益主体资源的不平衡表现为政治资源、文化资源的不均衡性。占有资源多少直接影响不同利益主体表达能力,中国农民工是一个庞大的群体,但由于其文化水平较低,在人民代表大会和政治协商等政治团体中拥有政治资源较少,收入水平较低导致其经济资源较少,我们很少在政治场合、网络文化中听到农民工为自己维权的声音,而是其他群体代为发声。占有资源不对称和直接后果就是利益表达效果差异。弱势利益主体拥有资源较少,会直接影响其利益表达效果。以农村环境污染为例,农村环境污染是一个村庄利益主体与污染企业的利益博弈,但由于村庄利益主体经济资源、文化资源和政治资源较少,而污染企业却拥有大量的经济资源、与官员联系的政治资源等,所以尽管村庄在道义、制度面前拥有合法性,但往往不能对抗污染企业,许多农村村庄与污染企业的纠纷得不到解决,由农村环境污染引发的群体性事件急剧上升。

(2)利益表达方式供给不足主要表现在利益表达渠道狭窄,利益表达方式效果有限。目前,中国社会制度内利益表达渠道主要有信访、司法诉讼、新闻媒体等主渠道(见表2-7)。

表2-7 中国公民冲突解决的路径选择

单位:%

冲突性质	解决机制	具体途径	在实际冲突所有解决行动中的百分比	在虚拟冲突所有解决行动中的百分比
行政冲突	不行动	忍了	21.4	11.8
	党政渠道	找机关领导解决	16.0	14.4
		找上级领导解决	22.0	25.1
		集体上访	11.0	2.3
	(准)司法渠道	行政复议或诉讼	22.6	41.3
	民间冲突解决机制	找媒体投诉	3.8	4.2
		其他	3.1	1.0

续表

冲突性质	解决机制	具体途径	在实际冲突所有解决行动中的百分比	在虚拟冲突所有解决行动中的百分比
民间冲突	不行动	忍了	23.9	10.7
	民间冲突解决机制	找对方单位解决	7.2	10.7
		找熟人解决	27.7	21.2
		找媒体投诉	1.1	1.7
		其他	7.1	1.8
	国家冲突解决机制	找政府部门解决组织调节	18.5	22.7
		法律途径	14.6	31.3

资料来源：胡元梓《中国民众何以偏好信访》，《华中师范大学学报》（人文社会科学版）2007年第2期。

2. 利益表达渠道的功能分析

（1）信访是中国特有的制度内利益表达主渠道，它从中华人民共和国成立后不久就已经被确立为利益表达的独特方式。1949年8月中央就设立专门机构负责处理群众来信来访。1951年6月，政务院颁布《关于处理人民来信和接见人民工作的决定》，2005年国务院颁布的《信访条例》指出，"信访是指公民、法人或其他组织采取书信、电话、走访、传真、电子邮件等形式向各级人民政府、县级以上人民政府工作部门反映情况，提出建议、意见或者投诉请求，依法由有关行政机关处理的活动"。尽管信访在新中国不同历史时期的职能有所差异，但利益表达、化解纠纷、实现救济依旧是信访制度最主要的功能。信访作为我们国家公民利益受损的首选渠道，从1992年开始到2004年，全国信访总量连续12年呈攀升趋势，年均增幅在10%以上，其中2004年全国信访总量达到峰值，共1373.6万件（人）次，与行政救济、司法诉讼、媒体救助等方式相比较，信访总量一直位居首位。

为什么中国民众在若干利益表达渠道中偏好信访？我国学者从不同视角给予不同的解释，一种观点认为中国传统的法律文化与新中国成立后的历史使当代中国人具有"厌讼"和"信人治不信法制"的路径依赖[1]；另一种观点认为信访偏好是民众理性选择的结果，行政诉讼问题过多，效果

---

[1] 周永坤：《信访潮与中国纠纷解决机制的路径选择》，《暨南学报》2006年第1期。

不如信访①；也有研究者认为，这两种解释与现存的证据存在较大的出入，一是信访效果比诉讼效果差得多，相关部门很少会解决信访者问题。二是传统中国社会——尤其是在清代和民国时期民众并不"厌讼"，中国民众不选择诉讼是因为对行政诉讼感到陌生与排斥。事实上，不论古今，中国民众似乎都偏向冲突性较低、法官主导功能较强的诉讼程序和审理方式，而现代的行政诉讼制度因为不允许调解，也许显得过于生硬、冲突性过强，因而使访民产生排斥心理。②

总的来看，中国民众偏好信访不是由单一因素造成的，而是由多元因素造成的，"从观念上看是由于'官本位'的政治权威主义价值观的文化传统；从行为上看是由于中国司法制度解决社会冲突的低效能；从政治主体之间的关系上看，是由于政党所承担的民意表达功能缺位"③。

在目前尚不具备开辟新的更多的利益表达渠道的背景下，如何有效利用信访渠道存量改革，使信访的功能增强，是我们亟须解决的问题。为了充分发挥信访的功能，2005年新的《信访条例》颁布，信访工作被纳入法律轨道，为了解决信访面临的挑战，中央成立了"处理信访突出问题和群体性事件联席会议制度"，在全国推广了县委书记等大接访制度，实行领导干部包案、责任追究制度，信访工作取得了一定成绩。"经过各级政府的艰苦努力，我国信访工作从2005年出现了'拐点'，呈现'四下降一好转'的局面，一是信访总量持续下降，2005年全国信访总量出现第一次下降，与2004年相比下降6.4%；2006年，全国信访总量在2005年基础上又下降了15.5%。"④此后，到2012年我国信访总量已经连续7年实现持续下降，但信访总量还一直在高位运行。

信访工作取得成绩更多体现出政策的导向作用，其制度功能中存在着"悖论"现象。

第一，对我国化解社会矛盾的主要手段——法律手段的冲击，在处理我国社会矛盾主次渠道功能比较中，信访只是行政救济的特殊手段，只能

---

① 周梅燕：《中国信访的制度困境及出路》，中国选举治理网，2005年2月。
② 张泰苏：《中国人在行政纠纷中为何偏好信访？》，《社会学研究》2009年第3期。
③ 胡元梓：《中国民众何以偏好信访——以冲突解决理论为视角》，《华中师范大学学报》（人文社会科学版）2011年第2期。
④ 王学军：《关于当前的信访形势和任务》（在中央党校专题报告会上的讲话），2007年6月1日。

作为法律手段的补充。在现实中，信访作用初步超越法律的作用，导致"民众信访不信法"，甚至演化为"大闹大解决，小闹小解决，不闹不解决"的现象。

第二，信访的职能和权力错位。信访是民众利益表达和救济的重要渠道，但《信访条例》赋予信访机构的权力有限，其本身并不具有行政权力执行的功能，因而经常导致信访机构对各职能部门监督无力的局面出现，导致信访案件在各级职能部门中出现"踢皮球"现象，信访中各种重复信访案件大量积压。信访职能与权力错位导致的后果是信访成本大而收益少。2004年，以于建嵘为首的课题组对上访人员进行了大规模调查，调查结果显示，公民通过上访解决问题的只占0.2%，并产生了"上访专业户"。上访者一般先在地方"转圈"，来到北京后，又在各个部门之间"转圈"，然后开始在北京和地方之间"转圈"。"转圈"的时间如果要以上访者上访的时间来算，从几年到几十年都很常见。从财力消耗上来看，上访者耗费几万元、十万元甚至倾家荡产。上访者已谈不上什么生活品质了。他们常年不洗澡，不换衣服；生病了，只能听天由命，要不然就是去"自首"，让截访的拉回家去。①

第三，压力型体制下信访功能被异化。在稳定压倒一切的大前提下，信访指标被层层分解到各级政府，"上访率"成为考核各级政府履行稳定责任指标，甚至成为政绩的重要指标。在这种压力下，各级政府为了降低总体上访率、集体上访率、越级上访率和赴京上访率等指标，不是注重从源头上解决上访率的指标，而是各地方政府试图采取销号等手段减少进京上访的登记量，少数地方对上访者采取花钱买息访、办学习，甚至拘留、劳教、送精神病院、雇用黑保安公司截访等控制手段，这些显然都是信访制度性目标异化的具体表现。通过体制内手段化解社会矛盾的信访被异化为销号、截访、拘留、劳教等工作方式。信访制度从减压阀变成增压器，这与信访制度设立的初衷大相径庭，造成"信访悖论"。

（2）司法诉讼是中国社会民众制度化利益诉求表达中的一个重要渠道。司法诉讼是解决争议的一种途径，司法是解决社会矛盾的最后防线，也是疏通社会不满的专业管道。司法诉讼具体指的是一方当事人向法院起诉，控告另一方当事人，一般要求法院判令另一方当事人以赔偿经济

---

① 苏永通：《"上访村"的日子》，《南方周末》2004年11月4日。

损失或支付违约金的方式承担违约责任，也有要求对方实际履行合同义务的。

随着民众法律意识的提高，民众在利益受损时通过司法诉讼解决问题的案例数量有所提升。1990~1999年，全国法院共受理一审案件4249万件，年均受案424.9万件，为此前13年年平均数的4.3倍，其间法院案件受案出现以下特点。一是总收案数持续上升。总收案数（含一审、二审、审判监督）全面、持续增加，从1990年的321万件上升到1999的约623万件，增长近一倍。二是上诉案件增长率高于一审案件增长率。据最高法院1997~1999年统计，尤以民事案件和行政案件的上诉增长较快。行政上诉案件增长速度分别为11.35%、12.36%、25.92%，民事上诉案件增长速度分别为14.34%、13.36%、18.85%，行政案件与民事案件的上诉增长率远远高于同期法院受理该类一审案件数的增长率（行政一审案件增长率分别为13.24%、8.61%、8.12%；民事一审案件增长率分别为5.93%、2.97%、4.27%）。[①] 相比信访渠道，从数量上讲司法诉讼作为中国目前最主要的制度化利益表达渠道并没有发挥其应有的作用。郭星华、王平等学者对农民纠纷与解决途径的实证研究中，通过民众对司法部门和政府部门两个利益表达渠道的比较分析，民众通过司法部门进行利益表达的效果满意度只有37.1%，只占总人数的1/3强，远低于通过政府部门（近2/3），表明民众对政府部门利益诉求效果远优于司法部门诉求效果（见表2-8）。[②]

表2-8 公共机构的解决途径结果是否达到满意

单位：人，%

部门		结果没有达到满意	达到满意或超过期望值	合计
政府部门	人数	44	83	127
	占比	36.4	62.9	50.2
司法部门	人数	77	49	126
	占比	63.6	37.1	49.8

---

① 朱景文：《中国诉讼分流的数据分析》，《中国社会科学》2008年第3期。
② 郭星华、王平《中国农村的纠纷与解决途径——关于中国农村法律意识与法律行为的实证研究》，《江苏社会科学》2004年第2期。

续表

部门		结果没有达到	满意达到或超过期望值	合计
总计	人数	121	132	253
	占比	100	100	100

资料来源：郭星华、王平《中国农村的纠纷与解决途径——关于中国农村法律意识与法律行为的实证研究》，《江苏社会科学》2004年第2期。

　　司法诉讼不能发挥应有作用的原因是多方面的。司法不公是主要原因；还有司法诉讼效率低下；司法诉讼过程漫长，久拖不决；法院判决后不能生效，判决成为一纸空文；民众通过司法途径解决问题的成本过高；等等。其中，司法不公是导致利益表达功能下降的重要原因。司法不公主要表现为司法审判过程中"关系案""人情案""金钱案""权力案"等现象，直接后果就是涉法、涉诉信访数量的急剧上升。涉法、涉诉信访包括当事人对刑事案件审判中判决结果不满意或不服判决，民事案件中对判决不满意或认为不公，案件判决后得不到执行。涉法、涉诉案件主要集中在判决不公、判决后执行不到位、案件久拖不决等方面。在这些涉法、涉诉案件中，除了少数是无理取闹或偏执型的上访户，大部分涉法、涉诉案件有一定的合理诉求。涉法、涉诉信访案件快速上升的现象，说明作为利益诉求最后一道屏障的司法体系，化解社会矛盾的能力在减弱。这种现象不仅造成社会矛盾没有化解，而且还新添了人民对司法不满的新矛盾。以最高人民法院为例，2005年最高人民法院全年共处理群众来访信件147499件（人）次，其中涉诉信访19659件（人）次；地方各级人民法院共处理群众来访信件3995244件（人）次，其中涉诉信访435547件（人）次。[1]最高人民法院涉法、涉诉信访案件占全年信访总量的近10%，地方各级人民法院涉法、涉诉信访案件占全年信访总量的11%。[2] 司法不公等问题损害当事人的合法权益，影响司法化解社会矛盾最后一道防线的功能，弱化司法化解社会矛盾的主渠道作用。

　　（3）新闻媒体也是中国制度内利益表达的一个主要渠道。新闻媒体通常被认为是独立于立法、行政、司法之外的第四种权力，新闻媒体除了监

---

[1] 肖扬：《最高人民法院工作报告》，在第十届全国人民代表大会第四次会议上的报告，2006年。

[2] 姜晓贞：《涉法涉诉信访问题的理性思考》，《郑州大学学报》2012年第4期。

督的功能之外，还兼有利益表达的功能。中国新闻媒体具有党性与人民性的统一，从党性方面看，中国新闻媒体主要通过上情下传的方式，及时、准确地传播执政党的大政方针；从人民性来看，新闻媒体主要通过下情上传，把人民群众的期盼与愿望传达给上层，"主要是收集信息并向权力中心传输——调查结果和意见许多都会对决策者产生影响，体现出大众传媒作为权力的社会制约的应有价值"①。

新闻媒体作为社会监督的第四种权力，有着及时性、广泛性、公开性等特点，有着其他利益表达渠道所不具备的优势，中国特色的新闻媒体起到党、政府和人民的喉舌的作用，有着独特的利益表达功能。新闻媒体确实在中国发挥着独特利益表达的作用，特别是对弱势利益群体利益表达方面更有着不可替代的作用，对弱势群体利益表达、化解矛盾和纾解情绪有着重要的贡献。2003年，《南方周末》披露的孙志刚案，引起全国震动，引起国人对"收容遣散制度"的质疑，最终导致全国人民代表大会常务委员会废除了延续20余年的"收容遣散制度"。2007年，河南电视台播放了山西临猗县黑砖窑诱骗未成年人打工的报道，随后全国各地主流媒体相继报道，山西黑砖窑事件诱骗、虐待、非法拘禁未成年人的黑幕引起全国震动，在中央的指挥部署下，山西省政府及地方政府展开了打击黑砖窑非法用工的专项行动。

新闻媒体在为弱势利益群体开辟利益表达渠道的同时，也存在着一些不足，这些不足影响着弱势利益群体的利益表达功能。衡量新闻媒体对弱势利益群体利益表达功能主要有两个标准，一是关系弱势利益群体的新闻报道在新闻媒体总报道量中所占比例，这是从数量上衡量媒体对弱势群体利益表达的重视程度；二是从新闻媒体对弱势利益群体报道的影响度及社会关注度，这主要是从报道后果评价新闻媒体对有关弱势群体利益表达的效果。

从我国目前新闻报道总量来看，我国新闻媒体对弱势利益群体报道量偏少，弱势群体日常生活，特别是他们利益受损、生活困难等问题还不能成为新闻媒体的关注焦点。这与新闻媒体价值取向上强调报道主旋律有关，过多强调新闻媒体报道主旋律与弱势利益群体的负面新闻成为一对矛

---

① 〔美〕莱斯特·M.萨拉蒙等：《全球公民社会——非营利部门视界》，魏玉等译，社会科学文献出版社，2007。

盾体,使弱势利益群体新闻报道无形之中被边缘化。特别是关于弱势群体利益冲突的新闻更难进入主流媒体版面,如劳资冲突导致的群体性事件、拆迁征地导致的社会纠纷、集体上访等鲜有报道。除此之外,还与新闻传播中的媒体与资本相结合取向分不开。新闻媒体在传播中,媒体与资本结合现象越来越严重,媒体社会功能弱化,经济效益占据越来越重要的位置。占有经济资本、政治资本和文化资本的强势利益群体与媒体联系愈加密切,而弱势利益群体日常生活则被边缘化,新闻媒体对弱势利益群体利益表达功能被抑制。

新闻媒体对弱势利益群体利益表达功能的缺失,导致下情上传功能弱化,新闻媒体化解社会矛盾的功能被抑制,上层对社会下层真实生活了解的一个通道被堵塞,更多的社会矛盾无法充分有效被上层和其他民众感知,社会矛盾不能通过新闻媒体被有效释放,社会矛盾被积累下来。

(4) 以互联网为平台的网络媒体正在作为一种新型媒体迅速发展,成为继报纸、电视、广播之后的第四种媒体,并日益成为大众主流媒体,影响着人们的日常生活和国家政治生活。作为一种新型的媒体,有着传统媒体所不可比拟的优势,它具有隐匿性、快捷性、方便性、开放性、交互性等特点,成为民众利益表达的新渠道。

《2013年中国互联网发展状况统计报告》显示,截至2013年6月底,我国网民规模达5.91亿人,较2012年底增加2656万人。互联网普及率为44.1%,较2012年底提升了2.0个百分点。其中值得关注的是,在2013年上半年新增的网民中有70.0%使用手机上网,手机成新增网民第一来源。[①] 这一数据表明我国网民已接近中国人口总数的一半,更多的人希望通过互联网进行利益表达,导致网络舆情快速增长。

互联网因其技术优势,匿名化、便利性等特点,正在超越其他利益表达渠道,逐步成为民众利益表达的首选渠道。胡锦涛在考察人民日报社时指出,互联网已成为信息集散地和社会舆论放大器。互联网正在超越传统媒介表达利益,成为新的利益表达渠道。在现实中利益受损的人们容易选择网络作为利益诉求、纾解情绪的重要渠道,2009年中国青年报社委托腾讯网进行民众利益表达方式的调查,民众选择利益表达方式依次为网络曝光(35.8%)、传统媒体曝光(31.3%)、向纪委举报(17.2%)、向检察

---

① 中国互联网络信息中心:《2013年中国互联网络发展状况统计报告》,2013年7月1日。

院举报（11.4%）、向上级政府机关举报（3.3%）、向公安部门举报（0.5%），通过网络进行利益表达的比例占 1/3 强，居首位。[①] "上访不如上网"就是对民众利益诉求渠道选择的心理写照，民众希望通过网络平台，引起社会关注，形成网络舆论，通过倒逼效应对政府等公共部门形成舆论压力，促使现实中的问题得到解决。网络诉求平台主要表现形式有微博、论坛、社交网站、BBS 等载体，当前我国网络利益表达领域集中在公共权力大、公益性强、公众关注度高的"三公部门"，以"三公部门"为代表的网络舆情层出不穷。

从利益诉求主体表达的内容分析，网民通过网络进行利益表达可以分为利益个体、公共利益、社会现象三种。利益个体的利益表达就是对公民利益权利的维护，中国网络利益表达的一个突出特点就是利益个体对利益受损情况的表达，并形成社会舆情压力，促使政府矫正和修补利益受损状况，维护公民的合法权益。典型代表案例有云南躲猫猫事件、我爸是李刚、宜黄强拆自焚事件、河南农民工开胸验肺事件等。

网民公共利益的表达，主要是指网民通过网络对公共权力滥用的不满进行利益表达，这种利益表达涉及的不是单个人的利益，而是公共利益的受损。较为有名的案例有南京周久耕天价烟事件、华南虎伪照被戳穿事件、深圳官员涉嫌猥亵案等。以公共权力为主要内容的利益表达，主要是围绕着公共权力滥用等主要内容，通过网络舆情促使事件真相的还原，并进而对涉事官员监督与处理。

此外，网络利益表达还涉及对社会现象的利益表达，它既不是对个体利益受损的诉求，也不是对公共权力的监督，而是对某种社会现象的利益表达。典型案例有小悦悦事件、杭州飙车案等，这类案例显示出网民利益表达的对象是社会公民，主要内容是违反法律和社会道德的行为，通过利益表达意在谴责严重违法和践踏道德的行为。

由于网络传播的快捷性和广泛性，并能够形成强大的社会舆论，进而对掌握公共权力人员进行有效的监督，为利益受损个体挽回利益损失，保护公共利益不受损害，引起民众对社会现象进行关注，网络利益表达平台显示出较强的利益表达功能和利益表达效果（见表 2-9）。

[①] 祝华新等：《2009 年中国互联网舆情分析报告》，载《2010 年中国社会形势分析与预测》，社会科学文献出版社，2009。

表 2-9 网络主推事件改变方向的典型舆情案例

事件	相关站点	网络反映	处理结果
记者在博客反映娄烦铁矿垮塌真相	网易博客	记者孙春龙博客浏览量达631231次，网友向记者致敬	将谎报"自然灾害"认定为"重大责任事故"
华南虎伪照被戳穿	网易"色影无忌"论坛、傅德志博客	引发网民对政府诚信的质疑	周正龙被捕后被判缓刑，官员被撤职
黑砖窑事件被撤女干部复出	南方网	网民质疑凌晨1点开会任命女干部职务	临汾市责成尧都区委废止女干部工作安排
许霆ATM取款案	天涯社区等	网友批评量刑过重	由无期徒刑改判有期徒刑5年
深圳官员涉嫌猥亵案	奥一网、网易时事论坛	当事人资料被曝光	交通部党组免去林嘉祥党内外职务
剑阁人事局局长酒后打人	四川新闻网	"节约喝茅台"成网络笑料	剑阁县委免去曹飞直党内外职务
本溪团干部"双推双考"	南方网等	《辽宁省本溪市发生高官子女抢官风潮》在互联网上流传	本溪市委宣布，此次"双推双考"结果无效

资料来源：汝信、陆学艺、李培林主编《2009年中国社会形势分析与预测》，社会科学文献出版社，2009。

尽管网络正在成为某些公民理想中的利益表达渠道，但网络并不能完全成为民众现实中首选的利益表达渠道，还存在着若干现实性困境，这些困境包括网络维权的成功率低，网络不具备权力功能，虚假网络谣言、网络暴力，以网络监督取代政府职能等问题。

网络利益表达渠道与体制内主流利益表达渠道的结构性失衡。从中国利益表达渠道构成来看，制度内主流利益表达渠道包括人大、政协会议、司法、信访、传统媒体等，网络只是我国整个利益表达渠道的补充。现实情况是制度内利益表达渠道的缺失，导致人们通过网络表达诉求，而网络利益表达的成功案例使更多的人喜欢通过网络进行利益表达，网络正在取代其他主流利益表达渠道，成为人民利益诉求渠道的首选。这种利益表达渠道的本末倒置使网络利益表达功能不能很好地发挥。

2012年江西抚州市临川区检察院、临川区行政中心、临川区药监局等三部门相继发生爆炸案，爆炸案实施者钱明奇在爆炸中死亡，这一事件轰动全国。抚州市临川区居民钱明奇因为拆迁补偿问题，自1995年以来一直在进行着抗争，除了信访、打官司等利益表达方式外，还试图通过网络进行利益表达，只有小学三年级文化的钱明奇，在维权后期开始学习用电脑，并在新浪、天涯和腾讯开设微博，上网申诉。但在铺天盖地的网络诉求信息中，钱明奇的网络诉求被淹没在信息的汪洋大海之中，很少能引起人们的关注。每天通过网络进行利益诉求的信息铺天盖地，能够通过网络诉求成功的案例只是极少数，只占整个网络诉求案例极低的比例。那种试图通过网络进行利益诉求的想法并不现实，网络诉求尽管方便快捷，但成功率并不高。

除了网络维权成功率较低之外，网络暴力、网络谣言现象正在侵蚀网络监督的正能量。网络暴力的突出表现就是"人肉搜索"，"人肉搜索"是人们通过网络社区集合广大网民的力量，追查某些事情或人物的真相与隐私，并把这些细节曝光。"人肉搜索"能够在法律监督不到的地方，在道德领域能够发挥惩恶扬善的作用，如 2007 年流氓外教案、华南虎事件，2008 年天价理发事件等，都显示出"人肉搜索"的影子。"人肉搜索"在某些案例中显示出监督的力量，但其行为边界难以界定，容易越过法律边界，触犯人们的隐私权，同时用道德监督代替法律监督，用监督代替审判等行为，给遵守法律带来隐患。

网络谣言更是网络虚拟社会较为普遍的现象。网络谣言是指通过网络介质（如邮箱、聊天软件、社交网站、网络论坛等）而传播的没有事实依据的话语。主要涉及突发事件、公共领域、名人要员、颠覆传统、离经叛道等内容。① 谣言传播具有突发性且流传速度极快，因此对正常的社会秩序容易造成不良影响。网络谣言主要有网络政治谣言、网络灾害谣言、网络恐怖谣言、网络犯罪谣言、网络食品安全谣言等内容。近些年，全国产生较有影响的网络谣言，并造成严重后果的有 2008 年"蛆橘事件"，让全国柑橘严重滞销；2010 年山西地震谣言，让山西数百万人上街头"避难"；2011 年江苏盐城响水"爆炸谣言"，引发大逃亡；2011 年 QQ 群里散布谣言引发全国抢盐风波；2012 年造谣"军车进京"引发的社会不稳定；等等。这些谣言以假乱真，令普通人真假难辨，使网络诉求的真实性大打折扣，给网络诉求带来不利影响，为人们惩恶扬善带来辨别困难，也给政府监督带来困扰。

---

① 彭扬：《网络谣言的传播及治理对策研究——以新浪微博为例》，《东南传播》2013 年第 6 期。

总之，我国目前存在着体制内利益表达的整体结构性障碍，如利益表达主体，特别是弱势利益表达主体的组织发育滞后及其拥有资源较少；体制内利益表达功能萎缩；新型利益表达渠道无序性；利益表达效果的有限性等一系列问题。体制内利益表达的整体性障碍导致本应通过体制内表达化解矛盾的功能萎缩，大量社会矛盾被积累起来，导致矛盾数量增多、矛盾能量增强，为矛盾升级提供了条件和土壤。

五 "无直接利益冲突"生成的直接动因："不公平感"社会心理

在我国改革开放过程中由于利益分配机制失衡引起大量社会矛盾，体制内利益表达渠道受阻，利益表达渠道并没有起到"减压阀"的作用，社会矛盾在利益表达渠道受阻后，矛盾形态开始异化，从以经济利益为主要类型的社会矛盾转变为社会心理冲突。此时利益受损民众可能会终止体制内利益表达的行动，但利益矛盾自身并不会消失，经济利益受损的利益诉求会转化为大量的社会不满情绪，并以"隐形"的方式存在日常生活中，一旦遇到诱因事件，就可能会转化成集体行动。

（一）社会心理的研究范式

在集体行动研究方法中有一个重要流派就是社会心理范式，该范式认为"集体行动是社会病态的表征，其本质是病态的、非理性的情感行为，参与者是社会弱势群体"[①]。社会矛盾产生是多种因素作用的结果，社会心理冲突是当今中国"无直接利益冲突"群体性事件产生的直接动力。物质利益矛盾经过利益表达的中间环节受阻，演变为社会冲突心理，使中国社会积累了较为普遍的社会不满情绪，这种社会不满情绪一旦遇到社会偶发事件，就会导致"无直接利益冲突"群体性事件生成，因此社会不满心理是"无直接利益冲突"生成的直接动力。

1. 马克思关于阶级意识的论述

马克思主义经典作家关于社会心理冲突在社会矛盾生成中的作用有重要的论述。马克思主义经典作家注重把社会化生产与生产资料私有制矛盾

---

① 赵鼎新：《社会与政治运动理论：框架与反思》，《学海》2006年第2期。

作为资本主义社会矛盾产生的根源。马克思在《共产党宣言》等经典著作中认为，资本主义社会两极分化的经济利益对立会导致无产阶级革命，这就是通常所说的"穷人闹革命"。但马克思在1848年欧洲革命中发现本来预料的革命形势并没有发生，从而逐步深化对阶级斗争产生条件的认知，阶级斗争产生需要通过"阶级意识"产生的重要环节来实现。这一观点的提出，丰富了马克思主义经典作家关于阶级斗争条件的认识，从过去注重物质矛盾在阶级斗争产生中的作用，扩展到社会心理矛盾领域，认为物质矛盾只有经过阶级意识产生，才可能导致工人阶级的行动。

马克思在《路易·波拿巴的雾月十八日》一文中已经发现共同的经济利益并不必然导致阶级斗争的产生，指出法国"小农人数众多，他们的生活条件相同，但是彼此间并没有发生多种多样的关系"，它们只是"由一些同名数简单相加形成的，好像一袋马铃薯是由袋中的一个个马铃薯所集成的那样。数百万家庭的经济生活条件使他们的生活方式、利益和教育程度与其他阶级的生活方式、利益和教育程度各不相同并互相敌对，就这一点而言，他们是一个阶级。而各个小农彼此间只存在地域上的联系，他们利益的同一性并不使他们彼此间形成共同关系，形成全国性的联系，形成政治组织，就这一点而言，他们又不是一个阶级"[1]。显然，仅有共同经济利益、生活方式等条件并不能真正构成阶级，也不可能采取共同的阶级行动。

随后，马克思在《哲学的贫困》一文中，提出了无产阶级产生共同的阶级行动不仅需要共同被剥削的经济地位，而且需要形成共同的阶级意识，只有从"自在阶级"转化为"自为阶级"，无产阶级才能产生共同的阶级行动。"仅仅是大批工人的经济地位和他们与资本家的共同利害关系，只能使他们对资本来说形成一个'自在阶级'；只有在他们与资产阶级的对立和冲突中，逐渐意识到自己的共同处境和利益，并团结起来，才能成为一个有意识的'自为阶级'。"[2] 以"自在阶级"形式存在的"工人阶级"，只是在经济利益上与资本家存在着不可调和的矛盾，他们在日常生活中同资本家产生一些局部的经济利益斗争，这些斗争包括增加工资、改善工作条件等，这些争取经济利益的斗争，不能从根本上改变工人阶级被

---

[1] 《马克思恩格斯选集》第1卷，人民出版社，1995，第677页。
[2] 《马克思恩格斯全集》第4卷，人民出版社，1965，第196页。

剥削的地位。只有在日常斗争中,形成一个有共同"阶级意识"的自为阶级,才能采取共同的阶级行动,从而夺取政权,实现无产阶级专政。

从"自在阶级"转变为"自为阶级"的中间环节是"阶级意识"的产生。"阶级意识"是一个经济社会地位相同的利益群体在社会生产和政治斗争中产生的"共同"意识,从广义范围看,"共同"阶级意识属于社会心理范畴,但它不属于一般的社会情感、社会认知,不是一种直观、自发、朴素的社会心理,而是属于较高层次的社会心理,归属于政治心理范畴。

政治心理有不同层次的政治心理内涵,在一般水平上,表现为同一阶级的成员具有相似的社会政治心理特征;在较高水平上,表现为阶级成员意识到自己的阶级属性,本阶级与其他阶级的区别;在最高水平上,表现为阶级成员具有政治意识,即通过夺取政权或者维护政权为全阶级的利益和目标而共同行动的信念。[①] 马克思所说的"自为阶级"的"阶级意识"不是单个工人的政治心理,而是属于较高水平和最高水平层次的集体的政治心理。美国社会学家米尔斯对马克思的阶级意识进行了界定,一是对本阶级利益的理性认识;二是对其他阶级利益不合理性的认识及其有意识的反对;三是对运用集体政治手段达到集体政治目的以实现自己利益的认识,及随时行动的准备。[②]

从"阶级意识"在整个阶级行动中的功能来看,"阶级意识"起着从客观工人阶级向行动工人阶级转变的中间环节与连接链条的作用。"客观的社会结构分层和经济社会地位,要通过主观阶级认同和阶级意识,才能与人们的社会态度、社会行动选择建立逻辑关系。"[③] "阶级意识"范畴的提出是马克思主义经典作家对社会冲突构成条件的深化探索,是对社会冲突构成条件的单一化向复杂化转变,在"阶级意识"范畴提出之前,马克思把社会冲突产生条件的认知集中在生产资料等经济利益的差别上,把经济利益差别作为社会冲突产生的充分条件。"阶级意识"范畴的提出进一步丰富马克思主义经典作家关于社会冲突产生的必要条件,社会冲突产生

---

① 王浦劬:《政治学基础》,北京大学出版社,2004,第258页。
② 〔美〕米尔斯:《白领——美国的中产阶级》,杨小冬等译,浙江人民出版社,1987,第383~364页。
③ 李培林、张翼、赵延东、梁栋:《社会冲突与阶级意识》,社会科学文献出版社,2004,第41页。

不仅需要经济利益矛盾的条件，而且需要"阶级意识"社会心理的条件。

2. 西方学者关于社会心理的研究成果

英国马克思主义史学家汤普森进一步丰富了"阶级意识"产生的条件。汤普森在他的名著《英国工人阶级的形成》中提出："我强调阶级是一种历史现象，而不把它看成是一种'结构'，更不是一个'范畴'，我把它看成是人与人的相互关系中确实发生（而且可以证明已经发生）的某种东西，当一批人从共同经历中得出结论（不管这种经历是从前辈那里得来的还是亲身体验到的），感到并明确说出它们之间的共同利益，他们的利益与其他人不同（并且常常对立）时，阶级就产生了。阶级经历主要由生产关系所决定，人们在出生时就进入某种生产关系，或在以后被迫进入。阶级觉悟是把经历用文化的方式加以处理，它体现在传统习惯、价值体系、思想观念和组织形式中。如果说经历是可以预先确定的，阶级意识却不然。"①

这里汤普森提出阶级形成不仅需要共同的社会经历之外，还需要共同的阶级认同，突出了"阶级意识"在阶级形成过程中的作用。汤普森明确地把"阶级意识"定义为"各个不同群体的劳动人民之间的利益认同以及它与其他阶级利益对立的意识"②。

西方学者关于社会冲突产生条件的认识，也有一个从注重客观物质条件到注重社会心理作用的过程，20世纪50~60年代逐步形成以"心理取向"为主要内容的集体行动理论，包括庞勒的心智归一法则、布鲁默的符号互动理论、特纳的突生规范理论和格尔的"相对剥夺感"理论等，这种理论将集体行动视为一种反文化或社会失范现象，强调集体行动来自各种异常的心理状态（如不满、隔离感、挫折、紧张、认知不协调、相对剥夺感等），集体行动是个体情绪的集体抒发。③ 20世纪60年代后，受欧洲集体行动理论影响，以美国学者为代表侧重于理性取向和结构取向的集体行动理论，注重研究组织、社会网络、资源、政治机会结构等。20世纪90年代之后，美国集体行动理论研究者对主流的政治过程理论提出了挑战和修补，注重关注话语、文化、情感等在集体行动中的作用。

在"心理取向"的研究中，"社会认同"是关于社会行动条件的一个

---

① 〔美〕汤普森:《英国工人阶级的形成》，钱乘旦译，译林出版社，2001，第78页。
② 〔美〕汤普森:《英国工人阶级的形成》，钱乘旦译，译林出版社，2001，第211页。
③ 冯建华、周林刚:《西方集体行动理论的四种取向》，《国外社会科学》2008年第7期。

重要概念。为什么在相同或相似条件下,有的集体行动发生了,有的集体行动并没有发生?社会心理学家提出了一个重要解释变量——"社会认同",当个体从心理上把自身看成是特定群体的一部分,它所获得的群体资格会赋予自身某种价值和情感,从心理上建立起对群体的认同感,克服为自身利益出现的搭便车行为。

3. 国内有关社会心理的研究探索

改革开放后我国社会利益结构发生了重大变化,这种变化不仅表现在人们收入差距和拥有社会资源等客观数据上,也体现在对不同利益群体社会心理变化的影响,人们在利益格局位置上的变化,必然会导致不同利益群体社会心理变化,进而导致不同利益群体社会行为的产生。党的十六届四中全会提出了我国正在经历的四个深刻变化的论断,即"经济体制深刻变革、社会结构深刻变动、利益格局深刻调整、思想观念深刻变化"。利益格局变化导致不同利益群体社会心理和思想观念深刻变化,既有主流积极的一面,又有消极的一面,特别是在利益格局变动中利益直接受损和相对受损群体产生负面的社会心理,这些负面社会心理在社会矛盾和冲突中的功能更明显地表现出来。

在"无直接利益冲突"群体性事件中,无直接利益相关者与"本体"事件没有任何的利益关系,不存在着相同或者相似的利益关联,传统意义上的共同利益导致共同行动的认识受到了挑战;同时,"无直接利益冲突"群体性事件处于无组织状态,不存在对参与者的奖赏或者惩罚的功能,也不存在声望、友谊等"社会压力",反而因为参与集体行动会导致潜在的刑事或者治安处罚,不存在所谓的"选择性激励"和"搭便车"行为,奥尔森提出的集体行动的观点也无法解释此类行动的动因。无论是在贵州瓮安还是湖北石首等标本性"无直接利益冲突"群体性事件中,参与者没有具体的利益诉求,而是在通过事件行动发泄心中的不满,我国学者把"无直接利益冲突"群体性事件定性为"泄愤性冲突",认为此类群体性事件是"不特定多数人(集群)、重在释放不满,可表述为基于不满宣泄的集群行为"[①]。

"泄愤性冲突"表明"无直接利益冲突"参与者的心理积怨是其行动的动因,也是以发泄心中不满作为主要的行动目的。"无直接利益冲突"

---

① 王赐江:《群体性事件的类型化及发展趋向》,《长江论坛》2010 年第 4 期。

群体性事件现场参与主体没有特定的利益关联，行动的目的也没有利益诉求，表明此类群体性事件中参与主体不同于基于特定利益动因的集体行动，而是基于宣泄不满的集体行动，社会心理冲突在事件的产生、升级中扮演着重要的角色。

（二）"无直接利益冲突"参与者的社会心理类型

社会心理是一个内涵与外延较为丰富的范畴，在不同环境下，集体行动的心理动因并不相同，对"无直接利益冲突"群体性事件现场参与者的社会心理进行分析，根据参与者在"变体"事件中所起作用的紧密与松散程度，对参与主体的社会心理有不同类型的分析，综合起来主要有：发泄不满心理、同情心理、盲从心理、法不责众心理、报复社会心理、英雄主义心理等。

1. 发泄不满心理

发泄不满心理在"无直接利益冲突"群体性事件中扮演着重要角色，这种角色具体体现在对此类群体性事件发生和发展起着引领作用，不满、怨恨心理往往是从"本体"事件到"变体"事件转变中的引领者，也是"变体"事件从非暴力示威游行等形式转变为暴力形式的引领者。

2. 同情心理

同情心理人数在群体性事件中所占比例最大，他们常常以观望的形式出现在事件现场，从与事件产生和发展的紧密程度而言，同情心理对"无直接利益冲突"群体性事件发生的作用远远不如发泄不满的心理，但作为观望者出现在现场本身就是对事件受害者同情，对政府处理事件的不满，只不过其不满情绪并不太强烈，这些观望者有可能在事件现场场景和舆情煽动下，由同情者的角色转变为行动者角色，由同情者心理转变为发泄不满心理。

3. 报复社会心理

报复社会心理是"无直接利益冲突"群体性事件中较为常见的一种心理，在目前中国出现较大规模的"无直接利益冲突"群体性事件中，大部分事件出现了报复社会心理，这种心理承担主体主要是一些黑社会组织以及被政府处理过的人群，虽然其人数不多，但其在此类群体性事件中所起的作用不可低估，他们往往是"无直接利益冲突"群体性事件发生、发展，特别是事件升级的煽动者和领头者。

4. 盲从心理

盲从心理也在群体性事件中发挥着不可或缺的作用，勒庞在其名著《乌合之众》一书中已经发现街头政治中群体心理与单个"无名氏"心理有较大区别。"群体感情的狂暴，尤其是在异质性群体中间，又会因责任感的彻底消失而强化。意识到肯定不会受到惩处——而且人数越多，这一点就越肯定——以及因为人多势众而一时产生的力量感，会使群体表现出一些孤立的个人不可能有的情绪和行动。"① 中国"无直接利益冲突"群体性事件案例中也均出现了典型的盲从心里，最有代表性的是瓮安事件，瓮安事件中直接参与打、砸、抢、烧者共有 300 多人，其中学生、教师有 110 多人，占参与打、砸、抢、烧总人数的比重高达 36.6%。②

参与打、砸、抢、烧的中学生大部分属于盲从心理，新华社贵州分社记者刘子富在事后采访部分学生时发现，瓮安县参与"6·28"事件的学生，当时只觉得打、砸、烧新奇、热闹、好玩，特别是周围成人为他们鼓掌"加油"、高声呐喊助威时，他们感觉自己似乎一下成为"英雄"，越砸越勇，不可阻遏。③

5. 法不责众心理

法不责众心理是"无直接利益冲突"群体性事件中一种普遍心理现象，这些人或者平时积累了一些不满情绪，或者平时并没有明显的负面情绪，但在群体性事件场面的感染下，由日常生活中的熟人社会转向了陌生环境，认为自己处于陌生环境下的"无名氏"，彼此并不熟悉，参与打、砸、抢、烧的人数较多，法律不可能对自己实施某种制裁，冒着法不责众的冒险心理，参与到违法犯罪行为中。

这些不同社会心理在事件现场的表现并不是截然清晰的，有些心理情绪是相互接近或者相互影响甚至交织在一起，如盲从心理和法不责众心理就相互交织在一起，盲从心理更多的是受事件现场情绪感染，而法不责众心理更多的是受事件现场人数众多的侥幸心理影响，但现实中很难区分事件现场行动者是受到盲从心理还是受到法不责众心理的驱使，更多的是两

---

① 〔法〕古斯塔夫·勒庞：《乌合之众》，冯克利译，广西师范大学出版社，2004，第 67 页。
② 刘子富：《新群体事件观——瓮安事件"6·28"事件的启示》，新华出版社，2009，第 37 页。
③ 刘子富：《新群体事件观——瓮安事件"6·28"事件的启示》，新华出版社，2009，第 40 页。

种或多种不同社会心理交织在一起，共同构成群体行为的动因。所以，事件现场是多重情感和心理交织在一起，共同构成群体行为动因的多元谱系。

（三）"不公平感"是"无直接利益冲突"生成的基础性心理

尽管事件现场的社会心理和情绪是多元化的，但并不意味着不同社会心理作用是杂乱无章的，在众多社会心理中，从表面看确实存在着一些差异，但这些差异背后也存在着一个主流的社会心理，"无直接利益冲突"群体性事件是差异性社会心理和主流社会心理相互交织的表现。不同类型社会心理对整个事件的扩展、激化和升级起到不同的作用，其中有一个主流的社会心理对事件变体、升级产生基础性影响，这个主流的社会心理就是"不公平感"。

1. "不公平感"在群体心理中的主导作用

"不公平感"社会心理在事件现场呈现的心理强度影响事件行动的程度，发泄不满心理是从"本体"事件到"变体"事件升级的引领者。有"不公平感"的人对社会不公平的感受程度是最深的，正是在这种强烈的不公平感心理支配下，他们才能克服行动的惩罚感，采取冒险行动。观望者是事件现场的最大基础性群体，这些观望者出现在具有一定风险的现场，本身就是对事件受害者抱有同情心理，同情心理本身包含着社会不公平感，只不过同情心理是具有较弱情感的不公平感，在特定场景支配下，较弱同情心理的不公平感会导致其情绪的升级，促使现场出现同情的旁观者走向参与行动者，实现角色的互换。

报复社会心理不属于真正的"不公平感"社会心理，因为他们不公平感的参照系不能体现在公正标准上，他们是社会破坏者。盲从心理、法不责众心理和英雄主义心理既包含有潜在的"不公平感"社会心理因素，又包含着负面自私社会心理，总体来说是含有一定的"不公平感"社会心理内容。

总之，在"无直接利益冲突"的现场中绝大部分人社会心理与"不公平感"有关，发泄不满心理、同情心理主要是由不公平感产生的，盲从心理和法不责众心理也包含"不公平感"社会心理；从事件发生和发展的主要群体心理来看，基础性群体心理主要是发泄不满心理、同情心理以及盲从心理和法不责众心理，而报复社会心理虽然对事件发生和发展在某些关节点上起着重要作用，但不是主流和基础性群体的心理。因此，不公平感社会心理是事件参与主体多元化心理的基础性心理，现场不同的社会心理是在不公平感社会心理支配下，向外散射具有强度差异的各种社会心理情绪。

2. 社会积怨产生的若干渠道

在"无直接利益冲突"群体性事件中无直接利益相关者不公平感的基础性社会心理不是在事件现场形成的，"本体"事件的出现只不过是引起参与者发泄不公平感社会心理的导火索，在"本体"事件出现以前，无直接利益相关者的社会积怨已经形成。无直接利益相关者的社会积怨是在日常生活中积累起来的，当前中国社会出现的危机实质就是潜在的各种社会矛盾导致情感积聚激化后的表现形式。日常生活中的社会积怨通常来自两个渠道。

（1）日常生活中的直接利益受损者，大部分是现实中物质利益受到直接侵害的弱势利益群体。当前，中国社会日常生活中的社会积怨主要来自中国现代化进程中的热点问题，例如城市改造中的拆迁、安置和补偿中的经济纠纷，国有企业改制中的资产流失和下岗职工安置问题，民营企业因工资拖欠和劳动保障引发的劳资冲突、物权纠纷和环境污染导致的纠纷，行业利益受损的维权问题，农村土地建设征用与补偿问题等，这些不同内容的日常生活中的矛盾大多是围绕着物质利益矛盾而展开的。

这些以物质利益矛盾为主的日常社会矛盾通常不会直接产生心理积怨，物质利益受损者往往会通过各种诉求渠道来获得相应的物质利益补偿。现实中的利益受损个体通常会对不同利益诉求方式进行"成本—收益"的比较，首先会通过制度内的方式，诸如信访、媒体等手段进行解决。中国社会科学院"人民内部矛盾课题组"在2002年中国城市居民社会观念调查中，对城市公众在自身利益受损时所可能采取的行动问卷调查结果显示："当前我国公众在面临利益损失时，大多数人还是会采取相对理性的、制度化的渠道试图解决问题。而愿意选择带有较强冲突倾向的'非制度化方式'解决利益冲突问题的只占少部分，其中'集体上访或请愿'仍是人们最可能采取的非制度化方式。"[1]

由于我国稳定压倒一切的压力型体制，利益诉求渠道的狭窄、利益诉

---

[1] 李培林等：《社会冲突与阶级意识》，社会科学文献出版社，2005，第255页。

求的体制性迟钝和诉求效果的有限性，导致物质利益受损的群体得不到有效的利益补偿，经过多次利益诉求失败后，部分利益受损群体会被迫中止利益诉求，逐步丧失对物质利益补偿的诉求，对社会不公平感的不满社会心理替代了物质利益诉求，这些被压抑的社会不满情绪成为集体行动的社会心理基础，冲突理论学家科塞认为："在对影响冲突的各种变量的分析上，缓解社会不满的渠道越少，转移不满的内部组织越少，一般社会成员成为特权阶层成员的流动性越小时，则这种冲突就可能越激烈。"①

（2）日常生活中的积怨来自现实中的"相对剥夺感"。同直接观察社会利益状态相比较，利益相对受损是从相对状态中凸显利益获得的变动情况，提出利益相对受损是以"参照群体"作为参照系，参照系通常有两个维度，一个是时间维度，即和自己过去利益获得相比较；另一个是选择自己周边的人或者与自己身份相似的人群相比较。利益相对受损群体会产生出一种特殊的心理——"相对剥夺感"。中国改革开放是一个利益分化和失衡的快速变动的过程，除了现实中物质利益直接受损群体之外，"相对剥夺感"群体人数也在持续增加，典型的代表群体有国有企业改制中的下岗、失业职工，农村教师中待遇偏低的人群，间接受到腐败现象侵害的群体等，"相对剥夺感"群体的共同特征是围绕着以社会不公平感为核心内容的社会怨恨，目前突出表现为以互联网虚拟空间为代表的"仇官、仇富、仇警"的社会心态。

与第一种日常生活中的利益直接受损和利益诉求受阻导致的社会怨气不同，第二种日常生活中利益相对受损导致的"相对剥夺感"，在实现中找不到导致其利益相对受损的直接客体，大部分是因为国家公共政策的改革与调整导致的制度利益受损，因此在现实中找不到利益受损的直接侵害对象，只能寄托于国家公共政策的补充和完善，现实中的体制性迟钝导致其利益相对受损无法得到有效补偿，又找不到现实中的侵害对象来发泄心中的怨气。利益"相对剥夺感"更容易积累心中的怨气，冲突学家达伦多夫把"相对剥夺感"作为影响社会冲突强度与烈度的四个相关变量之一，认为"相对剥夺感"与社会冲突强度与烈度成正比。

日常生活中积累的社会物质利益矛盾经过利益表达渠道受阻，导致矛盾类型、矛盾的主体与客体、矛盾的表现形式均发生质与量的变化。矛盾

---

① 〔美〕L. 科塞：《社会冲突的功能》，孙立平译，华夏出版社，1989。

类型变化主要是指矛盾类型从物质利益矛盾转向社会心理冲突。矛盾类型是区分矛盾能量的一个重要维度，马克思主义经典作家通常把矛盾区分为物质利益矛盾、政治利益矛盾和社会心理矛盾，当矛盾处于源头时期，矛盾类型就是常见的物质利益矛盾，即矛盾产生的原因和诉求目的都是围绕着经济利益进行的。利益表达受阻之后，大部分利益主体不再主张利益诉求，利益矛盾在表面上看似乎平息了，但利益矛盾此时却已转变为社会心理矛盾，日常表现为发牢骚、对政府等客体进行语言攻击。

（四）社会利益矛盾向社会心理矛盾转化的特点

矛盾主体与客体变化主要表现在：当矛盾处于物质利益矛盾阶段，矛盾更多地体现为市场经济条件下不同利益主体之间的矛盾，少部分是利益主体直接与政府之间的矛盾。当社会心理矛盾形成时，其表现形式更多的是利益主体与政府，干群矛盾或官民矛盾。利益矛盾处于源头时，利益矛盾主要有两种形式，一种是市场经济条件下两种不同利益主体之间的矛盾，表现为个体与群体之间，或者群体与群体之间的矛盾，更多的表现为群体与群体之间的利益矛盾，如被拖欠工资的农民工与企业主之间的矛盾，受污染村民与污染企业之间的矛盾，开发商与业主之间的矛盾，这些矛盾的特点是市场经济下两种不同利益主体之间的矛盾，与政府并没有直接利益关系。另一种是利益主体与客体之间的矛盾，表现为利益个体或群体与政府之间的矛盾，由政府主导重点工程和项目的拆迁、征地中补偿的矛盾，政府出台某项公共政策导致的社会矛盾。

政府在市场经济条件下主要职能有"经济调节、市场监管、社会管理和公共服务"，政府处于公平公正裁判者的位置，当两种不同利益主体发生矛盾时，政府作为利益调停者与裁判者出现。但由于政府执法不公、不作为，导致市场经济条件下两种不同利益主体之间的矛盾，转变为某一利益主体与政府之间的矛盾，政府由市场经济下利益的仲裁者变为冲突对象，政府成为矛盾集中的焦点。

当矛盾类型从物质利益转变为社会心理矛盾，矛盾的能量也在发生着变化。矛盾能量是指矛盾冲突力量的大小，当矛盾处于物质利益类型时，矛盾主体以挽回利益诉求为目的，此时的矛盾主体冲突能量被控制在一定范围内。当矛盾主体利益诉求不能满足时，会增加矛盾主体不满的能量，特别是当矛盾类型进入社会心理冲突类型时，矛盾能量经过积累更加强烈，矛盾主体不再以利益诉求为目的，而是以发泄心中不满情绪为目的，矛盾的能量和破坏力更大。

从物质利益矛盾类型转向社会心理矛盾类型时，矛盾的存在形式也在发生着变化。当矛盾处于物质利益冲突类型时，矛盾处于显性存在状态，包括信访、司法诉求、发牢骚等形态。当矛盾转化为社会心理矛盾类型时，矛盾会以"隐性"状态存在于个体或者群体之中，通常以发牢骚、口头禅、短信、网络评论等形式来表现，当"不公平感"社会心理以"隐性"状态表现出来时，它通常不会对社会造成直接危害，但这种"不公平感"社会心理以隐性形式存在时，遇到某些偶然的外部因素，就会唤起潜在的社会情绪爆发，对社会造成不可预知和不可控制的伤害。

处于社会心理矛盾阶段时，"不公平感"内容出现泛化和放大现象。利益受损主体由对某个具体政府或职能部门的不满，泛化为对执政党、政府以及社会不满；由过去对某个具体事件不满，上升为对制度、价值的不满；人们"不公平感"与社会现实出现差距，即人们对"不公平感"心理感受超出客观存在的不公平感，人们"不公平感"心理放大。"由不公正感导致的收入差距原因的价值认识，使得人们对收入差距的感受在心理上被放大了。那些认为自己目前生活水平较低的人，那些认为自己未来生活水平得不到有效提高的人，那些认为当前收入分配不公的人，那些认为当前人们的财产占有不公的人，都普遍认为现在和将来阶级阶层之间的社会冲突会趋于严重。"[①]

总之，"无直接利益冲突"群体性事件现场社会心理是多元化的，但主流是"不公平感"的社会心理，不公平感社会心理在日常生活中呈现出隐性的状态，这种隐性社会心理从物质利益矛盾的源头，经过体制内利益诉求表达受阻，到隐性社会心理矛盾形成，矛盾的类型、矛盾的能量、矛盾的冲突对象均已经发生重要的变化。这些隐性的社会心理矛盾遇到外界的"导火索"时，就会从隐性状态转变为显性状态，成为无直接利益相关者行动的直接动因。

六 "无直接利益冲突"诱因：日常生活中的偶发事件

"无直接利益冲突"作为一种大规模的群体性事件，其产生往往需要

[①] 李培林：《建设和谐社会应注意社会心态的变化》，《中国党政干部论坛》2005年第9期。

"导火索"的外因助燃作用,"导火索"被称为"本体"诱因事件。"本体"诱因事件在"无直接利益冲突"群体性事件中也起着较为独特的作用,这种作用表现为事件的外因,它是整个"无直接利益冲突"产生过程中不可或缺的一个重要环节。缺少了这一环节,"无直接利益冲突"群体性事件也不可能发生。因此,"本体"诱因事件和其他环节一起,构成"无直接利益冲突"发生的充分条件。

(一)"无直接利益冲突"生成的诱因特征

从中国目前发生影响较大的"无直接利益冲突"群体性事件案例中分析,"本体"诱因事件是普遍存在的,它是构成"无直接利益冲突"群体性事件发生的必要条件,"本体"诱因事件主要由三部分构成,一部分是日常生活中的普通治安纠纷,如 2004 年重庆万州事件、2005 年安徽池州事件等;另一部分是非正常死亡的治安事件,如 2008 年贵州瓮安事件和 2009 年湖北石首事件等;还有一部分因经济利益矛盾引起的,如 2008 年甘肃陇南事件等(见表 2-10)。

表 2-10 "无直接利益冲突"群体性事件典型案例诱因事件分类

事件名称	诱因事件	类型
2004 年重庆万州事件	行人交通纠纷	普通治安纠纷
2005 年安徽池州事件	人车交通纠纷	普通治安纠纷
2008 年甘肃陇南事件	征地拆迁问题	经济利益矛盾
2006 年浙江瑞安事件	女教师坠楼身亡	非正常死亡治安案件
2006 年四川大竹事件	酒店女员工身亡	非正常死亡治安案件
2008 年贵州瓮安事件	中学生跳河溺水	非正常死亡治安案件
2009 年湖北石首事件	酒店厨师坠楼身亡	非正常死亡治安案件
2011 年广东增城事件	城管打人	普通治安事件

1. 社会燃烧理论中的"本体"诱因事件

"无直接利益冲突"群体性事件性质属于日常生活中的治安事件,没有刑事案件,这些日常生活中的治安事件随时可能发生,这说明"无直接利益冲突"群体性事件的诱因事件的触点增多、燃点降低。中国科学院牛文元提出了社会燃烧理论,该理论把物理理论引入社会科学,自然科学认为燃烧需要基本三个基本要素,即燃烧物质、助燃剂和点火温度。社会物理学应用该项原理,将社会的无序、失稳及动乱,与燃烧现象进行了合理的类比。一是引起社会无序的基本动因,即随时随地发生的人与自然关系不协调和人与人关系不和谐,可以视为提供社会不稳定的燃烧物质;二是一些媒体的误导、过分夸大、无中生有的挑动、谣言传播、小道消息流行、敌对势力的恶意攻击、非理性推断、片面利益的刻意追逐、社会心理随意放大等,相当于社会动乱中的助燃剂;三是具有一定规模和影响的突发性事件,通常可以作为社会动乱中的导火线或称点火温度。三个基本条件的合理类比,将社会稳定状况纳入一个严格的理论体系和统计体系之中。①

2. 诱因事件构成的类型

矛盾触点增多。"无直接利益冲突"群体性事件中的"本体"事件由三部分构成,一部分是日常生活中普通治安事件,安徽池州事件和重庆万州事件是典型代表;另一部分是非正常死亡案件,其中非正常死亡案件所占比例最大,贵州瓮安事件和湖北石首事件是典型代表;还有一部分是经济利益纠纷,甘肃陇南事件是典型代表。"无直接利益冲突"诱发因素,既可能是日常生活中的细小摩擦,还可能是非正常死亡案件,也可能是普通经济利益矛盾,构成诱因矛盾的内容非常复杂,有经济利益矛盾、日常生活中的矛盾、非正常死亡案件,使诱因矛盾的类型和内容普遍化。诱因事件矛盾触点增多,改变我们过去认为尖锐矛盾才能引发较大规模冲突的观点,各种类型的微小矛盾都存在引发"无直接利益冲突"的风险。

3. 诱因事件的矛盾特征

"无直接利益冲突"诱因事件燃点在降低。重庆万州事件和安徽池州事件的"本体"诱因事件均是日常生活中普普通通的治安事件,这种交通摩擦每天成千上万件的发生。甘肃陇南事件中经济利益矛盾的诱因事件,本身矛盾能量也较小。即使非正常死亡的诱因事件,从法律条文来看,够不上刑事案件,而是特殊的治安案件,也不是蕴含较大能量的社会矛盾。

矛盾燃点高低与社会能量成反比。矛盾燃点越高,说明社会矛盾能量较低;矛盾燃点较低,说明社会矛盾的能量较高。我国现实生活中微小的社会矛盾可能导致更大规模的社会冲突发生,这说明我国现实中积累了大量的社会矛盾,高能量的社会矛盾导致引发矛盾助燃剂的点火点在降低。

---

① 牛文元:《社会物理学与中国社会稳定预警系统》,《中国科学院院刊》2001年第1期。

矛盾燃点降低就可能使过去不易爆发的社会冲突更容易发生，这就是近些年"无直接利益冲突"群体性事件增多的一个原因。

4. 政府在处置"本体"事件中的角色

"本体"诱因事件是预防"无直接利益冲突"群体性事件发生的黄金时期。这一时期事件冲突类型、冲突主体和矛盾能量特点属于直接利益冲突阶段，都有利于化解矛盾，阻止矛盾的升级。从矛盾冲突主体来看，更多的是两种不同利益主体之间的冲突，从事件处置过程来看，政府及其职能部门在诱因事件预防与处置过程中扮演着重要的角色。"无直接利益冲突"群体性事件的诱因大部分是不同利益主体在日常生活中出现的矛盾，这些"本体"事件矛盾大部分并不是与政府之间的直接矛盾，而政府介入处置不同主体之间的利益矛盾后，即成为"本体"事件的利益相关者。政府在群体性事件中的主要职能是作为第三方公平裁判，扮演公平公正的裁判角色，但是部分职能部门介入利益纠纷仲裁者之后，因为不能履行公平公正的职责，或者不能公开透明执法，抑或是在行政、执法过程中的官僚主义，引起利益相关者的不满或误解。从而使不同利益主体之间的纠纷，经过政府介入后，转变为不同利益主体和政府之间的纠纷，导致不同利益主体之间矛盾的转移。

5. "本体"事件冲突的主体

"本体"事件属于直接利益相关者的冲突阶段。当"无直接利益冲突"处于"本体"阶段时，矛盾冲突主体属于直接利益相关者，即冲突利益相关当事人卷入冲突，利益相关者主要包括冲突双方及其亲属、朋友、熟人等。"本体"阶段冲突双方利益相关者主体边界清晰、人员构成有限，冲突主体处于可控范围之内。

6. "本体"事件冲突的内容

"无直接利益冲突"群体性事件"本体"阶段，矛盾类型属于利益冲突与情绪冲突的混合体。部分"本体"事件属于利益矛盾，甘肃陇南事件就是因为征地拆迁引起的经济利益纠纷；还有部分"本体"事件夹杂着情绪冲突与利益冲突，在瓮安事件非正常死亡案件中，家属主要是寻求死者死亡的真相，也附带着经济利益赔偿的目的；另外一些"本体"事件则是情绪冲突，更像是应星提出的"气"，冲突类型是双方为了争一口气，是一种带有朴素公平感的情绪冲突。从冲突起因和诉求目的来看，"本体"事件的矛盾类型既有利益冲突的内容，即为了赔偿经济利益损失的内容，同时还有情绪冲突的一面,即冲突双方为了弄清楚冲突双方责任的公平之争。此外,还有经济利益矛盾与情绪冲突的混合体。

(二) 政府处置"本体"事件的不足

"无直接利益冲突"群体性事件在"本体"诱因事件阶段,冲突处于一个冲突主体边界清晰,冲突诉求目的明确的可控范围,"本体"诱因事件发生仅仅是为"无直接利益冲突"群体性事件发生提供了一个更为充分的条件,但并不意味着"本体"诱因事件就一定会转化为"无直接利益冲突"群体性事件的"变体"事件。政府提高危机管理能力,能够阻断"无直接利益冲突"从"本体"诱因事件到"变体"事件的转变。目前中国基层政府在处置"无直接利益冲突"群体性事件案例中,较多缺乏对"无直接利益冲突""本体"诱因事件的处置能力,致使从微小的社会矛盾转变为大规模群体性事件。

1. 防患于未然的危机管理意识不足

目前党中央提出了我国现代化建设正处于战略机遇期和矛盾凸显期,但部分地方党委和政府过于注重战略机遇期的优势判断,忽视对矛盾凸显期的风险意识,对中国后发型现代化发展模式导致中国社会矛盾出现的压缩性风险胶囊认识不足。在缺乏危机管理意识的指导下,对社会中出现的微小风险重视不够,过多注重失范后处置,忽视危机防范。

在瓮安事件危机管理过程中,当李树芬非正常死亡的"本体"事件发生(2008年6月21日)后,原县委书记王勤直到6月27日在县武装部搭伙吃饭时,才听到分管领导说起这件事,但并未警觉瓮安常见的"抗尸案"会引起什么样的严重后果,只是叮嘱分管领导"妥善处理"。[①] 同样,四川大竹事件从最初的"本体"诱因事件出现,即大竹县莱士德商务酒店16岁女服务员杨代莉意外死亡(2006年12月30日),到1月17日傍晚"莱士德商务酒店"被聚集人群焚毁,在长达半个多月的时间里,县里主要领导忙于换届,忽视处置诱因事件。

四川省委对大竹事件经验教训的通报指出,对事态发展"缺乏政治敏锐性","县级党政及有关部门没有引起足够重视,也没有及时报告,错过

---

① 刘子富:《新群体事件观——贵州瓮安"6·28"事件的启示》,新华出版社,2009,第69页。

最佳处置时机",是事件发生原因之一。"如果时间能倒回,如果早知道杨代莉之死会引发如此严重的事件,大竹县的领导也许宁肯推迟人代会会期也要把杨代莉死亡事件处理好。这其实是一个如何算账的问题,需要高度的政治敏锐性和眼光。这再次告诫我们的领导干部特别是一把手要进一步加强执政理念的学习,不断提高在复杂情况下的执政能力。"[①]

2. 有效化解社会矛盾的沟通能力较弱

"本体"诱因事件处置时期是化解群体性事件的黄金期,"本体"诱因事件虽然存在经济利益纠纷,但更多的是非经济利益矛盾,是经济利益纠纷与社会情绪纠纷交织在一起的冲突,或者是不同利益主体之间的情绪冲突,冲突者往往以求得事件的真相为目的,以寻求事件公平公正为主要内容。对于"无直接利益冲突"的"本体"诱因事件,需要针对不同类型诱因事件进行分类处理。针对利益型诱因事件,主要进行协商,依法依规对经济利益受损者进行补偿。对于情绪性诱因事件,要以公平公正为原则,弄清楚"本体"事件的真相,消除死者家属的疑虑,安抚好死者家属,纾解死者家属的情绪。对于情绪性与利益型交织的诱因事件,需要以纾解受害者及其家属的情绪为主,辅之以经济补偿。

贵州瓮安事件中李树芬跳河溺水身亡,家属一时不认可警方给予的自杀结论,希望寻求更为公正的真相和结果,"死者亲属并不认可这一鉴定结果,加之认为警方放纵犯罪嫌疑人,为讨要说法他们将李树芬的尸体装在一口冰棺内停放在大堰桥头,直至 7 月 1 日将其运回安葬"[②]。死者家属并不是简单寻求经济补偿,一般意义上的利益协商方法难以奏效,更多的是寻求事件真相和以公平为主的情绪冲突,需要国家机关及其职能部门采用以安抚死者家属情绪为主的沟通方法。而在贵州瓮安事件中,县公安机关并没有针对李树芬家属的质疑做出具有说服力的解释,比如引进上级公安机关鉴定或者民间鉴定组织重新鉴定,也没有针对死者家属的情绪进行有效疏导,而是简单的公事公办,导致矛盾升级。"6 月 28 日上午,副县长肖松召集县公安局、县维稳办等部门在县委政法委会议室开会,研究拟以强硬手段处置。会议决定由县公安局负责起草一份《尸体处理催办通知

[①] 任硌、陈凯:《四川大竹事件反思:地方忙于换届而错过处置良机》,《瞭望》2007 年第 9 期。

[②] 王赐江:《冲突与治理:中国群体性事件考察分析》,人民出版社,2013,第 24 页。

书》，限定死者亲属于 28 日 17 时前处理尸体，否则将强行处置。"①

"本体"事件时，矛盾尚处于萌芽和微小状态，是处置"无直接利益冲突"的黄金期，但我国基层社会却往往出现错失处置"本体"事件的最佳时机，致使矛盾升级，从宏观上讲，这与执政理念的缺失有关。在处理基层社会矛盾时，缺少群体理念和群众路线，缺少对人民群众的感情，处理矛盾过程中没有带着感情去处理问题，在干部眼中的小问题，对群众来说可能是天大的问题，不注意理顺矛盾中的情绪问题，而就事论事。从微观上讲，这与执政方式偏差有关。公安机关在处理社会矛盾时，"重大案、轻小案；重他杀、轻自杀；重领导批示，轻群众报案求助"，基层政府处理社会矛盾时，工作重点不是放在讲道理、消除疑问、纾解情绪上，而是将重点放在消解矛盾上。

七 "无直接利益冲突"助推因素：舆情的传播

"无直接利益冲突"群体性事件生成过程中的质变是从"本体"诱因事件转变为"变体"事件，"无直接利益冲突"相关者加入改变了事件发展的方向，"无直接利益冲突"群体性事件才真正形成。从"本体"诱因事件到"变体"事件形成，背后必然有一定的动因，除了无直接利益相关者"不公平感"社会心理之外，舆情传播为"无直接利益冲突"生成提供了助燃剂。随着现代信息技术的发展，在所有发生的"无直接利益冲突"案例中，舆情传播对从"本体"诱因事件向"变体"事件转变，对"无直接利益冲突"生成的助推、助燃作用愈加显现。

（一）舆情传播促进"本体"诱因事件向"变体"事件转变

舆情是"舆论情况"的简称，是指在一定的社会空间内，围绕中介性社会事件的发生、发展和变化，作为主体的民众对作为客体的社会管理者及其政治取向产生和持有的社会政治态度。它是较多群众关于社会中各种现象、问题所表达的信念、态度、意见和情绪等表现的总和。舆情在中国古代汉语中解释为"舆人之论"，意即"众人之论"。传统观点认为，舆情是民意的一种综合性表现。现代传播学观点认为，舆情本身并不是对民意规律的简单概

---

① 崔亚东：《群体性事件应急管理与社会治理——瓮安之乱到瓮安之治》，中央党校出版社，2013，第 184 页。

括，而是对"民意及其作用于执政者及其政治取向规律"的一种描述。从舆情与民意之间的关系来看，舆情并不是社会成员的一致性看法，但民意是舆情的源头，没有民意就没有舆情，因此，舆情是民意的集合反映。

舆情助燃剂的主要作用在于唤起人们的心理冲突，使单个人的差异心理变为共同的社会心理和情绪。社会学家布鲁默创立了符号互动理论，该理论在勒庞群体心理分析基础上，进一步对群体聚众行为的心理过程进行了描述，布鲁默认为，聚众的形成过程是一个人与人之间的符号互动过程，他把这一过程称作循环反应。循环反应过程有三个阶段，即集体磨合、集体兴奋和社会感染。在第一阶段，一个群体中的个体开始不安并开始信谣传谣；随着不安定感的增强，人与人之间相互感染并产生某种共同的愤怒情绪，这是第二阶段；随着人与人之间的感染力和愤怒感继续增强，循环反应就进入第三阶段——爆发集体行为。①

我国"无直接利益冲突"群体性事件案例均呈现出不同利益主体之间集体磨合、集体兴奋和社会感染相互衔接并逐层递进的三个阶段。以重庆万州事件为例，2004年10月我国重庆万州发生了一起较有影响的"无直接利益冲突"群体性事件，起因是一名"棒棒"和另外两名路人在行走过程中碰撞引发冲突，该事件被称为重庆万州"10·18"事件。

2004年10月18日下午1时许，重庆市万州区吴盛房地产水果批发市场临时工胡权宗与其妻曾庆容在万太白路上行走，当曾庆容走到进城务工人员余继奎身边时，被余的扁担碰了一下，双方因此发生口角，进而发生斗殴，胡权宗将余继奎打伤，并声称自己是公务员，出了什么事都可以花钱摆平，引起围观群众的强烈不满。

随后，万州区公安局龙宝分局白岩石派出所接到报警电话后迅速出警，本来事情可以按照司法程序有序处理。突然，有人说："天下公务员是一家，'棒棒'被打不会得到公正处理"。该"公务员"扬言："打断一条腿，我可以用10万元摆平，20万元就可以要你一条命"。"有人看见警察对公务员毕恭毕敬，忙着递烟"等谣言开始出现。出现了布鲁默提出的循环反应理论中的第一个阶段——集体磨合。个别谣言的出现开始影响部

---

① 赵鼎新：《西方社会运动与革命理论发展之述评——站在中国的角度思考》，《社会学研究》2005年第1期。

分人的心理和情绪，为事件的延续发展提供了前提条件。

谣言的相互传播导致人们情绪感染并形成趋同一致的情绪。万州事件当事人被带离现场后，谎言和民间的传言在继续扩散，这些谣言扩散激起更多人的心理不满，越来越多的民众会集到万州区政府广场门前，有人高呼"交出凶手""严惩凶手"等。[①] 通过谣言的传播，人与人之间语言、认知的交流，使过去压抑的情绪被唤醒，从而使更多的陌生人出现情绪上的共鸣。第二个阶段完成集体兴奋之后，为下一步集体行动提供了心理基础。当晚8时许，在少数人的煽动下，数百人向位于高笋塘广场的区政府大楼集结，并砸坏区政府玻璃大门。19日凌晨3时左右，冲进政府办公楼大厅的闹事人员被带离现场。

互联网等现代信息技术为舆情传播提供了新的技术条件，改变了传统舆情传播的载体、路径和速度。传统舆情传播方式是通过人与人口头传播方式进行的，互联网的传播方式具有隐匿性特点，可以通过互联网这一虚拟空间进行传播，传播者与被传播者均是"无名氏"。在现代国家与社会二元分化背景下，会出现"官方舆论场"和"民间舆论场"两个舆情场域，在报纸、电视台、电台等传统媒体主导舆情时期，官方掌握着舆论场的主动权，舆情传播特点是"大喇叭时代"，"官方舆论场"与"民间舆论场"的舆情战是接受与被接受、宣传与被宣传之间的单向关系。互联网等现代媒体的出现，改变舆情传播的特点，进入了"麦克风时代"，每一个现实中的人都可能通过互联网发出自己的声音，引起人们的关注，改变了"官方舆论场"和"民间舆论场"不平等的舆情传播关系，出现"官方舆论场"和"民间舆论场"之间舆情传播的平等化。

除此之外，互联网舆情还具有传播的快捷性和广泛性的特点。快捷性是指传统舆情传播中人与人之间口头传播，一个人在网上发帖、发微博，少则数百人、数千人，多则数十万人甚至数百万人都可能同时看到，使谣言在极短时间内迅速传播。广泛性是指由于互联网等现代信息技术，使过去被局限在一定地域传播的谣言，可能在极短时间内传遍几个省甚至全国。贵州瓮安"6·28"事件发生后一个小时左右，互联网上已经出现贵

[①] 范伟国：《重庆万州临时工冒充公务员打人引发群体事件》，《北京青年报》2004年10月20日。

州瓮安群体性事件有关的视频与照片，各种流言在网络流传。贵州瓮安事件发生后由于权威部门没有立即召开新闻发布会，澄清事实真相，而是由"6·28"事件应急指挥部，采用网上跟帖回复等手段，对网民发帖进行删除和过滤，但这些手段均没有控制贵州瓮安事件的传播。在7月1日贵州省新闻办和省公安厅举行"瓮安6·28严重打砸烧突发性事件"新闻发布会之前，关于瓮安事件的谣言已经传遍大江南北。由于互联网的快捷性、方便性、匿名性等特点，舆情首先现身网络，"互联网已成为思想文化信息的集散地和社会舆论的放大器"。如果说重庆万州事件谣言传播表现为传统人际传播模式，贵州瓮安事件网络传播则体现在"变体"事件发生之后，而湖北石首事件则表现出互联网新型媒体的传播特点。

2009年6月17日晚8时许，湖北省石首市永隆大酒店24岁厨师涂远高坠楼身亡，当地警方初步勘验后认定涂远高是自杀。但亲属对其死因表示怀疑，将尸体停放在酒店内，拒绝火化，导致围观群众越聚越多。2009年6月20日上午至夜间，部分围观群众多次与警察发生冲突。20日凌晨，事态开始恶化，少数不法分子借机制造事端，在停放尸体的酒店内纵火滋事，并煽动一些围观群众，袭击前来灭火的消防战士和公安民警，导致多名警察受伤，多辆消防车辆和警车被砸坏。20日夜间至21日凌晨，事态已逐渐平息。本次"无直接利益冲突"群体性事件被称为石首事件。石首事件中诱因事件出现之后，除了大量谣言通过人与人之间传统模式传播之外，互联网传播谣言的模式更加凸显，网络虚拟空间对事件发展的助推作用更加明显。

6月19日，有网民以"小县城运用特警抢尸体，掩盖真相"为标题三次发帖。

> 虽然我们并没有看到事发经过，但是凭对受害人的了解，并没有什么事能让他走上自杀的不归路。所以我们坚决认为，这件事绝对是有蹊跷的！最可疑的是公安部门凭什么就能断定他是自杀，而且事发之后我们给相关媒体打电话，至今却没有人露面！真相是什么！隐藏着什么！！酒店老板到现在也不见踪影，现在只有借助舆论来讨回公道！！！谁能替一个正值青春的人找寻真相！还一个公道！
>
> （2009-06-19 19：19）
>
> 身为石首人真的感到悲哀，希望版主不要删此帖，我们就想要上级

重视！在石首杀人是常有的事情，都是用钱一塞什么事情都没有了。

(2009 - 6 - 19 22：16)。

网民"我可是70码"跟帖：严重关切！！追查真相，还死者一个公道！！顶起！！！！！！！！！！

(2009 - 6 - 19 23：15)

有网民跟帖：

我们石首人不想闹事，只是这些有良知的老百姓看不下去了，看这死者旁边那个无助的老人，真的揪心啊，如果这事不了了之的话，不知道还有多少个涂远高。

(2009 - 6 - 21 15：36)

有网民跟帖：

还死者一个公道……天理难容啊。

(2009 - 6 - 22 16：21)[①]

发帖者分别运用语言上的同情手法、质疑手法、上升手法、煽情手法等唤起、唤醒并放大人们的不满情绪，从而唤起不同个体之间心理的共鸣，使无直接利益相关者的情绪从"民怨"上升为"民愤"。

同情手法主要表现在网络上用"被害人""离奇死亡"等词语，唤起人们对一个年轻生命逝去的悲伤、同情，使人们从一个普通旁观者的平常心理转变为对某一特定事件的同情心理。在初级情感上实现了群体心理的情绪共振。

质疑手法主要运用了"老板把门锁了""警察来了也没说什么""他躺的地方却很干净，一点都不像跳楼的痕迹"等语言，引起人们对某个事件真相的质疑，在中国特定文化背景下，生命是最可贵的，探寻年轻生命的逝去是人们共同的心理活动，这些网络语言，把人们心理活动引向对特

[①] 谢金林：《情感与网络抗争动员——基于湖北"石首事件"的个案分析》，《公共管理学报》2012年第1期。

定事件探寻真相的活动轨迹上。

上升手法主要运用了"这件事绝对是有蹊跷的""最可疑的是公安部门凭什么就能断定他是自杀""真相是什么！隐藏着什么！！""现在只有借助舆论来讨回公道！！！"等句子，对事件做出的判断，这种判断不是对事件本身的评判，而是上升到价值与道德的判断，唤起了人们对社会最基本价值底限——"公平与不公平"的判断。

煽情手法主要运用了网络语言"真是不寒而栗，何其惨""死者父亲在酒店门口一直给人磕头""谁能替一个正值青春的人找寻真相！还一个公道"等来放大人们的情绪。这些煽动性语言，唤起人们压抑已久的不满情绪，并火上浇油，使人们心理不满情绪更加强烈，人们情绪能量从"民怨"上升到"民愤"，从而为下一步集体行动提供了情绪能量储备。

网络上发帖人不仅可以自由发表对特定事件的陈述及看法，而且其他人可以通过网络进行跟帖，在网络进行互动，表达自己对某件事件的看法，形成某种观点互动和情绪互相感染，这是传统谣言人际传统所不具备的功能。发帖人运用同情手法、质疑手法、上升手法、煽情手法扭曲事件真相，使看帖人的情绪迅速被唤醒，出现了带有强烈情感震撼的词语，如"严重关切！！""还死者一个公道！！""天理难容啊"等，使被跟帖人心理情绪超越正常状态，迅速进入公平正义的价值判断以及非理性的情感状态。可见，网络在短时间内能够对特定事件进行舆情传播，并通过跟帖等特定功能，迅速唤醒、激发旁观者的心理和情感，从而使旁观者陷入群体非理性情感。

需要深度观察的是"无直接利益冲突"现场旁观者为何相信民间流言蜚语？为何不相信政府及其职能部门发布的事实真相？引导这些群体心理活动背后的基础是什么？通常对群体心理活动的认知往往引用勒庞"群体心理统一定律支配"，认为群体本质是"心理群体"，是受非理性形态现象支配的，具有非理智、情绪性、狂热性、一致性等特点。勒庞理论的优点在于指出了群体心理不同于个体心理的若干特征，但缺点是没有指出群体心理特征形成背后的深层次原因，人们为什么会相信谣言？而不相信真实的信息？许多分析仅局限于从社会心理学或传播学认识群体心理变化，没有指出社会存在对群体心理产生的决定性作用。

旁观者相信谣言这种看似非理性判断，并不是一种简单的心理活动，而是基于长期生活实践得来的一种心理惯性判断。"在集体性的社会和政治进程与个人关于日常生活的主观经验之间……挖掘出一条迂回的路径。"[①] 马克思主义经典作家注重社会实践对人们心理活动的决定性作用，群体对谣言的认同是日常生活中情感认知的延续。在中国目前宏观利益结构层面，直接利益受损、相对利益受损、腐败等社会现象必定引起人们心理认知的变化，它们在日常生活中的状态呈现出"隐性"形式，在日常生活内容上则集中表现为"仇富、仇官、仇警"心理形式，这种日常生活中形成的定式心理情感，支配着无直接利益相关者的情感认知。

在 2009 年湖北石首事件中，日常生活实践所产生的心理定式对谣言判断影响更为明显。在一线处理石首事件的高基庙镇政府一名工作人员刘国林，事后在人民网"强国论坛"发表了一篇文章《参与处理石首事件的一些感言》，文章深刻反思了石首事件发生的深层次原因，认为"石首事件演变不是单纯的死因质疑事件，而是由死因质疑引发的长期以来积淀的社会深层次矛盾的总暴露。这些深层次矛盾说穿了，就是干群之间、警民之间、贫富之间的矛盾。也就是很多媒体在总结已经发生的其他公共突发事件的社会背景时所说的那种社会上蔓延的仇富心理、仇官心理、仇警心理。为什么仇官？因为存在官场腐败。为什么仇富？因为存在为富不仁。为什么仇警？因为存在治警不严和治安混乱。在石首，几乎人人都可以感受到，赌场多、毒蟥子多、街头扒手多、盗劫案件多、没破的命案多、参与娱乐场所经营或为娱乐场所做保护伞的多、交通罚款和违规收费的多，一些警察的丑行多，还有一些警察对群众的态度相当专横，作风非常霸道，人民群众深恶痛绝"[②]。

在石首事件发生之前，当地群众基于长期生活实践已经形成"仇富、仇官、仇警"心理，石首市政府公信力已大打折扣，在这种既有心理定式支配下，民众才相信看起来似乎荒诞的谣言，而对警察结论不能相信，对民间谣言的坚信和对官方舆情的排斥，并不是勒庞群体心理定律所能解释的。

集体行动的出现导致事件发生质的变化。经过谣言传播形成群体不满心理，为集体行动提供了心理基础，一旦有少数人采取集体行动，在极度不满情绪支配下，多数人马上会集体跟进，导致集体行动的发生。贵州瓮

---

① 〔美〕莫里斯：《社会运动理论的前沿领域》，刘能译，北京大学出版社，2002，第63页。
② 刘国林：《参与处理石首事件的一些感言》，人民网·强国论坛，2009年7月1日。

安事件从 2008 年 6 月 21 日出现，经过 7 天左右的发酵期，终于在 6 月 28 日下午发生了质变，少数人不满足于语言宣泄，而采取实质的行动。6 月 28 日下午 3 时左右，两名中学生高举"人民群众呐喊申冤"白色横幅走在前面，数十人开始向县城进发，游行请愿。

"变体"事件迅速转化为"无直接利益冲突"群体性事件，具有非线性的演变特点。贵州瓮安事件进入高潮期，可以划分为两个阶段，一是"踩线而不越线"的游行请愿阶段，二是暴力实施阶段。游行请愿阶段人数迅速扩展，从 6 月 28 日下午 3 时左右开始游行请愿，到下午 4 时左右到达瓮安县公安局，游行请愿和围观人数已经达到上万人，这一阶段最大变化是人数从开始的数十人迅速增加到上万人。

游行请愿人员数量急剧增加，同时，人员构成也在发生着变化。贵州瓮安事件的"变体"事件最初只有以中小学生为主体的数十人游行队伍，人员构成成分较为简单，主要是利益相关者群体，包括李树芬生前就读的瓮安第三中学的学生及亲属，少数是无直接利益相关者。游行队伍路过七星村时，一些对水库建设补偿和安置不满的移民加入了游行队伍；游行队伍经过李树芬生前就读的瓮安三中时，更多的中小学生加入其中；游行队伍经过文峰中路时，沿街商铺许多人尾随游行队伍；下午 4 时 30 分左右，游行请愿队伍到达瓮安县政府门口时，已达数千人。在此聚集的请愿者在县政府门口停留了大约半小时，但无人接待，游行队伍又涌向距县政府 100 米左右的公安局。"当队伍来到县委和政府办公楼时，人群已汇聚了逾万之众，里面有学生、移民、店主、碰巧在县城的村民、服务员、按摩女，甚至公务员、警员家属，男女老幼——这个县城的所有阶层。"①

从贵州瓮安事件案例来看，游行请愿队伍人员和观望者的身份构成是多元化的，集合了县城的各个阶层，具有李培林所说的"非阶层性"。但从构成的主要人员身份来看，多数仍为现实中利益受到损失者或者利益相对受损者，包括对补偿和安置不满的移民，李树芬所在的中学学生等，弱势利益群体占据游行请愿的主要成分。

（二）基层政府处理危机事件的能力较弱

游行示威阶段处于相对和平、理性阶段，是处置"无直接利益冲突"

---

① 丁补之：《瓮安溯源》，《南方周末》2008 年 7 月 10 日。

群体性事件最后一个时机,由于我国基层政府处置危机能力较弱,出现了许多处理危机事件的错误做法,贻误了最佳时机,导致其演变成暴力性社会冲突。

1. 基层政府处理危机事件存在的问题

(1) 丢掉了处置危机事件"现场第一"的原则。在我国已经发生的"无直接利益冲突"群体性事件案例中,许多事件存在领导干部没有在事件第一现场靠前掌控。贵州瓮安事件处置中有着极为深刻的教训。当游行请愿队伍来到县政府办公大楼和县公安局办公大楼时,县委主要领导已经得到相关消息,但县委书记王勤等人在电信局继续参加"全国处理信访突出问题电视电话会议",仅派副县长肖松到事件现场,电视电话会议结束之后,县委书记王勤仍没有到现场,而是在电信局集中商量对策。

贵州瓮安事件中游行请愿的主要目的是想与政府主要领导对话,寻找李树芬死亡的真相,但瓮安县主要领导没有第一时间在现场与群众展开对话、协商,安抚群众情绪、给群众满意的答复。"一位目击者告诉笔者:在县政府办公楼带头的学生从一楼走到五楼,当天是星期六,学生们没有找到工作人员。如果这时候有负责人出面和大家协调沟通,哪怕有个人拿喇叭喊喊话,平息一下大家的情绪,就可能不会发生后来的事儿。在无人接待后,人群转而前往县政府办公楼斜对面的县公安局'讨说法',但是仍无领导出面。"[1]

(2) 坐等上级指示,失去处置危机事件的良机。危机事件具有高度的不确定性,处置危机事件的良机稍纵即逝,需要在较短时间内进行非程序化决策。危机管理实质是"非程序化决策问题:管理者必须在有限的信息、资源和时间(客观上标准的'有限理性')的条件下寻求'满意'的处理方案,迅速从正常情况转换到紧急情况(从常态到非常态)的能力是危机管理的核心内容"[2]。由于我国地方官员应对突发性群体性事件的能力较弱,不能迅速从常规性决策转入非常规性决策。瓮安事件中当地政府在危机管理中非常规决策能力的欠缺暴露无遗。

瓮安事件发生的 28 日下午 3 时许,瓮安县委书记王勤等主要领导在县电信局参加"全国处理突出信访问题电视电话会议"。

---

[1] 王赐江:《基于不满宣泄的集群行为》,华中师范大学博士学位论文,2009。
[2] 薛澜、张强、钟开斌:《危机管理:转型期中国面临的挑战》,《中国软科学》2003 年第 4 期。

下午4时40分，县委书记王勤接到报告后，指派副县长肖松等到现场查看情况。

下午6时20分左右，县长王海平从都匀赶到瓮安县电信局临时指挥部。瓮安县公安局政委罗来平也从都匀赶到瓮安。县委、县政府、县公安局主要负责人集中在瓮安县电信局大楼指挥部。面对逐渐复杂、升级的事态，指挥者束手无策，不断请示汇报，会议开了两个多小时，议而不决，不敢拍板决策。

下午6时30分左右，由于电信局工作人员担心遭受围攻，临时指挥部转移到离现场更远的县武装部。

下午7时许，黔南州公安局负责人赶到现场，在外围转了一圈，未采取措施。

与此同时，黔南州州委组织召开了处置瓮安事件专题会议。会后，原州委一位负责人赶往瓮安县城，在外围"转了又转"，等候从省里赶来的领导。①

在处置突发性事件良机稍纵即逝的情况下，瓮安县主要领导并没有临时处置，而是按照科层官僚制进行逐级上报，坐等上级指示，黔南州的领导也是来到现场外围，坐等省级赶来的领导，未采取任何措施，这些做法一方面进一步激化了群众情绪，另一方面坐失处置瓮安事件的最后机会线。

（3）暴力发生初期优柔寡断，造成社会巨大损失。瓮安事件打、砸、抢、烧开始时只有少数人参与，现场民警和赶来的应急队员共200多人没有等到果断处置的指令。当时在现场的玉山镇政法委书记张羽说，"开始冲进公安局大楼打砸抢烧的不到20个成年人。这时，我们镇和其他单位赶来的应急队员不下200人，只要有领导一声令下，我们站成人墙，也完全可以堵住他们，但是，迟迟等不到命令"②。据当晚一直在县政府大楼坚守的瓮安县副县长郑毅说：晚上8时半左右，瓮安县政府才开始被打、砸、抢、烧，但实际冲入县政府楼内的真正暴徒只有十多人，并且已基本没有学生。当时集结待命的公安和武警已有200多名，人数和装备远远超过不法分子。如果处置得当，至少县委大楼是完全可以不被烧毁的。

---

① 赵鹏、刘文国、王丽、周芙蓉、杨琳：《还原瓮安事件》，《瞭望》2008年第36期。
② 刘子富：《新群体事件观——贵州瓮安"6·28"事件的启示》，新华出版社，2009，第13页。

(4) 用警时机失误。目前我国基层政府在处置群体性事件中动用警力的失误，主要表现在两个方面：一是过早用警，激化民众情绪，造成警民之间的对立加剧；二是当出现严重暴力犯罪时，犹豫不决，错过处置暴力行为的机会，导致大规模暴力冲突发生。瓮安事件在动用警力处置群体性事件时，明显暴露出这两方面的不足。

2008年6月28日下午瓮安游行请愿队伍来到县公安局大楼前，此时主要目的是为死者李树芬鸣不平，寻找事件的真相，这时不仅没有领导出面安抚群众情绪，寻求对话、协商等方式妥善解决事件，相反，30余名警察在公安局大厅前拉起了警戒线，黄白相间的警戒线，不但没有起到阻止事件恶化的作用，反而因过早使用警力进一步激化了群众情绪，情绪激昂的人群开始往警戒线里冲。当晚上8时左右，瓮安县出现打、砸、抢、烧等暴力行为时，此时，参与暴力行为的不法分子只有20余人，而待命的公安武警却达200余人，瓮安县主要领导却犹豫不决，不敢用警，导致暴力行为迅速蔓延。

暴力冲突阶段情绪与行为相互感染，导致暴力行为无底限。瓮安"6·28"事件中，现场围观群众超过万人，直接参与打、砸、抢、烧的人员达300余人。瓮安县委木质结构的大楼被烧毁，县政府办公大楼的104间办公室和县公安局办公大楼的47间办公室、4间门面房被烧毁，刑侦大楼的14间办公室被砸坏，县公安局户政中心档案资料全部被毁。此外，事件还导致54辆车被烧毁，包括22辆警车和15辆摩托车，150多人受伤，造成直接经济损失1600多万元。

2. 善后工作治理的复杂性

"无直接利益冲突"善后治理工作的复杂性。"无直接利益冲突"与利益群体性事件不同，利益群体性事件以利益诉求为目的，补偿其利益损失、满足其利益要求是化解利益群体性事件的关键，当利益主体的利益诉求得到补偿和满足，其行为即会停止，整个群体性事件得到平息。"无直接利益冲突"则不同，"无直接利益冲突"群体性事件现场平息并不意味着事件的结束，因为激化参与主体情绪的原因并没有得到消除，即使现场运用专政手段可以较快得到控制，但引起"无直接利益冲突"事件的诱因事件和深层次原因并没有得到消除，特别是深层次原因没有得到消除，可能在其他诱因事件引导下，"无直接利益冲突"在某一地方又会重复发生。因此，"无直接利益冲突"善后治理时间更长，治理措施更为复杂。

"无直接利益冲突"治理分为近期目标治理和长远目标治理。近期目标治理主要是平息事件现场，澄清"本体"诱因事件真相，依法惩治犯罪分子并启动问责机制，维护社会稳定；长远目标治理主要是对无直接利益相关者参与的动因治理，深层次解决引起无直接利益相关者参与的环境因素，铲除"无直接利益冲突"产生的土壤，避免类似事件再次发生，实现社会和谐。两个治理目标相比较，长远治理目标的艰巨性远远胜过近期目标的治理。

第三章 "无直接利益冲突"折射社会矛盾的新变化

群体性事件是体制外观察中国社会矛盾冲突和社会稳定的重要窗口。当代中国观察社会矛盾主要有体制内和体制外两种渠道，与信访、司法诉讼、人民调解、媒体等体制内渠道相比较，群体性事件作为体制外社会矛盾的主要表达方式，较之体制内社会矛盾表达方式更能反映出社会矛盾的强度、社会矛盾的广度、社会矛盾的烈度以及造成的社会危害程度等关系社会稳定的重要指数。

首先，群体性事件是观察中国社会矛盾能量的重要指数。从矛盾的强度来看，群体性事件是社会矛盾通过体制内渠道得不到解决、社会矛盾能量进一步积聚和爆发的表现；从矛盾的广度来看，群体性事件参与主体规模较大，特别是"无直接利益冲突"更是参与主体多元化，更多的利益主体卷入社会矛盾中，反映出社会矛盾的发生范围；从矛盾冲突形式来看，与体制内矛盾表达渠道相比较，群体性事件伴随着游行、示威、阻塞交通和围堵政府等违法行为，有时伴随打、砸、抢、烧等暴力化形式；从造成的社会后果看，体制外的群体性事件造成的客观利益损失和主观负面影响更加严重；从反映社会矛盾的综合性指数来看，群体性事件与其他体制内观察社会矛盾的渠道相比较，更能反映社会矛盾强度与压力。

其次，群体性事件折射出体制内利益表达渠道"安全阀"的功能状态。作为体制外矛盾表达的主渠道，通常是在体制内利益表达渠道受阻之后的进一步行动。作为现实生活中的"理性人"，通过成本与收益的比较，通常会选择体制内的渠道进行利益表达。体制内利益表达符合统治者有序、理性的表达方式，"理性人"付出的成本较小，可以获得较大的收益，符合利益最大化的选择。

由于我国刚性维稳理念和压力型维稳体制，维稳与维权被对立起来，体制内利益表达行为也被异化为社会不稳定的因素，导致民众利益诉求

"输入"的阻塞和政府利益综合"输出"的体制性迟钝，体制内利益表达渠道的"减压阀"功能萎缩，部分体制内可以化解的社会矛盾被压制和异化为大量的体制外社会矛盾，成为"能量积累型"社会矛盾。"目前我国许多突发性事件大多属于'能量积累型'，在这些事件发生之前，有一个'能量'积累过程，也出现了许多明显的前兆，而且问题积累得越多，前兆就越明显。"①

最后，群体性事件反映出政府治理社会矛盾的能力。作为与群体性事件相伴随的客体，政府治理群体性事件的能力也通过群体性事件变迁展现出来。政府治理群体性事件的能力，通过群体性事件的治理理念、治理策略和治理主体等内容反映出来。群体性事件治理理念主要体现在是刚性维稳理念还是柔性维稳理念；群体性事件治理策略主要体现在是注重事前预防还是事后处置，是否构建完善的矛盾预警机制和危机管理机制，上级是以打压为主还是以协商对话为主，是以法律方式解决还是以政策方式解决；群体性事件的治理主体体现在是以政府为单一主体还是多元主体参与的共同治理。政府治理群体性事件的理念和综合性策略体现出政府应对和化解社会矛盾的能力。西方抗议政治学认为，"集体抗议如果试图避免滑向集体暴力，国家的民主化程度与国家能力的高低是最关键的决定性因素"②。

"无直接利益冲突"作为一种新型的社会矛盾，除了能够反映普通群体性事件的功能外，其独特的生成机理，折射出中国社会矛盾的特有现象，反映出我国社会矛盾发生的深层次变化。从"无直接利益冲突"矛盾冲突主体中分化为强势利益群体与弱势利益群体，反映出中国社会利益关系变迁中的"断裂"现象；从"无直接利益冲突"参与主体增多与暴力手段的使用，反映出中国局部社会矛盾的对抗性增强；从"无直接利益冲突"发生的环节与动因增多，反映出人民内部矛盾的复杂化。"无直接利益冲突"群体性事件现场演变过程呈现出突发性、非线性等现代风险社会的特点；"无直接利益冲突"生成中不公平感的直接动因，反映出中国社会部分利益型矛盾转变为社会心理冲突。

---

① 王绍光、胡鞍钢、丁元竹：《经济繁荣背后的社会不稳定》，《战略与管理》2002年第3期。
② 谢岳：《抗议政治学》，上海教育出版社，2010，第238页。

一 "无直接利益冲突"折射利益关系分化的"断裂"现象

"无直接利益冲突"作为一种新型的群体性事件，反映出社会利益关系矛盾的新信号。社会矛盾实质是社会利益关系矛盾的变化，社会矛盾是人与人或者不同群体满足需求之间利益矛盾的变化，需求满足通过社会关系形式予以实现，人对需求的自然属性就转化为人的社会属性，这种通过社会关系获得的需求就转变为利益，所以社会矛盾实质是人们社会利益关系的矛盾。"私人利益本身已经是社会所决定的利益，而且只有在社会所创造的条件下并使用社会所提供的手段才能达到。"[①] 人们需求的无限性和社会满足需求的有限性是一对矛盾体，利益矛盾就产生了，由于人们的需求和满足在不断变化，因此人们之间的利益关系也在不断发生新的变化。

社会利益关系有三种基本状态，一是社会利益关系的和谐状态；二是社会利益关系处于矛盾可控状态，存在着社会利益矛盾，但这种矛盾处于可以控制和接受的范围；三是社会利益关系处于对抗性状态，利益矛盾处于不可调和程度，矛盾对抗形式激烈。从改革开放之初，人们的利益关系就开始不断地进行调整，社会利益关系虽然有一定的矛盾，但总体上处于较为和谐的状态。进入21世纪后，中国现代化建设中社会矛盾出现新的阶段性特征，人们的利益关系也在发生着剧烈的变化，特别是"无直接利益冲突"出现，人们的利益关系和利益矛盾正在发生着新的变化，这种变化体现在人们原来利益关系之间的合理分化和可控性利益矛盾正在出现鸿沟，利益关系分化为强势利益群体和弱势利益群体的断裂，人们之间的利益观念和利益矛盾出现对立状态，甚至出现了断裂的倾向。

（一）利益分化断裂体现在强势利益群体与弱势利益群体的割裂

人们在现实中结成的各种社会关系反映人们不同的利益关系，在不同利益关系中追求利益最大化成为人们从事某种活动的目标，追求利益活动成为人们从事某种行为的原始动力。人们为了增强自己在追求利益活动中的能力，在社会关系中结成相同的利益关系，从而为利益的实现开辟道路，这样利益关系就形成个体利益关系和群体利益关系。群体利益是不同单个利益主体在社会关系中寻找到共同的利益关系，从而结成利益共同

[①] 《马克思恩格斯全集》第46卷（上），人民出版社，1979，第102~103页。

体，不同利益主体之间具有利益对立性与统一性两个原则，利益对立性导致不同利益主体之间存在着不同的利益差别，利益统一性导致不同利益主体之间存在着共同的利益，共同利益是群体利益存在的根本基础。

1. 学术界关于利益群体的研究脉络

目前学术界较为一致的看法是我国人民内部矛盾是一种利益矛盾，这种利益矛盾既有不同个体利益主体之间的矛盾，也有群体利益主体之间的矛盾，因此群体性事件就是不同利益群体之间的矛盾。从"无直接利益冲突"群体性事件冲突主体与客体之间的关系看，主要反映出弱势利益群体与强势利益群体之间的社会利益矛盾，同时也反映出弱势利益群体与部分基层政府之间的社会利益矛盾，因此从社会利益关系主体分析，此类群体性事件实质是弱势利益群体与强势利益群体及基层政府之间的利益矛盾。

根据利益关系中不同利益主体之间共同利益的范围，共同利益主体范围通常被分为集团、阶层、阶级、民族、国家等不同形式，但是改革开放后中国利益主体范围更多地用利益群体的概念范畴进行解释，这主要是因为集团、阶层、阶级、民族、国家等是较为固定的利益主体，例如阶级通常是以是否占有生产资料为标准进行区分的，阶层是基于共同的经济收入、社会地位和职业的具有共同利益的社会群体。而中国改革开放是不同社会利益主体社会利益关系重新分化与组合，不同利益主体分化与组合还处于动态的变化过程中。用利益群体的概念范畴更能从动态上反映中国社会利益关系的特点，利益群体成为分析中国不同利益主体之间利益关系的强势话语。

自20世纪80年代中期之后，利益群体的概念范畴在国内学术界开始提出，黑龙江的顾杰善以及此后的于真是最早开始使用和研究"利益群体"概念的学者。他们首次提出的利益群体概念是指"在社会利益体系中，具有相同的利益地位，有着共同的利害与需求、共同的境遇与命运的群体"[①]。此后，其他学者给利益群体所下的定义大同小异。社会学家李强认为，以顾杰善为代表的利益群体概念定义中的相同的利益地位、共同的利害与需求、共同的境遇与命运等术语基本相同且过于抽象，概念从抽象走向抽象。

李强从社会学中经济的、政治（权力）的、声望的三个维度来解释

---

① 顾杰善等：《当代中国社会利益群体分析》，黑龙江教育出版社，1995，第15页。

利益范畴。这三个维度的标准与阶层划分标准相似，之所以没有用阶层概念而用利益群体概念在于：阶级、阶层在含义上是指利益分化已经完成、物质利益地位已经相对稳定的集团。当今中国社会，利益结构变迁十分迅速，各个社会利益群体正在分化、解组、"重新整合"，利益分化与组合处于利益关系进行时，而非完成时。因此，使用地位相对稳定的阶层概念就不太符合中国的实际情况。[①]

李强对利益群体的解释虽然更为具体，更具说服力，但仍不能解释目前中国所有利益群体组成情况，例如城市拆迁中某个由被拆迁者组成的利益群体，这一利益群体的经济收入、社会声望相差较大，但是其在某一具体房屋拆迁中形成相同利益关系，针对房屋拆迁形成利益群体。同样，在某个水库移民安置中，有的是农民企业家，有的是乡镇企业管理者，还有的是农业种植户，他们的经济收入、社会声望有较大的差异，但在水库移民中形成共同的利益，结成利益群体。所以在中国社会利益剧烈变动的时期，既存在因为共同经济利益、共同政治利益和共同社会声望，结成宏观的利益群体，如农民工、知识分子，也可能因为某种特定经济利益、特定政治利益或者特定文化利益需求而结成的社会组织的偶合群体，如水库移民、失地农民、房屋拆迁户。

2. 利益群体的特征及其产生的根源

中国在改革开放过程中利益群体有两个特征：一是利益群体的构成主体是在经济利益关系、政治利益关系和文化利益关系中均具有相同或者相似的利益关系而结成的利益群体，例如强势群体中的房地产商、弱势群体中的下岗职工群体；也有在某种特定利益需求中结成的相同或相似的利益关系群体，如库区征地移民群体、征地失地农民群体。这使得中国在改革开放过程中出现各种各样的动态利益群体。二是利益群体是因为某种特定利益需求而结成的社会组织，这种社会组织既可以是具有较为固定组织结构、凝聚力较强的形态，比如行业协会等，还可以是无固定组织、凝聚力较差的自发行为，在现实中通常是偶合的社会群体组织。

"无直接利益冲突"群体性事件参与主体是在特定条件下临时偶合的利益群体，其参与主体的经济利益、社会声望、政治资源均有一定的差距，不同利益主体之间经济利益、社会声望和政治资源等共同利益关系还

[①] 李强：《当代中国社会的四个利益群体》，《学术界》2000年第3期。

没有达到共同体形式。某些利益群体虽然从利益关系整体上看没有相同的特征，但在某种特定利益关系上该群体具有共同点，这种特定利益共同点促使不同利益主体结成临时的共同体采取共同的行动。

在"无直接利益冲突"群体性事件现场，不同利益主体参与行动的利益共同点是其弱势利益群体的身份。"目前为止我们还未发现关于拥有资源较多的群体参与到'无直接利益冲突'之中的相关记录。这是因为拥有资源较多的群体，他们通常拥有常态的政治参与和利益表达的渠道，掌握着一定的话语权，或者他们本身直接就是某项政策的制定者。"[1] 通过对贵州瓮安事件参与主体的实证分析，我们可以认为这种判断是基于参与主体的特定行动范围，参与主体行动范围是事件现场的围堵，游行示威行为或者打、砸、抢、烧等行为。从特定行动范围分析，"无直接利益冲突"参与主体是弱势利益群体。"无直接利益冲突"参与主体在经济收入、社会声望、文化水平方面有所差别，但其共同特征是在整个社会利益结构中处于较低位置，经济收入、政治地位、社会声望、文化水平均处于社会底层，弱势利益关系是社会利益关系中所处位置较低的共同身份标志。

2002年3月，朱镕基在九届全国人民代表大会第五次全体会议上所做的《政府工作报告》首次使用了"弱势群体"这个词，从而使得弱势群体成为一个官方语言，引起了国内外的广泛关注。弱势利益群体是指由于自然、经济、社会和文化方面的低下状态而难以像正常人那样去化解社会问题所造成的压力，导致其陷入困境、处于不利社会地位的人群或阶层。弱势利益群体分为生理性弱势群体和社会性弱势群体。前者沦为弱势群体，有着明显的生理原因，如年龄、疾病等。弱势群体既包括儿童、老年人、残疾人、精神病人，也包括由社会原因造成的弱势群体。从目前中国弱势群体的整体情况看，主体是社会性弱势群体，是由于社会原因导致其陷于弱势地位的，主要包括失业者、贫困者、自然灾难事件求助者、因疾病返贫者、下岗职工、农民工以及在劳动关系中处于弱势地位的人。

弱势群体应该有以下三个基本特征。一是弱势群体的成因各异，既可能是客观的或自然因素造成的，如社会的制度安排，生理特征上的健康状况低下，先天或后天残疾等，也有可能是主观的或人为因素造成的，如对女性的性别歧视、对城市农民工的社会歧视等。二是贫困性是弱势群体在

---

[1] 郝宇青：《当前中国无直接利益冲突现象的特征》，《探索与争鸣》2007年第4期。

经济利益上所面临的共同困境。"弱势群体"这个概念虽然不能完全与"贫困人口"这个概念画等号，但至少是高度重叠的。① 三是在社会和政治层面，他们拥有社会资源和政治资源较少，社会声望较低，政治权利经常受到侵害，利益表达能力较弱。

弱势利益群体由于自身的能力有限，以及获得制度性安排中的政治资源、经济资源和文化资源等权利较少，在获得资源分配中容易受到强势利益群体和权力部门的侵害，同样由于其拥有的社会资源较少，在自身利益受到损害时，难以进行有效的利益表达，他们既是改革开放利益格局中的受损者，也是利益表达的弱者。表达上的弱势和现实中的弱势最终反映这个群体在现实生活中利益受到损失和改变地位的希望渺茫。经济收入、社会声望、政治地位虽然可以反映出一个人在社会阶层结构中的位置，但不能直接反映出一个人在社会利益关系中的动态变化，通过成本和收益的比较，更能反映出人们在现实利益关系中获得利益或者利益受损的动态变化，直接影响一个人的社会心理，进而对其社会行为产生影响。

李强据改革开放以来人们利益获得和利益受损的状况，将中国人分为四个利益群体或利益集团，即特殊获益者群体、普通获益者群体、利益相对受损群体和社会底层群体。② 显然特殊获益者群体属于强势利益群体，但普通获益者群体属于中间利益群体，很难把它归结到强势利益群体和弱势利益群体范畴，其拥有的社会资源属于公民正常拥有的社会资源，利益相对受损群体和社会底层群体属于社会弱势利益群体。利益相对受损群体包括国有企业下岗失业者、部分大学生待业群体等，社会底层群体包括农村中的贫困者、城市低保户、农民工、城镇部分失地者、残疾人等，这两类群体属于社会弱势群体。

3. 强势与弱势利益群体断裂的表现内容

强势利益群体与弱势利益群体分化不仅体现在经济收入、社会声望、文化水平等不同资源的差异，而且随着强势与弱势利益群体的分化，出现了强势与弱势利益群体的代际传递现象。代际传递指父母的能力、特征、行为、观念、发展结果等传递给子女的现象。中国社会代际传递现象虽然呈现出阶段性特征，先赋性因素在代际传递中的作用呈现下降趋势，但其

---

① 冯书泉：《构建和谐社会必须关注弱势群体》，《人民论坛》2005 年第 2 期。
② 李强：《当代中国社会的四个利益群体》，《学术界》2000 年第 3 期。

作用仍然明显，后赋性因素在代际传递中作用增强，但仍然受到限制。中国社会科学院"中国社会结构变迁研究"课题组研究结果显示，"父母受教育程度不同的家庭其子女进入大学的比例不同，其中大学家庭背景的绝对入学率为39.6%，而小学家庭背景的入学率仅为18.1%；同时研究结果还显示，基于家庭阶层的不平等水平明显上升，那些较高社会阶层，尤其是管理阶层的资源优势正逐步转化成其下一代的教育机会"①。

中国是一个"官本位"文化思想积淀深厚的社会，家庭资本对子女的代际传递现象更为突出。家庭资本主要是指父辈的职业地位、文化水平和家庭收入对子女社会地位的影响。中国社会科学院"社会矛盾变迁问题"课题组调查数据显示，"收入、教育、职业和消费等各项主要的客观分层指标，与主观阶层认同之间存在着一定的联系，但关联强度不大。通过统计分析发现，在各种影响因素中，决定人们主观阶层认同的最主要因素是'父辈的社会地位'"②。这种父辈影响子女社会地位的事件时有发生，最突出的现象是公务员和事业单位招聘中"萝卜招聘"。"萝卜招聘"是网友对量身定制招聘干部的一种形象比喻，主要为有权有势的官员父母量身定制招聘其子女。在全国有影响力的案例有福建省屏南县财政局"量身定制"的招聘事件，湖南省冷水江市《请求安排子女工作的报告》，安徽省黄山市徽州区"萝卜招聘"事件等。这些"萝卜招聘"事件的发生，说明父辈通过权力影响子女社会地位的安排，破坏社会公正的现象仍在延续。

社会利益关系"断裂"现象还体现在社会阶层流动通道的阻塞，出现阶层固化现象。各阶层之间的流动，特别是向上流动是衡量社会结构均衡的一个重要指标。改革开放后，我国社会流动加快，特别是社会阶层较低群体通过后赋性因素超越父辈的社会流动在增加，这一良性社会现象在21世纪后却出现了阻塞。麦可思"2009年大学毕业生求职与工作能力调查"结果显示，"211"院校中农民与农民工子女入学时比管理阶层子女入学成绩高出将近20分，而就业时，农民与农民工子女比管理阶层子女未就业率高出20个百分点。户籍制度也是导致阶层流动固化的一个重要制度性障碍，尽管中小城市的户籍限制开始松动，但北京等一线城市在职业招聘中户籍制度仍然是影响社会流动的障碍，北京市招聘公务员明确规定，"北

---

① 李煜：《制度变迁与教育不平等的产生机制》，《中国社会科学》2006年第4期。
② 李培林、张翼、赵延东、梁栋：《社会冲突与阶级意识》，社会科学文献出版社，2004，第264页。

京市常住户口且人事行政关系在京的人员,年龄须在18岁以上、35岁以下",并特别规定"不包括2010年非北京生源应届毕业生及户口档案保留在学校的非北京生源往届毕业生"。

随着我国阶层流动固化现象的抬头,描述阶层固化的词语也开始出现,如"富二代""官二代""穷二代""蚁族""新生代农民工"等,都是对社会阶层流动固化的现实反映。近些年我国阶层固化现象抬头,弱势利益群体与强势利益群体之间动态变化正转变为固化的藩篱。

(二) 利益分化的断裂体现为强势与弱势利益群体的社会心理不相容

导致现实生活中社会矛盾和冲突的原因纷繁复杂,但矛盾冲突又不外乎两个基本原因,即由物质利益导致的冲突和价值观念导致的冲突。中国目前的社会冲突主要是利益冲突,同时还逐步呈现出社会心理的冲突。中国社会心理冲突更多是一种低层面的、直观的、零碎的情绪冲突,尚不是理性的价值观冲突。

中国社会心理冲突主要是强势利益群体与弱势利益群体之间的社会心理冲突。强势利益群体与弱势利益群体之间的社会心理冲突与中国社会"哑铃形"利益格局和社会结构密不可分。"哑铃形"社会结构导致社会中间阶层较少,中间阶层在社会心理和价值上具有温和的社会心理,缓冲社会上层和社会底层之间的对立情绪,起到社会心理"稳定器"的作用。"越是将自己认同为上层阶层的人,就越认为现在和将来阶级、阶层之间的冲突较小;而越是将自己认同为最下层阶层的人,就越是认为现在和将来阶级、阶层之间的冲突会严重,尤其是那些主观上把自己归结为社会最底层的人员,更容易出现极端行为。"[①] 这种以强势利益群体为代表的社会上层和以弱势利益群体为代表的社会下层,会出现社会情绪的对立,这种对立情绪以"仇富、仇官、仇警"心态最为突出,因为富人、干部、警察代表着强势利益群体。

强势与弱势利益群体社会心理对立极端现象引起一种较为普遍的"社会反向情绪"。强势与弱势利益群体之间社会心理严重缺乏信任,政府网

[①] 李培林、张翼、赵延东、梁栋:《社会冲突与阶级意识》,社会科学文献出版社,2004,第263页。

上的辟谣被全盘否认，涉及官员和富人的新闻往往引起民众的对立情绪，甚至还出现了"社会反向情绪"。社会反向情绪是指对本应感到愤怒的事件却表现出冷漠，对不该同情的事件却表现出欣喜，本该受到谴责的却出现了赞美的声音。这种"社会反向情绪"具有特定的主体与客体，通常"社会反向情绪"主体是弱势利益群体，客体是强势利益群体。最有代表性的是2012年3月哈尔滨医科大学杀医案后民众的反应，有网站显示"六成网民表示高兴"，这无疑是"本该同情却欣喜"的典型案例。

弱势利益群体由于在现实中拥有社会资源较少，容易导致其在社会利益关系中处于劣势地位，进而造成其在社会利益关系中受到损失，并难以进行有效利益表达及获得利益补偿，由此利益相对受损群体和利益直接受损群体会在社会心理中产生不公平感等不满情绪。当出现有利于表达情绪机遇的时候，弱势群体就会采取暴力形式等非制度渠道进行自身利益诉求，而群体性事件所伴随的暴力符合下层民众的政治认知特点，"低阶层……往往倾向于把政治看作是非黑即白、非善即恶。在其他条件相同的情况下，这个阶层更喜欢极端主义运动，因为极端主义容易迅速地对社会问题提出答案，并具有一贯不变的观点"[①]。当社会弱势群体不满情绪由个别转向较为普遍的一种现象时，就会出现情绪放大、情绪对立等较为极端的情况，这为弱势利益群体行动提供了心理土壤。

二 "无直接利益冲突"反映局部社会矛盾的对抗性增强

不同社会矛盾之间存在差距，衡量矛盾之间差异的指数是多元化的，矛盾参与主体数量、表现手段、可调节性、对抗程度等都是衡量社会矛盾差异的主要参数。矛盾参与人数主要是从矛盾广泛程度来衡量矛盾能量，矛盾参与人数越多，说明矛盾范围越大；矛盾数量也是从矛盾多少来衡量矛盾能量，与矛盾参与人数不同的是，矛盾数量主要从矛盾多少来衡量矛盾的广度，而矛盾参与人数主要是从矛盾的主体来衡量矛盾的广度；矛盾表达手段，主要是从矛盾主体采取什么样的方式来衡量矛盾的能量大小，衡量矛盾表达手段的标准主要是制度内手段还是制度外手段，制度内手段主要是符合法律、法规的方式，制度外手段主要是违反法律和法规的方

---

① 〔美〕李普赛特：《政治人：政治的社会基础》，张绍宗译，上海人民出版社，1997，第77页。

式，制度内手段表明矛盾能量较小，而制度外手段表明矛盾能量较大。

与矛盾参与数量、表现手段、可协商程度相比，对抗性与非对抗性更能全面衡量矛盾的差异。毛泽东在人民内部矛盾理论中把对抗性矛盾与非对抗性矛盾作为区分人民内部矛盾和敌我矛盾的主要标准。同时，又根据矛盾外部条件的变化，提出了人民内部矛盾的对抗形式发生着动态变化。在《关于正确处理人民内部矛盾的问题》中，毛泽东分析了人民内部矛盾产生对抗的一系列条件，包括对人民内部矛盾"如果处理得不适当，或者失去警觉，麻痹大意"；人民内部矛盾产生对抗的空间和时间状态，"在社会主义国家通常只是局部的暂时的现象"；人民内部矛盾的对抗性与敌我矛盾的对抗性存在着本质的区别，"这是因为社会主义国家消灭了人剥削人的制度，人民的利益在根本上是一致的"。[1] 可见，矛盾既存在着对抗性与非对抗性的性质上的差异，又存在着对抗性与非对抗性的形式上的差异。我国除了极少数的矛盾在性质上属于对抗性矛盾，大多数矛盾属于对抗形式的矛盾。

"无直接利益冲突"反映人民内部矛盾对抗性增强，主要体现在矛盾对抗形式上。矛盾在一定条件下发生变化主要表现在矛盾性质的"质"变与"量"变。矛盾性质的"质"变是指矛盾性质发生根本改变，而矛盾性质的"量"变是指矛盾形式发生改变，但矛盾的性质并没有发生真正的改变。毛泽东关于人民内部矛盾发生变化时指出："在一般情况下，人民内部的矛盾不是对抗性的。但是如果处理得不适当，或者失去警觉，麻痹大意，也可能发生对抗。"[2] 这里毛泽东并没有明确说明人民内部矛盾发生对抗是矛盾性质的改变还是矛盾形式的改变。根据社会主义国家矛盾发生的历史经验可以得出，人民内部矛盾非对抗性变化有两种趋势，一种是矛盾性质发生改变，由非对抗性矛盾转变为对抗性矛盾，如1956年的"匈牙利事件"和"波兰事件"。另一种是矛盾性质并没有改变，但矛盾对抗形式发生了改变，这种现象较多的是以群体性事件形式存在。

对抗性矛盾与非对抗性矛盾的区分标准，"在于构成矛盾关系的利益主体之间的矛盾是否具有可协调性，显然，不具有可协调性的矛盾是对抗性矛盾，反之亦然"[3]。而矛盾对抗形式是矛盾外在表现形式，矛盾对抗形

---

[1] 《毛泽东文集》第7卷，人民出版社，1999，第211页。
[2] 《毛泽东文集》第7卷，人民出版社，1999，第211页。
[3] 王浦劬：《政治学基础》，北京大学出版社，2004，第59页。

式主要通过暴力表现出来，暴力对抗形式并不是区分对抗性矛盾与非对抗性矛盾的特异性指标，对抗性矛盾通常表现为暴力对抗形式，但非对抗性矛盾在一定条件下也可以表现为暴力形式，当非根本对立的政治力量之间矛盾激化而呈现对抗状态时，暴力也可能出现。

矛盾的表现形式是区分不同矛盾类型的重要视角，矛盾的形式是指矛盾所处的具体条件决定矛盾的外在冲突的方式。同一性质的矛盾可能有不同的表现形式，人民内部矛盾学说是从矛盾的表现形式，对人民内部矛盾的类型进行区分，把人民内部矛盾分为一般状态下的非对抗形式和特殊状态下的对抗形式。人民内部矛盾表现形式的对抗化主要是通过矛盾对抗的强度表现出来的。强度是指"各冲突方面能量消耗以及它们卷入冲突的程度"[1]。"无直接利益冲突"作为一种新型的社会矛盾，其外在的最突出表现形式就是矛盾冲突伴随着打、砸、抢、烧等暴力行为，暴力行为反映出某一地区社会矛盾的能量在增强。

"无直接利益冲突"折射出我国社会矛盾的对抗性增强，体现在矛盾参与人数多。与传统利益群体性事件相比较，"无直接利益冲突"群体性事件参与人数急剧增多，诸如贵州瓮安事件、湖北石首事件达到数万人，即使较小规模的"无直接利益冲突"群体性事件，人数普遍在数百人至数千人，所以"无直接利益冲突"群体性事件又被称为大规模群体性事件。此类群体性事件参与人数较多，说明社会矛盾涉及人数在增加，更多的人卷入社会矛盾抗争中，社会矛盾广度大大增加。

"无直接利益冲突"折射出我国社会矛盾对抗性增强，表现在数量的增加。"无直接利益冲突"群体性事件在 21 世纪之前发生数量很少，学界对此类群体性事件并没有明确的界定。进入 21 世纪后，"无直接利益冲突"群体性事件数量在增加，形成一种独立形态的群体性事件，说明我国局部地方社会矛盾在激化。

"无直接利益冲突"折射出我国社会矛盾对抗性增强，体现在体制外利益表达手段上。"无直接利益冲突"群体性事件绝大部分通过体制外的利益表达手段，如游行、示威、围堵党政机关，甚至对国家党政机关和执法人员及其车辆打、砸、抢、烧等，手段严重违法，甚至无底限，其诉求过程中的暴力程度也是社会矛盾对抗性的一个重要表现形式。

---

[1] 谢立中：《西方社会学名著提要》，江西人民出版社，1998，第 223 页。

尽管"无直接利益冲突"凸显我国社会矛盾对抗性的增强,但并不意味着我国社会会发生大规模的动乱,其社会矛盾仍处在可控范围之内。近些年,"无直接利益冲突"群体性事件发生频率保持在高位运行,其状态仍然呈现空间上的局部性和时间上的暂时性。1956年,毛泽东在分析人民内部矛盾发生对抗时指出:"在社会主义国家通常只是局部的暂时的现象。"局部是指人民内部对抗形式在空间上呈现出点状而非面状分布;暂时是指人民内部矛盾对抗形式在时间上呈现非持续性。进入21世纪后,"无直接利益冲突"群体性事件在中国发生的频率增加,2010年后有所下降,但仍在高位运行,而在地域上仍然呈现出空间上的点状而非面状分布,即呈现出并不相互联系的两个独立群体性事件,中国尚未发生两个相互联系的"无直接利益冲突"群体性事件;在持续的时间上较为短暂,中国目前发生的"无直接利益冲突"群体性事件持续时间较短,还没有发生过持续时间较长的"无直接利益冲突"群体性事件。说明我国人民内部矛盾局部的对抗程度有所增加,但在总体上仍处于社会矛盾可控状态,即社会矛盾可控性大于社会矛盾不可控性,不具备发生大规模社会冲突的基础。

三 "无直接利益冲突"揭示人民内部矛盾的复杂化

矛盾的复杂化是区分不同矛盾特征的一个重要维度。就矛盾客体而言,矛盾复杂化可以表现为矛盾产生原因的复杂化,矛盾发展过程的复杂化,矛盾解决条件的复杂化。"无直接利益冲突"呈现出社会矛盾复杂化,不仅表现为社会矛盾发生原因的复杂化,还表现为社会矛盾发展过程和矛盾解决条件的复杂化。

"无直接利益冲突"复杂化表现为社会矛盾产生原因,从过去单一的利益性因素转向利益因素、利益表达因素、社会心理因素的混合体。1956年,毛泽东在《关于正确处理人民内部矛盾的问题》中分析人民内部矛盾发生对抗的条件时认为,人民内部矛盾如果处理不当,或者失去警觉,麻痹大意,就可能导致对抗。随后,毛泽东在分析1957年少数人闹事的原因时认为,群众闹事的直接原因是一些物质上的要求没有得到满足,"但是发生闹事的更重要的因素,还是领导上的官僚主义"[①]。刘少奇在《如何处理

---

① 《毛泽东文集》第7卷,人民出版社,1999,第236页。

人民内部矛盾》中也提出了相似的观点，"人民内部的矛盾现在是大量地表现在人民群众同领导者之间的矛盾问题上。更确切地讲，是表现在领导上的官僚主义与人民群众的矛盾这个问题上"①。人民内部矛盾学说初步形成时，对人民内部矛盾发生对抗的主要原因分析集中在官僚主义上，这与社会主义制度刚刚建立，人民内部矛盾具体形式和内容没有充分展现有较大的关系。

（一）"无直接利益冲突"群体性事件产生原因复杂化，表现为从官僚主义转变为复合型体制供给的缺失

中国共产党第一代领导集体在分析"群众闹事"时，主要从官僚主义视角分析群体性事件产生的主要原因，官僚主义主要是工作作风问题，官僚主义的主要表现是"高高在上，滥用权力，脱离实际，脱离群众，好摆门面，好说空话，思想僵化，墨守成规，机构臃肿，人浮于事，办事拖拉，不讲效率，不负责任，不守信用，公文旅行，互相推诿，以至官气十足，动辄训人，打击报复，压制民主，欺上瞒下，专横跋扈，徇私行贿，贪赃枉法，等等"②。随着中国经济体制转轨和社会结构转型，群体性事件产生的主要原因正在发生变化，虽然官僚主义仍然在群体性事件发生原因中具有一定的解释力，但我国群体性事件特别是"无直接利益冲突"发生的主要原因正在转向复合型动因。

通过对"无直接利益冲突"产生原因比较分析，改革开放后，我国发生的群体性事件大多数为利益性群体性事件，此类群体性事件发生的动因就是利益矛盾，特别是经济利益矛盾是其发生的根本原因。"无直接利益冲突"群体性事件发生原因的复杂性体现在，从过去单一性因素转变为多元性因素，具体表现为从利益性因素转变为利益和社会心理因素的混合体。这两种不同因素在"无直接利益冲突"发生原因上表现为不同的功能，即利益原因是"无直接利益冲突"发生的源头性因素，这种因素在"无直接利益冲突"现场呈现出隐形的作用，而社会心理冲突在"无直接利益冲突"生成原因中呈现为直接的动因，表现为显性动因，两种因素共同作用才导致"无直接利益冲突"的发生。

---

① 《刘少奇选集》（下卷），人民出版社，1985，第1975页。
② 《邓小平文选》第2卷，人民出版社，1994，第327页。

(二)"无直接利益冲突"复杂化表现为政府治理社会矛盾的体制性缺失

体制性缺失包括社会矛盾产生源头上利益分配失衡的体制,利益表达渠道中利益诉求的体制性迟钝,社会矛盾管理中"稳定压倒一切"的刚性维稳体制等原因。利益分配体制失衡是"无直接利益冲突"群体性事件产生的源头性、主要性和根本性原因。改革开放后,我国从一个以国家分配为资源主导的利益主体同质化、政治利益主导化、社会结构分化程度较低的"同质性社会",逐步演变为利益主体差异化明显、经济利益主导化、社会结构分化较强的"差异性社会"。随着国家主导利益分配性社会转向以市场为基础的利益分配体制的确立,在新旧体制转轨时出现体制性漏洞,不同利益主体在新的利益结构中的差距逐步拉大,形成较为严重的利益关系分化,由此造成利益关系的对立和利益矛盾的产生,目前我国利益关系对立和利益矛盾主要表现为:城乡收入差距过大,东、中、西部区域收入差距过大,行业收入差距过大,由此在源头上产生了大量的社会矛盾。

利益表达中的体制性迟钝是"无直接利益冲突"群体性事件发生的中间环节,主要表现在利益表达渠道制度供给不足,利益表达的体制性迟钝和有效性不足等。利益表达渠道制度供给不足主要表现在利益表达渠道狭窄,我国目前体制内利益表达渠道主要有正常信访、司法诉讼、新闻媒体等几个有限的渠道;利益表达的体制性迟钝主要表现在利益表达的科层体制和信访案件的重复性等;利益表达的有效性不足表现在通过信访等体制内的手段,利益诉求目的难以实现。社会矛盾管理体制中"稳定压倒一切"的压力性维稳体制,导致现实中维稳与维权的对立,使维权服从于维稳,利益表达的维权功能被最大限度地压缩,利益表达的复合型体制问题使利益表达的"减压阀"作用下降,导致大量利益矛盾不能通过利益表达渠道被化解,甚至异化为"不公平感"的社会心理冲突。

(三)"无直接利益冲突"作为一种新型的社会矛盾,其产生的过程较其他社会矛盾产生的过程更加复杂化

这种社会矛盾产生过程中的复杂化首先体现在"无直接利益冲突"产生主要环节的复杂化。利益性群体性事件和其他社会矛盾产生的原因和过

程较为简单，利益受损→制度内诉求受阻→利益群体性事件产生。"无直接利益冲突"生成环节较为复杂，出现利益（相对）受损→制度内利益诉求受阻→"不公平感"产生→诱因事件出现→"无直接利益冲突"行为发生。与利益群体性事件产生的环节相比较，"无直接利益冲突"群体性事件在利益受损后并没有直接产生集体行动，而是利益表达受阻后转变为以"不公平感"为核心的社会心理状态，这种"不公平感"社会心理状态以个体形式存在于社会之中，当遇到社会诱因事件时，以个体形式存在的"不公平感"心理为集体行动发生提供了直接的动力。"无直接利益冲突"产生的环节，既包括源头性利益矛盾，又包括中间环节的利益表达、不公平感社会心理、"本体"诱因事件以及"变体"事件阶段。

（四）"无直接利益冲突"复杂化还表现为社会矛盾解决条件的复杂化

改革开放初期的利益型群体性事件，其发生的动因是利益因素，因此解决此类群体性事件的条件是对矛盾参与主体的利益满足，只要满足群体性事件参与主体的利益诉求，此类事件就会得到圆满解决。"无直接利益冲突"解决条件复杂体现在利益不是其产生的单一原因，因而利益也不是满足其条件的唯一因素，因为有更多的社会心理因素牵涉其中，"无直接利益冲突"群体性事件现场很难通过利益条件化解社会矛盾，事件现场平息并不意味着社会矛盾的化解，只有对社会不公平感、社会怨恨、社会不满等心理和情绪进行化解，才能铲除此类事件生成的土壤。化解"无直接利益冲突"不仅需要满足利益，还需要消除社会上的不公平心理，而化解不公平感社会心理需要更为复杂的条件和过程。

四 "无直接利益冲突"呈现现代风险社会的新特点

1986年，乌尔里希·贝克提出风险社会理论，人类已经进入现代"风险社会"阶段，风险的"人化"、制度化风险和技术性风险等特征凸显。以德国社会学家贝克和英国社会学家吉登斯为代表提出的"风险社会"理论，认为人类已进入不同于传统"常态社会"的"风险社会"。

突发公共事件是现代"风险社会"的主要表现形式，《国家突发公共事件总体应急预案》将突发公共事件细分为四类，其中之一就是社会安全事件，群体性事件就是中国社会安全事件的主要类型之一。人民内部矛盾学说发表时所指的"群众闹事"具备了突发公共安全事件的萌芽状态，但还不具备突发公共安全事件的完全特征。刘少奇在《如何正确处理人民内部矛盾》的讲话中，对群众在闹事过程中的特点进行了总结，提出了"群众闹事"发生的几个关键环节，包括群众提意见，派代表交涉，向上级告状，最后是闹事。利益型群体性事件尚不具有完整的风险社会特点。事件发生的程序性较强，事件按照一定步骤和过程进行，有完备的体制内利益表达过程。体制内利益表达过程先从平稳的利益表达渠道开始，向较为激烈的利益表达渠道推进；从基层社会利益表达渠道，向高层利益表达渠道推进，直至中央顶层利益表达渠道。政府可以根据利益表达的有序步骤，进行可预知的提前应对。

"无直接利益冲突"作为一种新型的社会矛盾，其演变过程不同于传统社会矛盾的演变进程，具有偶发性、突发性、非线性等现代风险社会的特点。一是事件是在社会治安事件等偶发事件诱因下产生的，如贵州瓮安事件、湖北石首事件、四川大竹事件、浙江瑞安事件等是由非正常死亡案件引发的，安徽池州事件和重庆万州事件是由普通交通纠纷事件引发的，现实生活中的普通事件就可能导致"无直接利益冲突"的发生，很难预防。二是事件的发生在时间上呈现出突发性的特点，事件发生没有前兆。虽然"无直接利益冲突"群体性事件发生地，存在着较为凸显的社会矛盾，但这种社会矛盾具有隐性化特征，很难通过一系列指标测量，其社会矛盾外在表现并不突出。三是事件演进过程迅速，从"本体"诱因事件转变为"变体"事件，呈现出非线性特点，事中处置难度加大。非线性是指事件发生并不具有规则的直接传播过程，而是跳跃式地不规则发展，事件可能没有通常的利益表达阶段，而迅速走向体制外利益表达阶段。其中，事态发展最快的"无直接利益冲突"群体性事件，如安徽池州事件和重庆万州事件，从"本体"事件转变为"变体"事件只有4～5个小时，即使演变速度较慢的四川大竹事件也不过1个月。

这给政府应对危机提出了挑战，与常规事件的决策过程相比较，危机事件的应对是非常态的决策环境，是各种不利情况、严重威胁和不确定性的高度积累，政府在这种非常规环境下，必须进行非程序化决策，政府必须在有限的时间、资源和信息条件下，寻求令当事人满意的处理方案。还有互联网等现代媒体使舆情传播具有多样化、广泛性、互动性、便捷化等特点，助推群体情绪和群体行动的互动性。"无直接利益冲突"演变的新特点，给各级政府应对突发事件提出了挑战，社会应急管理建设应运而生。

2006年，中共十六届六中全会通过的《中共中央关于构建社会主义和谐社会若干重大问题的决定》中指出："积极预防和妥善处置人民内部矛盾引发的群体性事件，维护群众利益和社会稳定。"首次把积极预防和妥善处置群体性事件写进党的重要文献，并且作为构建社会主义和谐社会的一项重要任务。2006年之后中央政府相继公布《国家突发公共事件总体应急预案》和《中华人民共和国突发事件应对法》等法律法规文件，并提出建立健全分类管理、分级负责、条块结合、属地为主的应急管理体制，形成统一指挥、反应灵敏、协调有序、运转高效的应急管理机制，为有效应对社会安全事件，提高危机管理和抗风险能力等提供了制度保障。

五 "无直接利益冲突"折射出部分利益型矛盾演变为社会心理冲突

关于矛盾类型的划分是多元化的，站在不同视角区分矛盾类型，其划分方法也是不同的。从矛盾主体视角看，可以将矛盾类型区分为个体矛盾、群体矛盾、个体与群体之间的矛盾；从矛盾性质视角看，可以将矛盾划分为对抗性矛盾与非对抗性矛盾；从矛盾在事件发展变化中的重要性分析，可以将矛盾类型划分为主要矛盾与次要矛盾；从矛盾产生原因分析，可以将矛盾类型区分为物质性矛盾与价值性矛盾等。马克思主义经典作家关于矛盾类型划分方法，有经济矛盾、政治矛盾和社会心理矛盾三种类型。

我们往往关注的是马克思关于利益在人类社会发展动力中的作用的论述，"人们奋斗所争取的一切，都同他们的利益有关"，马克思并没有把利益定义为一个笼统的范畴，而是在使用利益概念的同时，把利益范畴区分为不同类型，尽管马克思没有明确地把利益区分为物质利益矛盾、政治利益矛盾和社会心理矛盾，但在不同的著作中出现了物质利益、政治利益和社会心理等词汇，实际上已经把利益这一范畴区分为不同的类型。马克思在为市民盗伐林木案的辩论中提出物质利益的问题，物质利益作为一种独立的利益类型出现在马克思的视野中，在马克思的视野中，物质利益是与思想观念相对立的范畴,"思想一旦离开利益,就一定会使自己出丑"。物质利益就其内容来说是满足人们在生产过程中衣、食、住、行的经济利益。

马克思在领导无产阶级斗争的过程中,发现了区别于经济利益的政治利益。马克思在领导工人阶级反对资本家克扣工人工资,要求改善工作条件等经济斗争中,发现单纯的经济斗争虽然具有一定的意义,但并不能改变工人阶级被雇佣剥削的地位,提出了经济斗争与政治斗争相结合的方针,单纯的经济斗争只是改变了工人被剥削的结果,但不能根除产生这种结果的原因,只有通过政治斗争才能根除被剥削的原因。"他们不应当忘记:在日常斗争中他们反对的只是结果,而不是产生这种结果的原因;他们延缓下降的趋势,而不改变它的方向;他们服用止痛剂,而不祛除病根。"①

马克思逐步把利益范畴区分为经济利益与政治利益,在历史唯物主义中,马克思对社会结构进行了划分,把社会结构划分为生产力、生产关系(经济基础)和上层建筑。"人们在自己生活的社会生产中发生一定的、必然的、不以他们的意志为转移的关系,即同他们的物质生产力的一定发展阶段相适合的生产关系。这些生产关系的总和构成社会的经济结构,即有法律的和政治的上层建筑竖立其上并有一定的社会意识形式与之相适应的现实基础。"② 综合来看,政治利益是在特定的社会利益关系基础上,通过政治活动满足政治主体需求的社会关系。政治利益与经济利益的共同点均是围绕着社会关系来满足利益主体的需求,政治利益区别于经济利益在于政治利益围绕着政治关系展开,与国家政治权力发生关系的利益才是政治利益。

除了把利益范畴区分为经济利益与政治利益之外,马克思还把文化利益独立出来,在马克思的语境中,文化利益被称为意识形态。在马克思经典论述中,文化利益更多表现为社会心理冲突,马克思关于"自在阶级"与"自为阶级"的论述中,出现了对阶级意识范畴的论述,阶级意识是一种较高级的社会心理范畴。这里我们可以根据马克思经典作家关于利益范畴区分为经济利益、政治利益和文化利益,把它们之间的矛盾划分为经济

---

① 《马克思恩格斯选集》第2卷,人民出版社,1995,第97页。
② 《马克思恩格斯选集》第2卷,人民出版社,1995,第32页。

利益矛盾、政治利益矛盾与社会心理冲突三种类型。这三种利益矛盾类型在利益关系中分别扮演基础性矛盾、关键性矛盾和中介性矛盾的角色，基础性矛盾是指经济利益矛盾是所有矛盾产生的基础；中介性矛盾是指社会心理冲突在从经济利益矛盾向政治利益矛盾转化过程中扮演中间链条的角色；关键性矛盾是指政治利益矛盾在经济利益矛盾中的集中体现，是实现经济利益的根本手段。

社会心理是特定社会群体在日常生活和相互交往中自发形成的无确定性的社会意识。它表现在人们的感情、情绪、风俗、习惯、传统和社会风气中。社会心理是社会意识的低层次内容。而社会心态是与特定的社会运行状况或重大的社会变迁相联系的，在一定时期内广泛存在于各类社会群体内的情绪、情感、社会认知以及价值取向的总和。社会心理与社会心态是一对既相互联系又有一定区别的两个范畴。社会心理既有静态的稳定构成部分，也有动态的构成部分，社会心理稳定的构成部分，是"由群体共同的活动特点或相似的物质生活条件以及相似的社会交往和文化特征所引起的一个社会较为稳定的心理特质，它表现在一个社会的风俗、习惯、传统、道德、宗教、舆论等方面，并对每一个社会个体施加着无形的影响，社会个体会自觉不自觉地遵循着这些社会心理特质去思考和行动"；社会心理动态的构成部分是"社会成员对于现实社会结构和社会运行状况的即时性反映，它表现的是社会成员对于当前社会现实的直接的认知状况和情感、情绪反应状态"[①]，社会心理动态部分就是社会心态，它直接反映社会运行中利益个体或群体较为强烈的心理活动，有即时性、动态性、直接性等特征。

改革开放后我国社会矛盾类型总体上属于经济利益矛盾范畴。我国社会主义初级阶段的经济利益矛盾，是围绕着经济利益分配产生的矛盾，主要表现为不同利益主体围绕着特定经济利益分配产生的矛盾，在宏观上表现为个人、集体和国家围绕着经济分配的多寡产生矛盾，在微观上表现为现实中不同利益主体围绕着特定的经济利益的分配产生矛盾。例如，企业下岗职工围绕着经济补偿、失业、医疗保险等问题，民营企业职工围绕着拖欠工资、提高劳动报酬、缴纳三险等问题，城镇拆迁中经济补偿，农村土地征用经济补偿，环境污染经济赔偿，由这些问题引发矛盾都是围绕着

---

① 马广海：《论社会心态：概念辨析及其操作化》，《社会科学》2008 年第 10 期。

经济利益展开,矛盾内涵中的经济性大于政治性,对国家政治秩序不会造成较大影响,通过对较小社会矛盾的化解,起到"减压阀"的作用。

"无直接利益冲突"作为一种新型社会矛盾,主要表现在"绝大多数参与者与最初引发的事件并没有直接利益关系,主要是路见不平或借题发挥,表达对社会不公的不满、以发泄为主。这种'无直接利益冲突'或'泄愤型冲突'是社会泄愤事件区别维权事件和其他事件的最为主要的特点"①。发泄心中不满情绪成为事件参与主体行动的动因和诉求目的。从事件发生的动因到目的均是围绕着发泄不满情绪展开的,社会不满情绪是社会心理的一种表现形式,是一种较为低级的社会心理活动,主要表现为不满、怨恨的情绪。具有人们易被感知、感情色彩强烈、情绪变化较快的特点,属于社会心理的动态部分,更符合社会心态的特征。

不满、怨恨等带有强烈感情色彩的社会心态,是社会心理向外散射的社会情绪。在这种社会心理影响下,在特定环境中产生不满、怨恨等社会心态,支配、影响不满、怨恨等社会心态的是不公平感社会心理。从"无直接利益冲突"动因的表面看,其动因是一种以不满、怨恨为主的情绪冲突,从较为深层次的特点分析,是一种以不公平感为主的社会心理冲突。

无论是贵州瓮安事件还是湖北石首事件、安徽池州事件、重庆万州事件等相似结构的"无直接利益冲突"群体性事件,不公平感社会心理在事件发生、发展中起着核心的作用。"无直接利益冲突"中参与主体蕴含着较为普遍的不满情绪,主要来自日常生活中的矛盾积累,大部分是日常生活中部分利益矛盾中弱势利益群体的利益诉求没有得到解决,从而使具体利益矛盾转变为社会心理矛盾,形成以"不公平感"为主要内容的社会心理冲突。事件参与者既没有共同的利益动因,也没有相似的利益诉求目的,而是不同利益主体以"不公平感"的社会心理为共同基础采取的集体行动,折射出中国社会部分矛盾从以经济利益诉求为主要内容的利益型矛盾,转变为以发泄不满情绪为主要内容的社会心理冲突。

"无直接利益冲突"中泄愤型冲突出现,表明我国局部存在着一种较为普遍的社会心理冲突,从经济利益矛盾转变为社会心理冲突,预示着矛

---

① 于建嵘:《当前我国群体性事件的主要类型及其基本特征》,《中国政法大学学报》2009年第6期。

盾能量升级，是中国社会矛盾尖锐化的一个表现。同时，更为群体行动的发生提供了充分的条件。"利益格局变动本身尚不足以导致冲突行为的发生，由利益变动导致的不公正感和生活满意度下降才是导致冲突行为产生的直接根源。"[1]

---

[1] 李培林等：《社会冲突与阶级意识》，社会科学文献出版社，2005，第267页。

第四章 "无直接利益冲突"的影响

对"无直接利益冲突"群体性事件影响的分析，不再从此类事件的泛化影响谈起，而主要探讨此类群体性事件的特异性影响。作为群体性事件范畴的一种类型，"无直接利益冲突"的负面影响与其他群体性事件有共同之处，包括影响社会秩序稳定、造成社会损失等。同时，因为"无直接利益冲突"暴力性、泄愤性、多元主体等特点，使其负面影响超过其他群体性事件。这些负面影响包括：对社会秩序影响超越社会稳定层面，涉及政治稳定与国家安全，触及政治稳定的底限；削弱基层政府的合法性基础；经济损失惨重，并带来巨大"软"损失；容易被其他别有用心的国家所利用，给我国国际声誉带来损失。如果能从"无直接利益冲突"中吸取深刻教训，还能带来政策的修补与完善。

一 "无直接利益冲突"触及中国政治稳定的底限

"无直接利益冲突"群体性事件冲突对象非常明确，主要是基层的政府和职能部门，并伴随着暴力手段，虽然从矛盾性质的整体性分析来看，并不具备对抗性矛盾性质的完备形态，但这并不意味此类群体性事件没有对抗性的因素，而具有潜在政治性对抗的因素。

如果说利益群体性事件更多地带来的是社会稳定的负面影响，则"无直接利益冲突"带来的政治稳定负面影响更为突出。政治稳定是民众与公共权力之间政治利益的相互协调与平衡之间的关系，它所涉及的是政治利益关系问题，核心是政治客体——国家能否保持政治系统的良性运转。与普通群体性事件不同，普通群体性事件更多涉及的是社会稳定，而政治稳定与社会稳定的区别是政治利益矛盾与社会利益矛盾不同，政治稳定是一个政治共同体政治利益关系的有序和谐，社会稳定是社会利益关系的有序和谐。"无直接利益冲突"具有潜在的政治利益矛盾，这种矛盾具有对抗性形式，威胁中国基层政府公共权力的正当使用，触及中国政治稳定的底限。

（一）"无直接利益冲突"损害公共权力的权威

"无直接利益冲突"群体性事件伴随着对基层政府的攻击，基层政府及其职能部门是国家权力的象征，暴力围堵、焚烧、损毁基层政府的办公设施，砸、烧警车，抢夺枪支，袭击公安、武警人员等行为，使基层政府统治、管理等职能丧失。

（二）"无直接利益冲突"触及政治稳定的底限

政治稳定的底限是政治客体对政治主体的有效统治与管理，在"无直接利益冲突"冲突中，政府及其职能部门被打、砸、抢、烧，政府统治与管理职能失效，带来的是无政府状态。这种无政府状态不仅危及基层政权的统治，同时在不受法律约束的行为中，民众自身的利益也随时可能受到暴力的侵犯，出现所谓的骚乱。这种骚乱不仅针对政府，也可能对准任何群体和民众。在我国社会矛盾凸显期，"无直接利益冲突"可能会引起连锁反应，出现局部的社会动荡，威胁我国政治安全。在我国矛盾凸显期，矛盾产生的环境具有相似性，某一地方产生的"无直接利益冲突"群体性事件，如果处置不当，在现代信息技术条件下，会在其他地方引起连锁反应，造成局部甚至全局的社会动荡。近些年，北非、西亚某些国家发生的政治动荡就是由某一微小的社会矛盾引发的，因为当局处置不当导致事态蔓延至全国，最终导致政治体系的垮台。"无直接利益冲突"已经触及中国政治统治的底限。

二 "无直接利益冲突"削弱基层政府的合法性基础

基层政府治理绩效可以通过经济发展、政治参与、社会公平等不同指标反映出来，但这些硬指标均不能全面反映出政府基层治理的真实绩效，这些硬指标最终要通过民众心理认同表现出来，心理认同的核心就是政治合法性。政治合法性是指政府基于被民众认可的原则实施统治的正统性或正当性。简单而言，就是政府实施统治在多大程度上被公民视为合理和符合道义的。

(一) 政府基层治理的合法性基础是民众对政府的心理认同

只有当民众认同政府治理正当性、有效性时，政府治理与民众才能建立起良性互动。当前，特别是部分基层政府对地方治理的公信力在下降，直接威胁到政府治理的合法性基础。"无直接利益冲突"群体性事件带有"泄愤"的特点，"泄愤"本身就反映出部分基层政府在治理社会时，由于不同原因使民众心中积累了大量的怨气，这些怨气削弱了民众对部分基层政府的心理认同。因此一旦发生诱因事件，就可能引发较大规模的冲突。

(二) "无直接利益冲突"加剧了政府的合法性危机

事件发生过程中大量的"谣言"主要是针对政府和相关负责人，这些谣言放大了政府的负面影响，进一步削弱了政府的正面形象，动摇了民众的心理认同。在事件发生的过程中，打、砸、抢、烧等暴力行为使政府统治的权威受到极大损害，民众日常生活中对政府统治的敬畏感不复存在。部分基层政府在处理此类群体性事件中使用暴力压制和宣传话语体系中的"不明真相的群众""一小撮"等僵化式语言，引起民众的心理反感，进一步放大和加剧基层政府合法性统治的危机。

三 "无直接利益冲突"造成巨大"软"损失

(一) "无直接利益冲突"暴力行为造成巨大的经济损失

贵州瓮安事件中，现场围观群众超过万人，直接参与打砸抢烧的人员达300余人。此外，事件还导致54辆车被烧毁，包括22辆警车和15辆摩托车，150多人受伤，造成直接经济损失1600多万元。在另一个"无直接利益冲突"标本性案例——湖北石首事件中，湖北石首市永隆大酒店和笔架山派出所被砸、烧，60余名公安、武警在冲突中受伤，十余辆警车被砸、烧。同样，在其他"无直接利益冲突"群体性事件中，均有砸、烧警车，抢、烧政府办公设施的行为。

(二) "无直接利益冲突"造成巨大的"软"损失

"软"损失主要体现在对我国社会稳定的声誉、民众的心理冲击等方面。"无直接利益冲突"群体性事件由于其社会影响巨大，借助现代媒体迅速传向全国，甚至引起世界媒体关注。经过媒体的"放大"和曲解，会降低国际社会对我国政治稳定的信心，降低我国政府在世界的声誉，使国际社会对我国政治稳定的预期下降。例如，贵州瓮安事件引起世界主要媒体的关注，一些国家媒体借机渲染、夸大其负面影响。法国国际广播电台认定当地政府处理"不能服众""丧失道德高地"，并会造成政治上的极度被动；美国之音则质疑原来安定团结的县城轻易被黑社会势力煽动，并对中国政府的行政能力甚至行政诚信和动机表现出怀疑态度。特别是贵州瓮安事件发生于奥运会开幕前夕，给我国举办奥运会带来巨大的国际政治压力和舆论压力。中共中央纪委《关于瓮安事件的调查报告》指出："无论从参与和围观的人数、持续的时间，还是从冲突的剧烈程度、造成的影响看，瓮安事件都是近些年来最为严重的、非常典型的突发群体性事件之一。该事件的发生，不仅给贵州省的工作和形象造成了严重损害，还给我国工作大局和我国形象带来了负面影响。"[①]

"无直接利益冲突"群体性事件造成的重大"软"损失，也给当地民众造成心理冲击。直接遭受到群体性事件暴力对抗的冲突，会给当地民众带来巨大的心理震荡。除了暴力行为带来的不安全感外，民众对政府信任的指数、当地经济社会发展的预期指数均在降低，只有经过较长时间的心理震荡期，民众的信心指数才能恢复。

四 "无直接利益冲突"给政府带来政策修复机遇

"无直接利益冲突"群体性事件给基层政府和当地民众造成的负面影响是显而易见的，同时，如果能从冲突中吸取教训，进行政策调整，就能有助于避免更大的冲突，在新的基础上实现再平衡。要改变对群体性事件单纯负面的看法，要用矛盾对立统一规律来看待群体性事件的影响。

毛泽东在《关于正确处理人民内部矛盾的问题》中用一个章节提出了"坏事能否变成好事"的命题。"在我们的社会中，群众闹事是坏事，是我们所不赞成的。但是这种事件发生以后，又可以促使我们接受教训，克服官僚主义，教育干部和群众。从这一点上说来，坏事也可以转变成为好事。乱子有二重性。我们可以用这个观点去看待一切乱子。"[②] 科塞的社会

[①] 崔亚东：《群体性事件应急管理与社会治理——瓮安之乱到瓮安之治》，中共中央党校出版社，2013，第156页。

[②] 《毛泽东文集》第7卷，人民出版社，1999，第237~238页。

冲突理论提出了社会冲突"正"功能的概念。认为社会冲突具有促进社会整合、防止社会系统僵化，增强社会组织适应性等"正"功能。一是社会冲突的主题，如果不涉及基本价值观、信仰等，社会冲突就具有积极的功能；二是发生冲突的社会结构，在富有弹性的社会结构中，通过为冲突安排制度化的"出口"，通过冲突方在权力关系中的结构调整，可以实现社会系统再整合，达到渐进式社会变迁的目的。[①]

社会冲突的"负"面影响转向"正"功能不是无条件发生的，而必须是在一定条件下群体性事件的正功能作用才能发挥。"矛盾着的对立的双方互相斗争的结果，无不在一定条件下互相转化。在这里，条件是重要的。没有一定的条件，斗争着的双方都不会转化"[②]。矛盾和冲突从负面向正面转化的条件是事件发生地的政府汲取相关经验和教训，通过相关政策的调整，实现社会稳定体制与机制的创新，才能最大程度地减少事件造成的损失，使事件负面影响向正面转化。

瓮安事件发生后，瓮安县委、县政府认真吸取事件的经验教训，从摔跟头中明白过来，从自身教训中找到真理。他们深刻认识到，瓮安事件发生与一段时间内忽视社会管理、民生欠账多、干部作风问题突出、干群关系比较紧张、警民矛盾日益凸显有关。瓮安以梳理群众观点为立足点，转变工作作风，增强服务意识，做到发展成果由人民共享，瓮安县三年之内实现了重生，实现了从"大乱"到"大治"，从民心失落到民心重聚的转变。为此，新华社、人民日报社均对瓮安治理经验做了报道，并被中央综治委推广为"瓮安经验"。

---

① 王荣启：《科赛的功能主义冲突理论》，《学习时报》2007年1月1日。
② 《毛泽东文集》第7卷，人民出版社，1999，第239页。

第五章 "无直接利益冲突"的治理研究

矛盾的对立统一规律是我们认识矛盾和治理矛盾的哲学观和方法论，在认识矛盾普遍性的同时，注重认识矛盾的特殊性，不同矛盾只能用不同的方法解决。"无直接利益冲突"群体性事件作为一种新型社会矛盾，其生成的机理与其他类型的群体性事件存在着不同，其独特的生成机理就需要用不同的方法进行解决，本章主要围绕着"无直接利益冲突"群体性事件独特生成机制，采取有针对性的方法进行治理。

从"无直接利益冲突"生成的环节分析，"无直接利益冲突"生成过程分别有矛盾产生源头、矛盾产生中间环节、矛盾的事件现场三个部分，分别需要构建"无直接利益冲突"的矛盾源头预防机制、矛盾产生中间环节的阻断机制、事件现场的危机管理机制进行综合治理。

从"无直接利益冲突"生成的动因进行治理，针对矛盾的源头性动因、矛盾的中间变量、不公平感社会心理直接动因、事件的诱因，分别健全源头利益均衡机制、利益表达的畅通和有效机制、不公平感心理纾解机制、危机防范与应急管理机制进行综合治理。

综合"无直接利益冲突"生成环节和动力视角分析，需要构建矛盾源头预防机制，尽量减少矛盾产生的数量；要从矛盾产生中间环节，畅通利益表达渠道，提高利益表达效果，有效化解矛盾；预期矛盾产生的后果，纾解不公平感的社会心理，减轻社会矛盾心理能量；分析事件现场过程，提高危机管理能力和应急处置能力，阻断"本体"诱因事件向"变体"事件转变。只有通过综合性治理方针，才可能减少或消除"无直接利益冲突"的发生。

完整的矛盾治理不仅包括矛盾治理的策略，还应包括矛盾治理的理念。只有科学的治理理念才会有科学的治理策略，对"无直接利益冲突"的多元治理机制，应该包括科学的治理理念与治理策略。

一 构建中国特色社会主义的矛盾治理理念

正确处理人民内部矛盾是一门科学，能否处理好人民内部矛盾关系中国共产党执政的成败得失。目前，我们常常把矛盾治理降低为社会维稳管理，社会维稳是权宜之计，应该把处理社会矛盾上升到中国共产党执政能力建设、治理体系与治理能力现代化建设的高度，才能从更高视野看待处理社会矛盾的重要性。在毛泽东关于人民内部矛盾理论创立之前，马克思主义经典作家对社会主义社会矛盾问题就已经进行了探索，探索的核心就是"如何认识社会主义矛盾"，它包括两个方面的内容，一是社会主义社会是否存在矛盾，二是社会主义社会的矛盾是什么样的矛盾。只有弄清楚了这两个基本问题，才可能提出科学的治理策略，社会主义社会建设的成败得失，与马克思主义经典作家对社会主义社会矛盾的认知存在着直接的联系。

（一）马克思经典作家对社会主义矛盾的认识过程

马克思恩格斯对社会主义社会矛盾的认识并没有专门的论述，他们着重从两个基本视野论述了人类社会特别是资本主义社会的矛盾，一个是从宏观视野看社会发展的基本矛盾，另一个是从微观的经济视野看社会发展的基本矛盾。马克思恩格斯关于人类社会发展的基本矛盾在《〈政治经济学批判〉序言》中做了经典论述，马克思深刻阐述了生产力和生产关系、经济基础和上层建筑的矛盾运动及其一般规律。生产力和生产关系、经济基础和上层建筑的矛盾运动是社会发展的基本动力，其中生产力和生产关系矛盾运动是社会发展的最基本规律。在生产力和生产关系、经济基础和上层建筑这两对社会的基本矛盾中，生产力和生产关系的矛盾运动决定着经济基础和上层建筑的矛盾运动，但同时经济基础和上层建筑的矛盾运动又会对生产力和生产关系的矛盾运动产生巨大反作用。

马克思恩格斯分析人类社会矛盾的另一个视角是微观经济领域的矛盾。马克思在《资本论》中，以分析商品经济为起点，从商品经济两重性矛盾特点，发现了资本家剥削工人的秘密——剩余价值规律，由此提出了资本主义社会主要矛盾，即生产的社会化与资本主义私人占有之间的矛盾，分析了资本家与工人产生不可调和矛盾的必然性。

马克思恩格斯只论述了人类社会发展的基本矛盾，并没有对社会主义社会矛盾的具体内容做出描述和判断，一方面马克思恩格斯没有看到社会主义社会制度的建立，他们将更多的精力集中在分析资本主义社会的主要矛盾以及工人如何形成阶级，并推翻资本主义社会。"如果我们的任务不是推断未来和宣布一些适合将来任何时候的一劳永逸的决定，那么我们便会更明确地知道，我们现在应该做些什么，我指的就是要对现存的一切进行无情的批判。"[①] 另一方面与马克思主义经典作家对未来社会特征预测所持的严谨、科学、求实态度有关。马克思恩格斯只对未来社会发展的基本方向和基本特征做了宏观的概述，并不对未来社会的具体内容做出预测。马克思、恩格斯拒绝为当时和后人提供一整套关于如何建设未来共产主义社会问题的完整答案。"在将来某个特定的时刻应该做些什么，应该马上做些什么，这当然完全取决于人们将不得不在其中活动的那个既定的历史环境。但是，现在提出这个问题是不着边际的，因而实际上是一个幻想的问题，对这个问题的唯一的答复应当是对问题本身的批判。"[②]

从马克思主义经典作家来看，他们只论述了人类社会发展的基本矛盾，并没有对未来社会，包括共产主义第一阶段——社会主义社会或者社会主义高级阶段的论述，关于社会主义社会是否存在矛盾，社会主义社会矛盾的主要内容是什么，马克思主义经典作家并没有做出预测和判断。

列宁没有看到苏联社会主义制度建立，只见到了社会主义革命胜利后向社会主义制度建立的过渡阶段，因而列宁关于社会主义社会矛盾的分析集中体现在关于社会主义社会过渡时期的矛盾分析。列宁认为苏联社会主义过渡时期的主要矛盾，是无产阶级与资产阶级、农民小资产阶级之间的矛盾。至于社会主义制度建立之后是否存在着矛盾，如何处理社会主义社会矛盾，列宁仅仅提出"在社会主义条件下，对抗将会消失，矛盾仍将存在"[③] 的观点，初步确定社会主义社会还存在着矛盾，但关于社会主义矛盾究竟是什么样的矛盾，以及如何处理这些矛盾则没有明确的论述。

斯大林关于社会主义矛盾的论述，首先是关于苏联社会主义过渡时期社会矛盾的论述，1925年斯大林在联共（布）十四次代表大会报告中提出："我国有两种矛盾，一种矛盾是内部的矛盾，即无产阶级与农民之间的矛盾。另一种矛盾是外部的矛盾，即我们这个社会主义国家和其他一切

---

① 《马克思恩格斯全集》第1卷，人民出版社，1972，第416页。
② 《马克思恩格斯选集》第4卷，人民出版社，1995，第643页。
③ 《列宁全集》第60卷，人民出版社，1990，第282页。

资本主义国家之间的矛盾。"① 工人阶级和农民阶级之间的矛盾,是共同利益上的矛盾;外部之间的矛盾是敌对性的矛盾,只有通过斗争解决。

1936年苏联宣布建成社会主义国家,关于如何认识与处理社会主义矛盾的命题又被提上议程,社会主义制度建立初期,斯大林认为工人阶级、农民阶级和知识分子之间存在着矛盾,但这些矛盾在逐步消失,"这些社会集团间的经济矛盾在缩小,在消失","这些社会集团间的政治矛盾也在缩小,也在消失"②。到了1938年,斯大林在《论辩证唯物主义与历史唯物主义》中,提出了著名的"生产关系同生产力状况完全适应"的观点,"生产力在这里以加快的速度发展着,因为适合生产力的生产关系使生产力有这样发展的充分广阔的天地"③。1939年斯大林在联共(布)十八次代表大会上甚至提出苏联人民在政治上和道义上已经完全一致的观点。

然而,苏联现实中存在的大量社会矛盾促使斯大林关于社会主义内部没有矛盾的观点发生了变化,1952年,斯大林在《关于尔·德·雅罗申科通知的错误》一文中,批评了关于社会主义制度下不存在矛盾的观点。"我国现今的生产关系是处在这样一个时期,它完全适合于生产力的增长,推动生产力一日千里地向前发展。但是,如果以此自满,以为在我国生产力和生产关系之间不存在任何矛盾,那就不正确了。矛盾无疑是有的,而且将来也会有的,因为生产关系的发展落后于并且将来也会落后于生产力的发展。只要领导机关执行正确的政策,这些矛盾就不会变成对立,而这样也就不会弄得社会的生产关系和生产力发生冲突。"④

纵观斯大林关于社会主义制度建立之后社会矛盾的认识,经历了"承认—否认—勉强承认"三个阶段。对社会主义是否存在矛盾,存在着什么样的矛盾,直接关系到如何处理社会主义矛盾。正是斯大林在认识社会主义社会矛盾存在着不确定性的诸多失误,导致其处理社会主义矛盾时出现了把人民内部矛盾作为敌我矛盾来处理,给苏联社会主义建设带来巨大的损失。

毛泽东在探索社会主义矛盾中,创造性地提出了社会主义还存在着矛盾,正是这些矛盾推动着社会的发展,社会主义基本矛盾仍然是生产力与

---

① 《斯大林全集》第7卷,人民出版社,1958,第91页。
② 《斯大林选集》下卷,人民出版社,1979,第396页。
③ 《斯大林选集》下卷,人民出版社,1979,第449页。
④ 《斯大林选集》下卷,人民出版社,1979,第590页。

生产关系、经济基础与上层建筑之间的矛盾;社会主义存在着两种不同性质的矛盾等观点,这些观点从哲学高度科学回答了社会主义是否存在矛盾、存在什么样的矛盾等长期悬而未决的问题,是对国际共产主义运动史上关于社会主义矛盾理论创造性的贡献。

(二)辩证看待当代中国社会矛盾的"两重"性

改革开放后,我们对社会主义社会矛盾认识有了新的发展,总体上,处理群体性事件是在人民内部矛盾理论指导下进行的,当然也包括中国共产党对人民内部矛盾理论的新探索和新发展。改革开放后中国共产党对人民内部矛盾的实践探索,更多的是在维稳理念与体制框架下进行的,维稳成为中国现代化建设中的强势话语体系。中国维稳框架包括三个层面,一是维稳理念,主要内容是用什么样的观点看待中国社会出现的矛盾,用什么样的思路来治理中国社会矛盾;二是维稳体制,主要是社会管理体制,包括矛盾预防、矛盾应对和治理的体制;三是在维稳理念和维稳体制指导下的具体策略。其中,维稳理念贯穿于维稳体制和维稳实践,即有什么样的维稳理念就有什么样的维稳体制和维稳策略。

改革开放后我国经历了从稳定压倒一切到维稳理念的变化。改革开放初期,中国共产党认识到社会稳定的重要性,邓小平在 20 世纪 80 年代反复强调稳定压倒一切的重要性,"中国的问题,压倒一切的是需要稳定。没有稳定的环境,什么都搞不成,已经取得的成果也会失掉"[1]。江泽民在《正确处理社会主义现代化建设中的若干重大关系》一文中,把改革、发展、稳定的关系,作为处理社会主义现代化建设中一个全局性问题,提出了改革、发展、稳定三者之间的辩证关系,即改革是动力,发展是目标,稳定是前提。"要把加快改革和发展的紧迫感同科学求实的精神很好地结合起来,充分考虑经济社会各方面的有利条件和可能出现的困难,做到在政治和社会稳定中推进改革和发展,在改革和发展的推进中实现政治和社会长期稳定。"[2]

"稳定压倒一切"和"改革、发展与稳定"的理念,在压力型体制下,逐步被基层政府异化为"刚性"的维稳理念。"刚性"维稳理念主要包括:

---

[1] 《邓小平文选》第 3 卷,人民出版社,1993,第 284 页。
[2] 《江泽民文选》第 1 卷,人民出版社,2006,第 461~462 页。

把稳定看成是中国社会主义现代化建设的前提条件,对社会发生矛盾的"零容忍",各级政府必须"履行好维护稳定这个第一责任",片面曲解"改革、发展、稳定"三者之间的相互联系,把维稳与维权对立起来。在这种"刚性"维稳理念指导下,产生了压力型维稳体制和指导策略。要想优化压力型维稳体制必须首先从维稳理念上进行改变,即由"刚性"维稳理念转变为柔性维稳理念。

1. 从刚性维稳理念转变为柔性维稳理念,辩证看待转型期中国社会矛盾产生的必然性

刚性维稳理念从本质上说是如何看待社会主义社会矛盾客观性、必然性。社会主义是在比资本主义制度更高阶段的社会制度,斯大林曾经在如何看待社会主义矛盾问题上提出过错误观点,认为社会主义社会没有矛盾,社会主义社会发展动力是道义上的一致,在这种错误认识的支配下,他把社会主义社会出现的客观矛盾误判为敌我矛盾,用专政手段处理人民内部矛盾。毛泽东人民内部矛盾理论产生的理论基础就是对社会主义社会矛盾的重新认识,"许多人不敢公开承认我国人民内部还存在着矛盾,正是这些矛盾推动着我们的社会向前发展。许多人不承认社会主义社会还有矛盾,因而使得他们在社会矛盾面前缩手缩脚"[1]。

改革开放后,随着中国社会利益格局调整,社会矛盾问题逐渐凸显,中国现代化出现"战略机遇期"与"矛盾凸显期"的双重特征。稳定压倒一切被片面理解,刚性维稳理念中对矛盾"零容忍"的思维又开始出现,胡锦涛在谈到构建社会主义和谐社会时,对如何看待社会主义矛盾做了深刻的论述,"社会主义和谐社会并不是没有矛盾的社会。矛盾运动是社会发展的基本动力,这是马克思主义的一个基本道理。构建社会主义和谐社会的过程,就是在妥善处理各种矛盾中不断前进的过程,就是不断消除不和谐因素、不断增加和谐因素的过程"[2]。稳定是中国现代化建设的前提条件并没有错,关键是如何科学看待社会主义现代化建设中稳定的内涵。稳定不是社会没有矛盾,而是把矛盾调控在有序的范围内,如何使社会矛盾有序表达,化解社会矛盾,而不是把矛盾压制起来,不让任何矛盾出现。

从刚性维稳理念转变为柔性维稳理念,关键是改变对矛盾发生客观性

---

[1] 《毛泽东文集》第7卷,人民出版社,1999,第213页。
[2] 胡锦涛:《论构建社会主义和谐社会》,人民出版社,2013,第62~63页。

的认识。从哲学思维上看待社会主义社会矛盾将贯穿社会主义，甚至共产主义社会发展的全过程。社会主义和谐社会并不是没有社会矛盾，而是构建和谐社会利益关系，将矛盾发生频率和强度降到可控的范围。改变过去"稳定压倒一切"的片面理解，稳定压倒一切是不允许中国出现大的社会动荡，并不是中国社会不允许出现任何社会矛盾。辩证看待改革、发展、稳定三者之间的关系，稳定是改革、发展的前提条件，并不是目的，改革并不是在绝对稳定的前提下进行的，而是在相对稳定的前提下进行的，纯粹的稳定是做不到的，应该以改革促稳定，在稳定中求改革与发展，在改革、发展中促进新的稳定。

改变"刚性"维稳理念，要改变压力型维稳体制。压力型维稳体制是在中央与地方科层制和官僚制体制背景下展开的，中央通过垂直权力，通过责任制考核把社会稳定指标体系层层分解到地方，其本意是中央政府要求地方政府守土有责，全力保持地方社会稳定的责任。在"发展是第一要务"和"稳定是第一责任"双重任务之间，由于地方政府所拥有的资源与承担维稳责任的不对称性，以及地方政府自身的作风和体制性迟钝，导致压力性维稳体制在保持中国社会总体稳定的前提下，同时也暴露出一些弊端，如轻预防重处置的思路；花钱买平安，人民内部矛盾用人民币解决；维稳与维权的对立；维稳经费过高；陷入越维越不稳的怪圈等。压力型维稳体制是刚性维稳理念产生的原因，在刚性维稳理念指导下又强化了压力型维稳体制，要打破刚性维稳理念与维稳体制之间的恶性循环。在破除刚性维稳理念的同时，必须改变压力性维稳体制，形成科学的维稳责任考核机制。

2. 既要看到社会矛盾的负面作用，也要看到社会矛盾"减压阀"作用

以往，我们过多关注社会矛盾带来的负面作用，如影响社会稳定、社会负面情绪传播、导致社会经济利益损失等，而忽视了可控社会矛盾带来的"减压阀"等正面作用。毛泽东在人民内部矛盾理论中就已经提出要辩证看待群众闹事的两重性，"在我们的社会中，群众闹事是坏事，是我们所不赞成的。但是这种事件发生以后，又可以促使我们接受教训，克服官僚主义，教育干部和群众。从这一点上说来，坏事也可以转变成为好事。乱子有二重性。我们可以用这个观点看待一切乱子"[①]。可控的社会矛盾还

---

① 《毛泽东文集》第 7 卷，人民出版社，1999，第 237~238 页。

能暴露出政府治理社会矛盾不足之处，从中吸取教训，改正工作中的不足，实现管理体制的创新，构建矛盾治理的长效机制，从而减少社会矛盾产生。西方社会冲突理论改变把冲突作为社会病态的观点，提出社会冲突不仅有负面影响，还有正向功能作用，阐述了非破坏性冲突具有"减压阀"作用。

然后，要从世界现代化发展规律来科学认识我国社会矛盾凸显期的客观性。我国进行的现代化建设是世界现代化的重要组成部分，它既有中国现代化的特色内容，又遵循世界现代化的一般规律。我们要充分认识世界发达国家，特别是发展中国家现代化建设中蕴含的一般规律，科学预见和判断我国现代化建设中矛盾的阶段性特征。从世界各国发展的普遍经验来看，人均 GDP 达到 1000~3000 美元阶段，经济社会发展将面临两个明显特征，一是经济快速发展，经济进入"黄金发展期"；二是社会进入矛盾凸显期，社会动荡不安。2003 年我国人均 GDP 首次突破 1000 美元，进入国际社会普遍面临的经济发展期与矛盾凸显期。近年来我国成功渡过人均 GDP 1000~3000 美元阶段，又进入国际社会现代化进程中的"中等收入陷阱"。

"中等收入陷阱"是指一个经济体的人均收入达到世界中等水平后，由于不能顺利实现发展战略和发展方式转变，导致新的增长动力特别是内生动力不足，经济长期停滞不前；同时，在前期快速发展中积聚的问题将集中爆发，造成贫富分化加剧、腐败现象丛生、产业升级艰难、城市化进程受阻、社会矛盾凸显。从世界现代化发展范围来看，拉美、东亚等一些国家人均 GDP 达到 3000 美元，进入中等收入国家后，陆续掉入"陷阱"，至今仍未跨入人均 GDP 1 万美元以上的高收入国家行列。像阿根廷、巴西、智利、墨西哥、马来西亚等国家，20 世纪 70 年代人均收入即已经达到 3000 美元左右，进入了中等收入国家行列，但直到今天，这些国家人均 GDP 仍然徘徊在 3000~5000 美元的发展阶段，并且看不到增长的动力和希望。进入经济发展中等收入阶段之后，前期经济社会快速发展积累的矛盾便集中爆发，原有的增长机制和发展模式无法有效应对由此形成的系统性风险，经济增长容易出现大幅波动或陷入停滞，社会矛盾凸显。

中国作为世界现代化的组成部分，必然带有世界现代化发展进程中的一般规律。目前，世界现代化进程中的矛盾凸显期和中等收入陷阱，现代化发展的负面特征都在中国凸显出来，并且中国现代化进程中矛盾凸显期时间跨度延伸和矛盾表现更为严重。中国现代化建设是赶超型发展战略，西方数百年的发展进程在我国被压缩到数十年，社会矛盾高度聚集性和扩散性更为明显，中国现代化社会风险和矛盾是一个高度压缩的风险胶囊。从世界现代化发展进程特征来看，中国现代化过程中风险与矛盾凸显具有客观必然性，我们认识和处理社会矛盾必须站在世界现代化发展规律的基础上认识社会矛盾发生与发展的规律，我国矛盾高发期是一个必然的客观过程，不可能人为压制和消灭矛盾凸显期，而是要正视客观社会矛盾，疏通民众利益表达渠道，有效化解社会矛盾，平安越过"中等收入陷阱"的矛盾凸显期。

二 在源头上完善矛盾产生的预防机制

在"无直接利益冲突"中大量无直接利益相关者卷入冲突的原因并不是在现场形成的，而是在长期日常生活中积累起来的社会矛盾，这些矛盾类型又经过其他环节，最后在"无直接利益冲突"群体性事件现场得以生成。要解决"无直接利益冲突"问题必须从源头上预防此类矛盾的产生，应急管理机制仅仅能够减少事件现场造成的损失，无法完全避免事件发生带来的损失。针对"无直接利益冲突"矛盾产生的源头是日常生活中产生以经济利益为主要内容的社会矛盾，认真解决产生社会矛盾的源头性、基础性和根本性问题，必须完善社会矛盾产生预防的源头性机制、基础性机制和根本性机制。

"无直接利益冲突"矛盾的源头性问题是指从矛盾产生的最初形态进行治理，矛盾产生源头包括矛盾产生的时间和空间两种源头，时间源头是指矛盾的最初来源，即矛盾刚刚形成的萌芽状态；空间源头是指矛盾产生的地域，即矛盾产生的基层性。因此矛盾源头是指矛盾形成过程中时间上的萌芽状态与空间上的基层状态。基础性矛盾是指某一矛盾在整个矛盾产生过程中具有主导性作用，即某一矛盾在整个矛盾生成中对其他矛盾的制约影响。有效预防矛盾产生，主要是把矛盾有效化解在基层和萌芽状态。

影响我国社会矛盾产生的源头性预防机制有三种因素，从矛盾产生的体制机制来看，有顶层社会矛盾预防体制设计的不完善与基层政府矛盾机制执行力的问题；从矛盾产生的过程来看，存在矛盾事前预防机制与矛盾事后处置机制错位的问题；从矛盾化解的机制来看，存在基层矛盾化解机制有效性不足的问题。

(一) 完善社会矛盾治理顶层制度设计与提升基层政府矛盾化解执行力的有机统一

从矛盾预防与化解机制的科层体制来看，"无直接利益冲突"源头性预防机制分为社会矛盾顶层治理机制和基层社会矛盾化解执行机制。这两种机制从表面来看内容互不相干，现实中则是紧密联系在一起，许多基层社会矛盾产生确实与基层政府自身矛盾治理机制的缺失有关系，与顶层社会矛盾设计缺陷也有一定的联系。我国是一个中央政府为核心的单一制国家，基层政策都是贯彻中央政府的政策设计、传达中央政策并执行中央政策，呈现出金字塔式的治理结构，一些社会基层矛盾产生与顶层制度设计不完善有关。例如，20世纪90年代中国出现大规模国有企业改制，由于制度设计不完善，对国有企业破产、下岗职工就业安置和养老问题没有预定方案，导致对下岗职工补偿不到位，由养老问题引发的群体性事件非常严重，这些问题虽然发生在基层，但其根源在于顶层公共政策的不完善。我们要完善基层社会矛盾预防机制，首先必须完善社会矛盾顶层制度设计机制。

基层社会矛盾预防与化解的有效性除了与顶层矛盾治理制度设计有关之外，还与基层自身的执行力有直接的因果关系。社会矛盾预防与化解的第一道防线在基层，顶层社会矛盾预防与化解机制能否实现，最终取决于基层政府的执行力。我国目前出现大量社会矛盾与部分基层政府的上有政策下有对策以及基层政府对中央政府政策的曲解有直接的关系。较为典型的是中央政府的压力型维稳体制导致基层社会矛盾预防与化解机制的变异。中央政府的压力型维稳体制本意是指导基层政府在维稳上守土有责，希望基层政府有效预防和化解社会矛盾，但基层政府因为政绩等原因，把中央政府的上访排名制度，异化为信访销号、截访制度、花钱买平安，不是注重从源头上解决矛盾，而是千方百计压制矛盾，造成中央政府维稳体制变为越维越不稳。

基层社会矛盾产生的源头既有中央政府的顶层制度设计问题，又有基层政府执行的责任，要划清中国社会矛盾源头问题中中央政府和基层政府的不同责任，进行分类治理。中央政府主要完善矛盾治理的顶层设计，避免顶层设计不完善导致在政策源头上产生大量的社会矛盾；地方政府要认真贯彻、执行中央政府的政策，避免出现上有政策下有对策等问题，导致基层源头性矛盾的出现。

在影响我国所有社会源头性矛盾的变量中，顶层设计中的公共政策是最大的变量。公共政策作为影响社会矛盾的主要变量主要体现在以下几个方面。一是我国作为强政府的社会，政府在主导社会资源分配中仍然占有重要的地位，市场经济在资源配置中的根本性作用并没有完全体现。中国的现实情况是政府通过公共政策对社会资源进行分配，直接影响不同利益主体获得的资源，从而影响他们的利益关系，这种利益关系直接导致社会矛盾的出现。二是社会公共政策具有价值取向。公共政策价值取向直接影响人们社会心理，制定、执行公共政策体现出价值内涵，人们通过公共政策来判断政府对不同利益主体价值性分配是否公平。许多由国有企业破产引发的群体性事件不仅包含着工人的经济利益需求，还体现着价值取向变化，许多工人认为"工人阶级地位下降，他们被社会抛弃"等，这种认知就是源于价值取向的变化。公共政策体现的价值取向变化间接影响人们的心理，进而对其行动产生重要的影响。三是公共政策对社会矛盾变量影响的广度与深度。公共政策影响的广度指一项公共政策出台所影响的人数是其他矛盾变量无法比拟的，20世纪80年代国有企业改制，产生大量的下岗职工，影响范围之广是其他政策所不及的。公共政策对社会矛盾影响还体现在深度上，它可以使不同利益主体经济收入、社会声望发生急剧的变化，20世纪90年代之前的国有企业职工是经济收入较高、社会声望较高的获益者群体，然而通过国有企业改制公共政策的实施，21世纪后，国有企业职工除了少数垄断企业外，变成经济收入较低、社会声望较低的利益相对受损群体，其经济收入和社会地位变化很大。

针对我国公共政策制定中出现最突出的价值偏离问题，应加强公共政策顶层设计中的"公平""公正"原则要素的设计。公共政策的设计起点就是公共政策主体与客体的价值要求，"一切公共政策都是为了寻求价值、确认价值、实现价值、创造价值、分配价值"[①]。公共政策要体现公共性价值最大公约数，关于公共性价值的内涵还没有完全统一的界定，总的来说，效率与公平是政府制定公共政策价值取向的最大公约数。

效率与公平并不是抽象的价值取向，它与社会经济发展阶段密切相关，效率与公平价值取向的结合必须与国家经济社会发展阶段相适应。党

---

① 张国庆：《现代公共政策导论》，北京大学出版社，1997，第48页。

的十四大以后确立的"效率优先、兼顾公平"价值取向是我国公共政策制定的基本价值取向，这一价值取向主要针对计划经济体制下平均主义的"大锅饭"现象，曾经对促进我国经济社会发展起到了正向作用。随着我国现代化建设进入新的发展阶段，公平性价值取向下降正在严重影响公共政策的效能。在新的发展阶段上公共政策制定必须更加体现出公平性原则，把过去"效率优先、兼顾公平"价值取向，完善为"公平与效率"并重的原则。

要重视公共政策制定中利益因素的影响，打破公共政策制定中的利益藩篱。随着改革开放中利益关系分化与重新组合，出现了"政策制定利益化，利益部门化"倾向。对此要打破强势利益群体、集团、组织、部门对公共政策制定的影响和绑架。公共政策分配中的一些顽疾，如垄断行业高收入、养老退休金"双轨制"等问题，使公共政策在源头上导致利益关系严重失衡，这是广大人民群众深恶痛绝的制度性因素，也是长期得不到解决的问题。问题得不到解决与强势利益集团的阻挠分不开，必须排除利益集团和部门利益对公共政策制定的负面影响，彻底扭转政策带来的深层次矛盾。

（二）从矛盾的事后处置转变为矛盾的事前预防

1. 社会矛盾的阶段性特征

宏观上要加强对中国现代化建设中社会矛盾发生的规律性认识，研判社会矛盾呈现新的阶段性特征。在现代化发展中，我国的社会矛盾并不是简单的重复，而是在不同阶段呈现出不同的特征。社会主义社会矛盾的范畴是由多种概念组成的，但主要矛盾范畴是中国共产党分析和处理社会主义社会矛盾的主线，其他分析矛盾变迁的方法都是建立在主要矛盾范畴的基础上展开的。党的十一届三中全会重新确立了社会主义初级阶段主要矛盾是落后生产力与人民日益增长的物质文化需求之间的矛盾。党的社会主义初级阶段基本路线的确立，就是围绕解决社会主义初级阶段的主要矛盾展开的。分析群体性事件背后社会矛盾的变迁必须以社会主义主要矛盾范畴为基点逐步展开，离开社会主义初级阶段主要矛盾来分析社会矛盾就会偏离主线。

对中国现代化建设中社会矛盾的阶段性特征研判，主要是分析我国社会主要矛盾呈现出的阶段性特征。改革开放以来，我国的社会矛盾并不是一成不变的，在某些阶段社会矛盾会发生较大的变化。例如，以群体性事件为代表的社会矛盾凸显期的出现、以贫富差距拉大为主要内容的经济矛盾凸显、干群矛盾尖锐化等，与中国共产党提出以改善民生为重点的社会建设相左，使人们疑惑进入21世纪后社会主义初级阶段主要矛盾变化的拐点是否到来。党的十三大以后历次代表大会都要强调和澄清对这个问题的争议，社会主义初级阶段的主要矛盾并没有发生改变，我国社会矛盾呈现的阶段性特征，是社会主义初级阶段主要矛盾在新世纪新阶段的具体体现。

中国共产党对社会主义初级阶段主要矛盾的判断，是根据现代化建设历史方位的变迁，逐步深化对社会主义初级阶段主要矛盾判断的认识，党的十七大曾经提出社会主义初级阶段社会矛盾的阶段性特征，构成对社会主义初级阶段基本国情、主要矛盾、矛盾的阶段性特征三位一体的再认识，从而丰富和完善对社会主义初级阶段社会主要矛盾的再认识。社会主义初级阶段主要矛盾变化的外在表现之一就是群体性事件，经济利益矛盾是我国目前群体性事件发生的主要原因，利益群体性事件仍然是我国群体性事件的主要类型，即使存在非经济利益群体性事件，经济利益矛盾仍然起着基础性的作用，在"无直接利益冲突"群体性事件中，利益矛盾作为源头性因素仍然对事件发生的社会心理动因产生基础性的影响，这反映出社会主义初级阶段主要社会矛盾并没有改变。

社会主义初级阶段的主要矛盾呈现的阶段性特征变化主要表现在：一是社会主义初级阶段主要矛盾并没有发生根本改变，但人民日益增长的物质文化需求内涵在发生变化。中国现代化从温饱社会向全面建设小康社会转变，人民物质文化需求从基本的衣、食、住、行等基本生理需求，向社会权利、社会公平、幸福追求等发展型高层次需求转变。二是物质利益矛盾对整个社会矛盾的主导性、根源性和基础性的作用并没有发生根本性改变，但在整个社会矛盾中所占比重有所下降。三是社会次要矛盾对社会主要矛盾的反作用有所增强，如果不处理好社会次要矛盾，就会影响对主要矛盾的解决，如蛋糕如何分好的问题正在影响着蛋糕进一步做大的问题。

2. 现阶段社会矛盾新的表现形式

（1）我国现代化建设中社会矛盾呈现新的阶段性特征，集中反映在社会矛盾的一些热点和难点领域。2011年2月，胡锦涛在省部级主要领导干部社会管理及其创新专题研讨班上的讲话中指出："矛盾主要集中在农村土地征收征用、城镇房屋拆迁、国有企业改制、涉法涉诉等领域,因劳资纠纷、医患纠纷、环境污染、非法集资、股市房市投资受损等引发的矛盾明显增多。"① 这些重点领域的矛盾占据了我国社会矛盾的大多数,而这些重点和热点领域的矛盾与中国现代化进程中的阶段性特征是一致的。

(2) 要研判中国社会矛盾出现的新的阶段性特征,关注社会矛盾出现的新动向。注意新时期群体性事件中群体现实行动与虚拟空间联动的倾向,关注群体性事件中和平手段与暴力行为的双重特征。以互联网为代表的新兴媒体改变了人们的生活方式,也改变了民众在群体性事件中的表达方式,出现了传统群体性事件中从来没有过的、以互联网为主要载体的在"虚拟"空间表达共同意见的方式,从而丰富了群体性事件的形态和手段。互联网具有方便性、快捷性和隐匿性等特点,人们通过互联网载体来表达利益诉求,导致网络舆情中的"蝴蝶效应",使网络群体性事件呈现出快速上升趋势,并出现过"云南躲猫猫""山西黑砖窑"等诸多影响全国的网络群体性事件。与传统群体性事件最大不同的是,它并不是通过现实中集体行动进行利益表达,而是通过"虚拟"网络空间形成集体的网络舆论压力,从而助推现实中热点问题的解决。

(3) 民众现实行动中群体性事件的表达手段呈现出两极分化的状态,一方面是打、砸、抢、烧等暴力对抗形式的群体性事件不断出现;另一方面在体制内,通过理性方式表达群体性事件的新形式也在悄然兴起,除了近些年一些行业维权事件(如出租车罢工事件等通过制度内手段表达其利益诉求),一些新的利益表达手段诸如集体散步、集体喝茶、集体购物和集体休息等不断在一些城市上演。具有代表性的集体散步群体性事件有厦门市部分市民反对 PX 项目、上海市部分市民反对磁悬浮铁路项目、东莞村民不满垃圾焚烧厂选址而集体散步抗议等,还有些通过司法诉讼的体制内渠道进行集体利益表达。典型体制内的表达方式和典型的体制外表达方式呈现出相互分化的上升趋势。

(4) 网络助推现实群体性事件的作用在增强,形成"虚拟"网络舆情与现实群体性事件关联性增强。一是网络舆情通过"蝴蝶效应"传播、放大社会谣言,引起人们情绪上的共鸣,为现实行动奠定情绪基础;二是现实中的群体性事件初始的图片、视频迅速出现在网络,形成现实与虚拟两

---

① 胡锦涛:《论构建社会主义和谐社会》,人民出版社,2013,第217页。

个空间群体互动，虚拟与现实人群之间相互感染和联动的局面。

经济全球化和互联网新兴媒体拓展了中国群体性事件发生原因的空间延伸，使中国群体性事件发生的原因从过去单纯国内的空间领域，延伸到世界性的空间领域。发达国家或者发展中国家经济社会风险传输到国内，引发群体性事件的风险因子逐步加大。目前，中国面临的国际社会矛盾传输到国内，引发国内群体性事件风险的主要有三条路径。一是发达国家，特别是美国金融危机引发全球经济危机，导致中国经济增速下滑，失业等民生问题凸显，引发经济领域群体性事件风险增大。二是发展中国家，特别是突尼斯的"茉莉花革命"导致的北非、西亚动荡，这种因为社会分配不公、贫富差距严重、社会腐败等问题导致的社会动荡，同样会传输到国内，可能引起社会领域和政治领域的群体性事件。三是中国崛起导致与邻国领土等问题的摩擦，因为处理不当，国际纠纷会引起国内的抗议活动。这种单纯的抗议活动会在其他因素影响之下，转变为其他类型的群体性事件。尽管中国目前没有发生国际风险传输引起相似的大规模群体性事件，但是全球化背景下的国际风险不确定性增强，在互联网等现代信息技术下，更容易传输到国内，在国内也具有相似的风险环境，使引发国内群体性事件的风险增大。

3. 借鉴世界现代化发展的经验与教训

网络虚拟矛盾的"蝴蝶效应"与国际矛盾向国内传输，可能成为引发"无直接利益冲突"群体性事件的新燃点。提高各级干部网络舆情应对能力，在第一时间发布事件真相，牢牢掌握舆情控制权，阻断网络虚拟矛盾与现实矛盾的互动。针对世界全球化趋势的加快，提高应对国外社会矛盾传导至国内的能力，避免国外社会矛盾在中国引起连锁反应，产生新的风险增长点。特别是要阻断国外社会矛盾成为我国"无直接利益冲突"新的燃点，引发大规模社会动荡的风险。

（1）根据世界现代化发展规律，针对这些热点问题进行重点预防和治理。中国现代化是世界现代化的重要组成部分，中国现代化建设有自身的特色，但这并不能否认世界现代化建设的一般规律和共同特质。西方发达国家现代化道路和部分发展中国家工业化发展过程都为中国现代化发展带来可借鉴的经验与教训。这些国家现代化发展经验与教训也是中国要经过的困惑期。例如，世界发达国家进入工业化快速发展阶段，都经历过环境污染阶段，我国曾经提出避免走西方"先污染、后治理"的老路，事实上我们并没有跨过这一老路,这说明世界现代化有其内在的规律和发展过程。我们可以借鉴西方的现代化教训,在进入现代化发展阶段时,针对西方发达国家和部分发展中国家出现的阶段性特点,要有前瞻性的预防措施,减少和化解即将出现的社会矛盾,避免矛盾高发频发。

(2)建立重点领域的社会风险评估机制,将矛盾事后处置转变为事前风险预防。社会稳定风险评估,是指与人民群众利益密切相关的重大决策、重要政策、重大改革措施、重大工程建设项目,与社会公共秩序相关的重大活动等重大事项在制定出台、组织实施或审批审核前,对可能影响社会稳定的因素开展系统的调查,科学的预测、分析和评估,制定风险应对策略和预案。[①] 20世纪90年代以来,针对社会矛盾治理重处置、轻预防的被动防治思路,一些地方开始反思传统维稳模式的弊端,探索积极预防社会矛盾的思路和体制,2005年四川省遂宁市开始探索重大项目社会稳定风险评估机制,其开创性的做法被称为"遂宁模式"。此后,其他一些地方相继学习遂宁经验,提出了各具地方特色的社会风险评估机制,如江苏的"淮安模式"、山东的"烟台模式"、河南的"漯河模式"、辽宁的"沈阳模式"等。

4. 完善社会风险评估机制,有效预防社会矛盾

(1)实现社会风险评估机制矛盾预防与风险化解的创新,明确社会风险评估客体"重大事项"的边界。过去对重大事项没有明确的内涵认识,许多地方就在重大事项上打擦边球,"遂宁模式"对"重大事项"的含义做出明确界定,即所谓重大事项包括事关广大人民群众切身利益的重大决策,关系较大范围群众切身利益调整的重大决策,涉及较多群众切身利益并被国家、省、市、区(县)拟定为重点工程的重大项目,牵涉相当数量群众切身利益的重大改革等。也就是所谓"重大事项"并不是指建设项目投资规模大,而是对广大群众的切身利益有重大影响。[②] 把对涉及人民切身利益,并可能引发群体性事件的农村土地征用、城镇房屋拆迁、国有企业改制等重点和热点领域作为社会风险评估的重点,社会风险评估的主要对象是重大决策、重大项目和重大工程。

---

① 张小明:《我国社会稳定风险评估的经验、问题与对策》,《行政管理改革》2014年第6期。
② 廉如鉴、黄家亮:《关于"遂宁模式"的反思——探索重大事项社会稳定风险评估工作的新思路》,《长春市委党校学报》2012年第1期。

社会风险评估主要是依据重大事项的合法性、合理性、可行性、安全性四个要素进行的。合法性是指符合国家的法律、法规、规章，符合党和国家的方针政策，实施的程序符合法律规定；合理性是指符合利益相关者大多数人的利益，兼顾各方利益群体的不同需求，考虑了本地区经济社会发展的平衡性、社会的稳定性、发展的持续性；可行性是指经过公开、公正、充分论证，符合大多数人民群众的意愿，所需的人力、财力、物力在可承受的范围内并且有保障，确保项目的连续性和稳定性，时机成熟；安全性是指对所涉及区域、行业的群众利益、生态环境和生产生活的影响，群众的承受能力，以及引发矛盾纠纷、群体性事件的可能性。

社会风险评估主体主要解决"谁来评估"的问题。社会风险评估主体分为风险评估组织者和参与者两个部分，按照行政管理责权统一的原则，进行对风险评估主体的界定。评估参与者是指参与风险评估的主体，根据利益相关者的原则，参与主体分为重大事项利益相关者和非利益相关者，利益相关者为与重大项目利益相关的主体，包括重大项目涉及的居民、施工方、政府相关部门，非利益方为专家学者、新闻媒体、人大代表等，按照不同权重进行比例分配，以访谈、问卷调查、座谈会、听证会等形式进行风险评估。重大事项利益相关者是指与该重大事项有直接或间接利害关系，并对该项目建设与运行过程有直接或间接影响的有关各方，一般可分为项目的受益方、受害方及受影响方。

重大事项社会稳定风险评估等级划分。依据其对社会风险造成的潜在危害程度，重大事项社会稳定风险划分为A、B、C三个等级。人民群众反映强烈，可能引发重大群体性事件的，评估为A级；人民群众意见较多，可能引发一般群体性事件的，评估为B级；部分人民群众意见有分歧的，可能引发个体矛盾纠纷的，评估为C级。针对评估为A级和B级的稳定风险，评估主体要制定化解风险的工作预案。

确定社会稳定风险评估程序。程序由四部分组成，分别是制定评估方案、组织调查论证、确定风险等级、形成评估报告，最后由集体研究审定。制定评估方案是社会稳定风险评估程序的第一步，评估主体对已经确定风险评估事项制定评估方案；组织调查论证是评估主体邀请不同利益主体将拟决策事项，通过公开的形式，采取各种方式，分析可能出现的风险、矛盾和潜在的后果；确定风险定级是根据风险评估结果，将社会风险结果划分为A、B、C三个等级；形成评估报告。

2005年，四川遂宁首推社会稳定风险评估机制以来取得良好的效果，中央维稳办多次刊载、介绍、推广遂宁经验。2006年，遂宁市群众赴省进京上访批次和人次，与2005年相比均下降了50%以上。2005年至今，遂宁市共对281件重大事项进行评估，建立评估档案281个，编制评估报告281个，建立重大事项责任部门设立涉稳信息直报点296个，直报员740人。在281件重大事项中，群众拥护并顺利实施了156件，占56%；暂缓实施33件，完善后实施68件，否决24件，化解矛盾纠纷352起，切实从源头上防范和减少了涉稳重大问题的发生。[①]

继四川遂宁社会稳定风险模式之后，各地在学习遂宁模式的基础上，结合自身的实践经验，相继出现了江苏"淮安模式"、山东"烟台模式"、河南"漯河模式"等，其中淮安社会稳定风险评估模式还获得2011年中国城市进步管理奖。这些模式在社会稳定风险评估经验上既有共同特点，又有各自的特点（见表5-1）。

表5-1 我国社会稳定风险评估主要模式及其经验

经验	主要特点及内容
遂宁模式	"6个五"工作法。评估"五类重大事项"，围绕"五项重点评估内容"，采取"五步工作法"，落实"五项制度"，拓宽"五种渠道"，严明"五项铁规"
漯河模式	"六步工作法"。社会稳定风险评估"六步工作法"分别为征求意见、自行评估、综合评估、初审、制定预案、上报备案。构建四级稳定风险系数评价体系
淮安模式	"风险评估五步工作法"。第一步，确定评估对象，制定评估方案；第二步，收集社情民意，实施重点论证；第三步，汇总分析论证，编制评估报告；第四步，运用评估结论，落实维稳措施；第五步，跟踪评估事项，做好后续评估
烟台模式	坚持党委统揽、强力推进，注意高点定位、顶层设计、典型示范，从问题纠纷易发多发的重点领域、事关民生的重点项目、反映集中的重点问题、棘手难办的重点案件入手，推动社会稳定风险评估工作纵深开展；坚持整合资源、健全机制，充分发挥领导机构组织保障、维稳机构综合协调、重点部门分兵把口的作用

在四川遂宁及其他社会稳定风险评估经验的基础上，2009年中央要求

---

① 马利民：《筑牢维稳第一道防线：四川遂宁推行社会稳定风险评估从源头上化解矛盾》，《法制日报》2009年8月12日。

在全国推广社会稳定风险评估，2010年党的十七届五中全会在制定《国民经济和社会发展第十二个五年规划》中提出：建立健全重大工程项目建设和重大政策制定的社会稳定风险评估机制，着力从源头上预防和减少矛盾，把问题解决在基层、解决在萌芽状态。2012年，中共中央办公厅、国务院办公厅发出《关于建立健全重大决策社会稳定风险评估机制的指导意见（试行）》的通知，对社会稳定风险评估的指导思想、基本要求、评估范围和内容、评估主体和程序、评估结果运用和决策实施跟踪、责任追究、组织领导等方面做出明确规定。2012年11月，党的十八大报告明确要求：加强和创新社会管理，加快形成源头治理、动态管理、应急处置相结合的社会管理机制。建立健全重大决策社会稳定风险评估机制。

（2）我国社会稳定风险评估取得一些成效，但还存在某些不足，这些不足进一步制约社会稳定风险评估效能的发挥，同时也制约社会风险评估机制向纵深发展，完善社会稳定风险评估机制有利于从源头上预防社会矛盾发生。当前完善我国社会稳定风险评估机制的着力点有以下若干内容。

第一，社会稳定风险评估机制还不能成为地方政府经济社会发展中的"刚性"机制。当前我国社会稳定风险评估还处于政策性层面，还没有上升为法律和法规。直接后果就是其"刚性"约束不够，导致地方政府社会稳定风险评估人为因素太大，即地方政府负责人重视就会加大社会风险评估力度，经济发展速度下降的政绩因素就可能导致评估的力度减弱，使有的项目评估，有的不评估，有时候评估力度加大，有时候评估力度减小。全国人民代表大会及其常委会应该加强"三重一大"社会稳定风险评估的立法工作，使其成为法律、法规，成为地方经济社会发展的"刚性"制度约束。

第二，社会稳定风险评估主体应该进一步多元化和中立化。我国社会稳定风险评估主体大多是由政府相关部门指定，参与评估主体还比较单一，专家学者及其社会中介机构参与不足，导致风险评估的结果失真。应该实施参与评估主体的多元化，特别是委托第三方中立部门参与，使其能够真实反映出不同利益主体的声音及第三方的中立客观立场。

第三，社会稳定风险评估过程不够规范。有的社会稳定风险评估信息不透明，导致相关利益者不了解评估的真实信息；有的评估简化程序，减少风险评估的座谈会等；有的压缩评估时间，走过场；有的不发布群众利益诉求渠道，使群众有意见无处讲；有的风险评估程序走过场，点到为止，不能真实反映现实问题。针对这些问题要规范社会稳定风险评估信息过程，不能简化程序，做到风险评估每一步都要公开、透明，向群众张榜公布每一步的信息，让群众来监督。

第四，社会稳定风险评估标准随意性大，可操作性差。我国社会稳定风险评估还处于定性阶段，访谈式、座谈式等主观性方法运用较多，问卷调查等客观性方法运用较少，导致风险评估结果主观性较强，权威性不足，其结果运用刚性效果较差。要重视问卷调查、统计学等定量方法的运用，使风险评估结果的客观性、可操作性增强，避免主观性因素干扰。

第五，社会稳定风险评估责任主体不明确，监督机制和责任追究机制不健全。我国社会稳定风险评估多数是由多部门综合进行，条块分割现象严重，风险评估领导主体、组织主体不明确，出现不良后果后责任追究主体不好确定。对社会稳定风险评估大多规定的是应该怎么做？如果不实行并没有明确的监督规定，责任追究机制过于笼统，不利于划清不同责任人及其处理办法。因此，要针对不同重大事项明确不同责任主体，完善监督机制，畅通监督渠道，便于群众举报，细化社会稳定风险评估的责任追究细则，做到有法可依。

（三）创新社会治理体制，有效提升基层化解矛盾的能力

1. 基层组织预防化解社会矛盾现状

要完善把矛盾化解在基层、化解在萌芽状态的机制。基层是社会矛盾最初产生的区域，萌芽是社会矛盾形成的最初形态。"无直接利益冲突"群体性事件矛盾最初在基层形成，农村村委会、城市居委会、企事业基层单位等基层组织是我国群体性事件产生的最初源地，也是社会矛盾最容易化解的地方。社会管理河南省协同创新中心 2013 年对河南省部分县（市）进行了相关问题的社会调查，调查结果显示，居民遇到社会矛盾时，通过居委会协调、向法院起诉、寻求社会组织帮忙、向新闻媒体投诉、寻求工会等人民团体帮助、找关系疏通等体制内合法手段的比例分别为 68.4%、35.1%、16.4%、13.4%、14.2%、12%。在群体利益诉求表达渠道中，找居委会协商解决问题的人数比例超过 2/3，说明目前弱势群体遇到利益受损时，通常向自己熟悉的基层组织反映问题，基层组织是维护群众合法权益的第一道防线。

目前中国社会基层化解社会矛盾遇到的最大挑战是，随着计划经济向

市场经济的转变，传统单位人向社会人转变，人们以单位为居住区域的传统管理模式面临重大挑战，"单位人"是熟人社会，并有强有力的党组织和行政组织结构，遇到矛盾会有序表达，从而较容易化解社会矛盾。从单位人转变为社会人以后，社区成为不同人群生活的区域，社区逐步承担起管理社会事务的职能，人们来自不同单位、阶层、职业，是一个陌生的社会，人们是一个个陌生的原子结构，遇到问题时形不成合力，且部分社区党组织和自治组织软弱涣散。不能有效发现社会矛盾，就不能有效化解社会矛盾，农村矛盾治理是通过村民委员会来实现，城市矛盾治理是通过居民委员会和社区实现的，这两个主要社会基层组织在源头上预防与化解社会矛盾的能力均遭到挑战。

（1）城市社区预防和化解社会矛盾面临的主要挑战。目前，城市社区还没有实现真正的民主选举，社区居委会还是政府指定的人员，社区居委会成为政府的附属物，大多承担政府制定的职能，不能真正反映社区的矛盾。社区是一个自我管理的组织，许多小区没有真正的居民自治组织，许多社会矛盾不能得到有效化解和有效表达；许多社区行政化色彩浓厚，习惯于传统的管理方式，没有服务意识，坐等问题上门，而不是主动发现问题、解决问题。此外，社区是由多个居民小区构成的，小区物业管理部门承担较多功能，许多小区没有成立业主委员会，不能制衡物业公司，导致物业公司无所作为，而社区等组织与物业公司有许多利益关系，许多社会问题不能有效表达和化解，致使问题闹大。

（2）农村村民委员会化解社会矛盾的能力存在新的挑战。一是农业税取消之后，村民委员会吸取财政的能力减弱，许多社会公共设施完全靠上级政府的拨款，提供社会公共服务能力减弱，因许多公共服务能力不足而产生社会矛盾。二是村委会干部素质弱化，化解社会矛盾能力减弱。随着城市化进程加快，许多青壮年劳动力到城市打工，农村的精英严重流失，村委会组成人员素质下降，化解社会矛盾的能力在减弱，许多本可以解决的社会矛盾被隐匿起来。三是村两委班子存在矛盾，导致面对矛盾相互推诿，遇到问题绕道走。农村村委会和党支部委员会职能纠缠在一起，容易产生矛盾，其大部分精力用在内耗上，没有精力顾及社会矛盾的化解。

2. 基层组织预防和化解社会矛盾存在的突出问题

国内城乡基层在社会矛盾预防和治理方面存在的最大问题有两个，一是在矛盾出现苗头时不能及时发现，因而不能有效预防矛盾产生，较多的是坐等矛盾激化，轻预防、重处置是典型的表现；二是基层组织与政府面对一些矛盾，既不能有效处置，也能快速上报，导致矛盾迟缓上交，致使上级政府处置矛盾的压力增大，也不利于在最佳时机处置矛盾，给政府和社会造成较大的负面影响。当前国内基层社会矛盾治理应该从以下两个方面入手，一是在矛盾处于萌芽状态时如何有效预防和发现矛盾；二是在基层如何有效化解矛盾，不能回避矛盾或将矛盾简单上交，致使矛盾升级，从微小矛盾演变成难以处理的复杂矛盾。

3. 加强基层社会矛盾的源头治理工作

为了加强社会矛盾基层治理工作，中央提出了把矛盾化解在萌芽状态、把矛盾解决在基层的思路，"要加强社会矛盾源头治理，健全社会稳定风险评估机制，全面建立重大工程项目建设和重大政策制定的社会稳定风险评估机制，以容易引发社会矛盾的领域为重点，及时发现各种苗头性、倾向性、潜在性问题，最大限度把矛盾纠纷解决在基层、化解在萌芽状态"[①]。为此，中央和各级政府采取了许多措施，也探索了一些好的做法，如各级党委大接访制度、各级政府主要负责人疑难案件包干制度、各级党委和政府下访制度、网络中的民意直通车平台、市（县）长热线电话等，这些措施缓解了国内社会矛盾高发现象，但不能从根本上改变中国社会矛盾凸显的现象。主要原因在于，这些化解社会矛盾的做法仅停留在政策层面，并没有转化为法律等制度层面，与领导个人的重视程度有直接的关系，某些领导重视这项工作，这些化解社会矛盾的做法及其功能就凸显出来，换了新的领导，这些做法就大打折扣，甚至会出现"人走政息"的局面。

目前，这些创新做法只是单项的政策改革，没有形成一个综合改革的合力。社会矛盾化解不是仅靠单项改革就能完成的，需要配套的综合性改革。比如，许多城市建立了网络民意直通车，群众通过网络这一便利平台反映自己身边的社会矛盾，对于化解社会矛盾起到一定的效果，但这项措施要实现功能最大化和长效化，需要不同职能部门的配合，甚至有些问题不是一个或者几个职能部门能够解决的，需要打破条块分割的管理体制，建立多部门联动的社会矛盾管理体制。网络民意直通车办理效果如何，怎么反馈，不办理或者推诿扯皮现象谁来监督，都是需要配套解决的，这些

---

① 胡锦涛：《论构建社会主义和谐社会》，人民出版社，2013，第230页。

问题处理不好，单项改革很难取得长效和绩效最大化。

矛盾纠纷解决在基层、化解在萌芽状态不是一个政策完善的问题，也不是单个环节创新问题，而是一个社会治理体制创新问题，针对基层组织出现化解矛盾能力弱与反应迟钝的现象，必须从根本上提高基层组织化解矛盾的能力。中共中央提出的社会治理体制创新就是谋求在管理体制上进行根本性的变革。2004年党的十四届六中全会提出"加强社会建设和管理，推进社会管理体制的创新"，社会管理体制创新的思路开始破题；2007年党的十七大报告提出"建立健全党委领导、政府负责、社会协同、公众参与的社会管理格局"，社会管理体制改革的总体布局完成。2011年胡锦涛总书记在中央党校举行的省部级主要领导干部社会管理及其创新专题研讨班上发表的讲话中强调，要"扎扎实实提高社会管理科学化水平，建设中国特色社会主义社会管理体系"。2011年成为中国社会管理创新年。此后，地方政府积极探索社会管理体制创新的载体，其中，网格化管理成为社会管理体制创新的突破口，网格化在社会管理理念、制度、体制、机制、方法上体现出创新，特别是矛盾还处于萌芽状态便被快速发现，基层尽量有效化解矛盾，基层无法解决矛盾时快速上报有了新的突破。

4. 基层组织解决社会矛盾的体制机制创新

（1）网格化管理是近些年针对从"单位人"转变为社会人而建立的一种社会管理新体制。网格化管理依托统一的城市管理以及数字化平台，将城市管理辖区按照一定的标准划分成单元网格。通过加强对单元网格的部件和事件巡查，建立一种监督和处置互相分离的形式。对于政府来说，主要优势是政府能够主动发现、及时处理，加强与提升政府对城市的管理能力和处理速度，将问题解决在居民投诉之前。

网格化管理是对传统社会管理体制的革新，针对过去基层发现社会矛盾迟钝、上报社会矛盾信息不畅、基层化解社会矛盾滞后等特点做出的变革，它将社会管理精细到网格，有利于责任到人，能够从社会管理末梢发现社会矛盾；它通过构建街道、社区、网格等模块，以发现、立案、派遣、结案四个步骤为一个闭环，形成一整套规范统一的管理标准和流程，有利于社会矛盾的快速畅通表达和处理；从管理手段上体现出精细化的特点，它改变过去社会矛盾定性的笼统管理方式，运用数字化、信息化等手段，以基础数据为依托，分为基础数据平台（地图信息模块、小区信息模块、楼栋信息模块、房屋信息模块、人口信息模块、单位门店信息模块、校园信息模块、党建信息模块、计划生育信息模块、特殊人群信息模块、治安信息模块)、经济信息平台、社情民意平台、督办督察服务办事平台、考核评比平台、百姓互动平台等。

(2)在网格化管理体制创新过程中,我国已经初步涌现出一些地方政府网格化管理的典型案例。例如,海南文昌"一格一员,中心指挥"模式,宁夏石嘴山大武口"4+6"模式,山西长治"三位一体"管理模式。海南文昌"一格一员"模式主要特点是以社区"网格"为依托,为网格配备骨干工作人员,了解网格内的人、地、物、事、组织信息,对网格社会矛盾进行"格内"处理,形成"社区有网、网中有格、格中定人、人负其责"的工作模式。宁夏石嘴山大武口"4+6"模式,每个网格由街道干部、社区工作者、下派干部、社区警员组成的"四员"和社区离退休老党员、"4050"人员、低保户、热心公益事业者等组成的"六员"进行共同管理,明确管理范围、岗位和责任,公布联系电话,方便民众表达诉求。这种以网格化管理人员为主体,其他社会力量参与的网格化管理新格局在全国得到推广。山西长治"三位一体"管理模式,主要是"党的建设、社会管理、社会服务"三位一体的网格化管理运作模式。城区网格化管理是集党的建设、公共服务和社会管理"三网合一"的"三位一体""四级互动"工作平台,社会管理大数据系统由社会管理、公共服务和党的建设三大板块、三个子网站有机集成,可整合所辖区域内相关数据和需求信息。"社会管理"子系统及时有效收集、处置社会稳定等方面的问题,对信息采集、传送、处置全程实施动态管理,实现统一指挥、快速反应、协同处置。"公共服务"子系统有效聚合政务服务、便民服务资源,为居民提供救助服务,"党的建设"子系统汇集党务信息、社情民意、职能部门考核信息,将职能部门置于群众监督之下。网格信息采集员将相关信息通过手机终端及时发送到信息平台,信息平台按照"分级负责、逐级上报、分类处理"原则,指派人员到现场处理,处理完毕进行反馈、核实和结案。如无力处理,向上一级平台汇报,直至问题解决。大量社会管理事务通过信息平台得到快速处置,实现上下级之间、部门之间协同办公,提高办事效率。

郑州网格化管理以"努力营造稳定、有序、和谐的发展环境和群众生活环境"为目标。坚持"两个原则"(即"低成本、高效率、可持续"和"条块融合、职责明确、联动负责、逐级问责"),"重心下移、权力下放、全面覆盖"的管理体制改革方向，以"横到边、纵到底、全覆盖、无缝隙"的网格管理格局，构筑"三级网格、四级平台、五级联动"的工作机制，建立"纵横交织、条块融合、以块为主、全覆盖、无缝隙"的"服务+管理+自治"的网格化管理体系。努力建成以基层党组织为核心，政府市场监管、社会管理、公共服务和群众自治有效衔接、互为支撑的社会管理模式（见表5-2）。

表5-2 中国网格化管理体制创新示范点及其经验

创新试点地区	经验
海南文昌	"一格一员，中心指挥"模式。以社区"网格"为依托，为网格配备骨干工作人员，了解网格内的人、地、物、事、组织信息，对网格社会矛盾进行"格内"处理，形成"社区有网、网中有格、格中定人、人负其责"的工作模式
宁夏石嘴山	"4+6"管理模式。每个网格由街道干部、社区工作者、下派干部、社区警员组成的"四员"和社区老党员、"4050"人员、低保户、热心公益事业者等组成的"六员"共同管理，明确管理范围、岗位和责任，公布联系电话，方便民众表达诉求。这是一种以网格化管理人员为主体，其他社会力量参与的网格化管理新格局
山西长治	"三位一体"管理模式。主要是"党的建设、社会管理、社会服务"三位一体的网格化管理运作模式。城区网格化管理是集党的建设、公共服务和社会管理"三网合一"的"三位一体""四级互动"工作平台，社会管理大数据系统由社会管理、公共服务和党的建设三大板块、三个子网站有机集成，可整合所辖区域内相关数据和需求信息
浙江舟山	"网格化管理、组团式服务"的基层社会管理模式。在不改变乡（镇、街道）、村（社区）格局的前提下，以家庭为基本单位，将100~150户家庭划定为一个单元网格，每一个网格内的群众设置服务团队，通过整合公共服务资源对网格内居民进行多元化、精细化、个性化服务，以实现维护基层稳定的目标
河南郑州	"服务+管理+自治"管理模式。郑州市网格化管理体系按照"网络覆盖、条块融合、责权明晰"的方针，明确"努力营造稳定、有序、和谐的发展环境和群众生活环境"一个目标，坚持"低成本、高效率、可持续"和"条块融合、职责明确、联动负责、逐级问责"两个原则，构建"三级网格、四级平台、五级联动"的工作格局，建立"纵横交织、条块融合、以块为主、全覆盖、无缝隙"的"服务+管理+自治"的网格化管理体系

（3）虽然不同地方构建了不同特色的基层社会管理模式，但其共同特点是推进人、财、物、权、责下沉到基层，改变过去人、财、物资源集中在上级政府，导致基层治理空虚化，强化基层社会矛盾预防与化解机制，

就是通过夯实基层，使基层能够敏锐地发现社会矛盾，化解社会矛盾，让矛盾解决在基层。网格化管理体制的创新是一个系统性要素的创新，既包括社会管理体制的创新，也包括社会管理机制的创新。总的来看，网格化社会管理体制创新与传统管理体制相比较有三个显著特点，一是社会管理理念的创新，由过去重管理轻服务，转变为寓服务于管理；由过去轻预防重处置，转变为以预防为主的治理方式。二是管理手段创新，由过去粗放式的管理转变为以数字化为载体的管理手段，实现精细化管理方式的创新。三是管理体制创新，改变过去轻基层的管理观念，管理重心下沉基层，多元主体参与，改变过去条块分割的管理模式，实现管理体制的无缝对接。

网格化社会管理体制创新为我国基层社会发现矛盾、把矛盾化解在萌芽状态提供了新的路径，推行网格化管理的地方在预防和化解社会矛盾方面取得一定成绩。以首创网格化管理体制的北京市东城区为例，城市管理问题的发现率达到90%以上（过去仅有30%左右），任务派遣准确率达到98%，处理率为90.09%，结案率为89.78%；城管问题的平均处理时间由原来的一周左右缩短到了12.1个小时，平均每周处理问题360件左右，每周城管问题的处理量相当于原来半年的处理量。[①] 作为一个社会管理创新的新生事物，网格化管理还处于起步阶段，管理体制与管理机制还需要进一步完善。

（4）网格化管理存在的不足及建议。

第一，在网格化管理中重管理轻服务的现象普遍存在。我国网格化管理中部分职能是预防与化解社会矛盾，但许多社会矛盾产生与基层政府的公共服务确实有直接的关系。例如，许多城镇小区因为停车位导致业主与物业公司发生矛盾，这种矛盾化解需要从公共服务供给上化解，否则只能临时解决矛盾。基层社会矛盾部分是公共服务供给不足引发的，在网格化管理中还存在着针对矛盾化解矛盾的做法，这不能从根源上消除矛盾产生的源头，这需要在网格化管理中注重基层公共服务的供给职能，上级政府应把更多的财、物投向基层社会。

第二，在网格化管理中基层职能加重而中层权力不足。在网格化管理中基层社会矛盾被发现以后，对于社会矛盾的处理需要不同职能部门的合力，

---

① 阎耀军：《城市网格化管理的特点及启示》，《城市问题》2006年第2期。

在现实中社区、办事处等基层网格并不能有效处置甚至无力处置，导致网格化发现问题功能加强，而处置社会矛盾功能并没有实现同步提升，对许多社会矛盾只能采取上报措施，导致信息采集环节膨胀，处理环节萎缩。

第三，政府管理有余而公众参与不足。网格化管理与传统管理体制的一个重要区别是无限政府变为有限政府，基层治理需要公民积极参与。目前，我国许多基层自治组织不完善，部分城镇小区业主委员会没有成立，许多社区委员会没有经过选举，政府管理与公民参与出现"两张皮"的现象，不仅表现为公众参与广度有限，许多公民没有参与本社区的治理事务；还表现为公众参与深度有限，公民只参与一些表面治理内容，至于选举、监督物业公司账目、监督社区工作等还没有开展。

只有通过顶层社会管理体制设计创新与基层社会管理体制实践的探索相结合，才能成功探索出中国社会管理体制的创新路径。中央政府只有进一步支持地方政府社会管理体制的创新，并及时把基层社会管理的经验加以总结推广，对基层社会管理体制创新的不足予以完善，才能从根本上找到中国社会矛盾治理较为完善的管理体制机制。

三　增强矛盾化解环节中利益表达的有效性

"无直接利益冲突"有一个从矛盾产生到矛盾发生的中间环节，源头产生大量的社会利益矛盾，本应通过利益表达渠道进行有效化解，起到减压阀的作用，但大量社会矛盾通过利益表达中间环节并没有减少，反而使矛盾积累而形成"堰塞湖"，使矛盾扩大与激化。如何有效拓宽与疏通利益表达渠道，使源头产生的大量社会矛盾得以有效化解，起到减压阀与扩散器的作用，是目前化解"无直接利益冲突"的重要环节。

目前，国际上对化解社会矛盾的方法较为普遍的看法是，矛盾产生是不可避免的，也并不可怕，可怕的是没有形成有效的矛盾化解机制，一个合理的矛盾治理机制并不是消灭冲突，而是建立能够容纳冲突并形成矛盾治理制度化的方式。中国现代化建设处于矛盾凸显期，我们不可能从源头上完全避免矛盾的产生，只能减少矛盾的产生，更为重要的是矛盾产生以后，形成有效的矛盾化解机制，防止矛盾扩展和激化。清华大学社会发展课题组提出："要实现真正的社会和谐与稳定，就必须彻底转变思路，形成维护社会稳定的新思维，把利益表达和社会稳定作为同等重要的双重目标，以法治为核心，推进市场经济条件下利益均衡与利益表达的制度化建设,形成社会长治久安的坚实基础。"①。

《中共中央关于构建社会主义和谐社会若干重大问题的决定》指出,"适应我国社会结构和利益格局的发展变化,形成科学有效的利益协调机制、诉求表达机制、矛盾调处机制、权益保障机制",并提出了一整套在矛盾产生以后有效化解矛盾的机制,其中诉求表达机制是矛盾化解机制的前提,权益保障机制是矛盾化解机制的关键,利益协调机制和矛盾调处机制是矛盾化解的核心。从中国目前影响利益表达的构成要素分析,影响利益表达的变量有利益主体的表达能力强弱、利益表达的客体回应度、利益表达渠道供给程度和利益表达效果四个要素。

(一) 重点拓宽和完善弱势利益群体的利益诉求表达机制

当前我国产生的社会矛盾是不同利益主体非抽象的博弈,而且已经形成事实上的强势和弱势利益主体分化,出现了事实上的强势和弱势利益群体博弈中资源和权利的不平等,即弱势利益群体与强势利益群体在利益表达中出现受教育程度、政治权力资源分配、社会声望地位的悬殊,弱势群体不仅是现实中的利益弱势群体,也是利益表达的弱势群体。当前完善我国利益表达机制不是指抽象的利益主体,而是有针对性地提升弱势利益群体利益表达能力。目前,我国弱势利益群体主要有农民工、城镇下岗职工、城镇贫困人口、农村贫困人口、残疾人、老年人、特殊人群等,提升利益表达能力重点是提升这些弱势群体的利益表达能力。

(二) 完善已有利益表达渠道的存量改革

体制内利益表达渠道是影响弱势群体利益表达效果的重要变量,目前我国存在的体制内利益表达渠道主要有人民代表大会制度、司法制度、信访制度、新闻媒体等。这些体制内利益表达渠道在弱势利益群体利益表达中起着重要的作用,应完善这些体制内利益表达渠道,使其发挥更重要的功能。

1. 从顶层设计上完善人民代表大会的利益诉求表达功能

现代民主政治中,代议制民主是最直接、最有效的利益表达工具,人

---

① 清华大学社会发展课题组:《以利益表达制度化实现长治久安》,《领导者》2010 年第 4 期。

民代表大会作为我国根本政治制度，是人民群众最有效的利益表达渠道。中华人民共和国成立以来，人民代表大会利益表达功能毋庸置疑，但在一项关于人民代表大会制度反映民意渠道作用的问卷调查中，"虽然受访者中有29.2%的人近年来参加过人民代表大会的选举，但受访者在遇到生活困难、动迁或居住环境等方面问题、与行政执法人员发生纠纷等问题时，寻找过人大代表的比例分别为0.2%、0.0%、0.0%"，对于弱势群体而言，'选举人大代表'与'表达利益'之间并不存在必然的相应关联"。①完善人民代表大会利益表达功能是体制内利益表达增量改革的重要内容，是需要重点完善的关键环节。

（1）完善人民代表大会制度中代表比例合理配置问题。改革开放后我国面临着不同利益主体分化的问题，不同阶层、群体需要自己的利益代言人，人民代表大会代表作为利益表达的权威功能有着不可替代的作用。要使不同阶层、群体拥有自己合理的利益代言人，首要的是解决人民代表大会代表组成人员合理配置问题，不同阶层、群体都要有自己的代表，而且这种代表比例与阶层、群体人数成正比例。改革开放以来，中国全国人民代表大会代表构成中，工人、农民总体上呈现数量下降趋势，尤其是工人、农民和新出现群体代表比例过小，这与工人、农民的庞大数量不成比例。

以十一届全国人大代表为例，全国人大代表总数为2987人，扣除港澳台代表61人，大陆代表共2926人，根据职业性质可分为官员公务员（含国企、事业单位等国有机构官员）、社会从业人员代表、国有机构职员代表（即国企、事业单位的普通员工）三类。其中，官员公务员代表，共2496人，占大陆代表的85.3%；国有机构职员代表，共143人；在276名社会从业人员代表中，民营企业老总235人、民营企业员工16人、农民13人、农村经济合作组织带头人3人、律师8人、民间慈善者1人。十一届全国人大代表中首次增加农民工代表，农民工代表共5人（胡小燕、康厚明、朱雪芹、杨晓霞、程军荣），这对于超过2亿人的农民工群体来说，比例远远低于其他群体。

在第十二届全国人大代表构成中，首次按照城乡人口比例选举代表，工人、农民等代表比例有所提升，但同其他精英群体相比较，比例仍然偏

---

① 胡荣：《农民上访与政治信任的流失》，《社会学研究》2007年第3期。

低，工人、农民、农民工等群体比例过低，无疑影响他们在全国人民代表大会上利益表达的有效性。要在第十三届人民代表大会代表中提升工人、农民、农民工、贫困人口、特殊群体的代表比例，才能在顶层利益表达方面形成均衡的利益表达机制。

（2）完善人大代表联系群众制度，使人民代表能够倾听民众呼声，密切联系选区群众，代表选民的利益。党的十八大首次提出"在人大设立代表联络机构，完善代表联系群众制度"，这是解决人大代表有效表达群众诉求问题的制度性措施。这一制度性设计虽然提出来了，但对人大代表联系群众的内容、方式、途径等具体问题规定得不够。建议在修改《中华人民共和国全国人民代表大会和地方各级人民代表大会代表法》时，将人大代表联系群众制度作为一个重要修改内容，将各级人大常委会开展代表联系群众方面的成熟经验上升到国家法律层面，对代表联系群众的体制、方式、保障、监督等方面进行细化、量化，增强代表联系群众制度的针对性、可操作性和实效性。

各级人民代表大会统一建立人大代表联系群体的代表联络机构。完善代表联络机构是建立代表联系群众制度的前提，各省（自治区、直辖市）、地（市）人大常委会可设立代表工作委员会；县（市、区）人大常委会可设立代表工作办公室；乡（镇、街道）可设立代表联络办公室；村（社区）可设立代表之家，作为正式的代表联络机构。对各级代表联络机构的权利与义务做出明确的规定。

细化代表联络群众的内容、形式和监督方式。把国家经济大政方针执行情况、地方经济社会发展的重点工作、人民群众反映的热点难点问题作为联系的主要内容；丰富联系群众的方式，公布人大代表工作单位、电话、通信地址、电子邮箱等联系方式，方便群众诉求表达，建立固定联系单位，特别是与弱势群体的联系，通过座谈会、问卷调查，面对面与群众交流；要加强对代表联系群众的监督，各级人民代表大会每年通过的常委会工作报告中，增加人大代表联系群众的报告内容，方便群众监督。各级人大代表每年通过书面或口头形式向原单位选民报告履职情况，接受选民质询、评议。

2. 提升体制内利益表达渠道的有效性

我国存在着诸多体制内利益表达渠道，如人民代表大会制度、人民政治协商制度、信访制度、司法制度、新闻媒体等，但现在的问题是诸多体制内利益表达渠道不能有效发挥其功能,导致利益表达有效性不足。利益表达有效性是指利益主体的利益表达内容被政治系统吸纳以及在政治输出中得到实现的程度。如果政治客体吸纳政治主体利益表达,利益主体的利益表达得到满足,这个过程就是利益表达的有效性,否则就是利益表达的无效。利益表达有效性不足的主要表现有,人民代表提案办理笼统性,信访中的"重复信访",人民群众诉求被踢皮球,司法不公上诉得不到纠正等现象。如何在体制内利益表达渠道基础上提升其利益表达有效性,是有效化解利益表达问题实现增量改革的重要措施。

影响我国利益表达有效性的变量主要有,利益主体利益表达的能力、利益表达渠道多元化、政府对利益表达的回应、政府回应利益表达的手段等。

(1) 增强弱势利益群体的利益表达能力是提升利益主体表达有效性的自变量。在社会主义市场经济条件下利益主体分化为强势利益群体与弱势利益群体,强势利益群体与弱势利益群体在利益表达上的差别体现在利益表达能力上。利益表达能力与利益表达主体组织结构、主体利益意识、利益主体资源有关。弱势群体利益表达能力较差体现在组织结构原子化、分散化,利益主体意识较弱,拥有的政治资源、文化资源、社会网络等较少,这些因素直接影响其利益表达功能。"当一个社会中各种成分缺乏有组织的集团,或无法通过现成的有组织的集团充分代表自己的利益时,一个偶然的事件或一个领袖的出现都有可能触发人们蓄积的不满,并会以难以预料和难以控制的方式突然爆发。"①

(2) 在利益主体组织结构上,培育弱势群体的组织化结构。针对弱势群体原子化和分散化利益表达组织形式,政府扶持建立农村合作社、农民协会、农民工工会、社区业主委员会等组织,使其原子化、分散化组织形式变为群体化、有组织的利益表达主体,增强其利益表达的组织能力。2011年《东方早报》以《全国首例无官方参与的劳资谈判取得成功》为标题,报道了日资企业深圳冠星表链厂通过选出5名工人谈判代表与资方进行谈判,成功解决劳资纠纷问题,维护了工人的权益。除了培育弱势群体的组织结构外,还需要培育弱势群体的利益表达权利意识。通过法律、

---

① 〔美〕加布里埃尔·阿尔蒙德、鲍威尔:《比较政治学:体系、过程和政策》,曹沛霖等译,上海译文出版社,1987,第202页。

选举等公民权利意识的教育，增强弱势公民自我权利意识，使公民养成通过法律、信访等制度内渠道表达权利的习惯，克服其维权中的搭便车行为。

（3）政府还可以通过购买公共服务为弱势群体提供利益表达的保障。我国通过建设法律援助中心或者购买律师事务所法律服务等行为，为弱势群体利益表达无偿提供援助等服务，有效弥补弱势群体利益表达能力的不足。动员非政府组织帮助弱势群体利益表达也是一个可行性通道，非政府组织以其组织性、专业性特征，通过救助方式可以有效帮助弱势群体进行利益表达，非政府组织在环境保护、法律援助、关爱留守儿童、农民工讨薪等领域，显示出其帮助弱势群体利益表达的功能。政府需要通过去行政化、创新机制，支持更多非政府组织参与弱势群体利益表达。

（4）增强政府对利益表达诉求的回应性。利益表达是一个利益主体与利益客体互动的过程，利益表达有效性不仅取决于民众利益表达能力，同时也与政府对民众利益表达的回应度有直接的关系，民众利益诉求最终需要通过公共权力部门解决。总体来看，我国政府部门还处于从计划经济管理型政府向市场经济服务型政府转变之中，政府对民众利益表达的回应性与民众的期盼还存在一定的差距。信访重复率是我国信访的一大顽疾，重复信访的一个原因就是政府及其职能部门对信访人的诉求踢皮球。2011年，我国利益表达中出现了"听证会"，这是征集民意、科学决策的重要措施，受到民众欢迎，但各地却出现了"逢听必涨"的现象，听证会变成"论证涨价合理的听证会"，听证会作为程序公正、利益表达的重要环节却变成走形式。我国政府对民众利益表达回应性不足的一个主要表现就是政府执行力不足，法院判决的许多案件得不到执行，一些地方政府设置的市长热线成为摆设，民众急盼解决的热点问题被政府各部门踢皮球。

（5）完善政府回应民众利益表达机制，关键是提升政府执行力，由过去注重民众利益表达的接访变为完善办理制度。一是建立信访的首接制度，改变过去信访过程中踢皮球的现象。我国信访职权的不对称性，导致信访案件久拖不决，重复信访的现象较为严重。信访首接制度是指"首接负责制"，即对每一件信访事项首接人员即为第一责任人，从信访事项的发生、发展到办结要全程负责，做到跟踪问效，将办结率和办结质量作为对接访人工作业绩考核的重要内容。此举可避免信访工作中的等、靠、拖现象发生，从而促进群众合理诉求的尽快解决。

（6）运用法治手段增强维护弱势群体利益诉求的硬手段。积极运用法治思维和法治手段维护弱势群体的利益，针对农民工工资被拖欠的顽疾，2011年《刑法修正案（八）》增设拒不支付劳动报酬罪，2013年1月22日，最高人民法院发布了《关于审理拒不支付劳动报酬刑事案件适用法律若干问题的解释》，进一步明确拒不支付劳动报酬罪的审理细则。截至2012年12月，各级人民法院共新收拒不支付劳动报酬刑事案件152起，审结134起，对其中120名犯罪分子依法判处刑罚。依法惩治拒不支付劳动报酬犯罪，对于维护劳动者的合法权益，促进社会和谐稳定发挥了重要作用。

针对环境污染加剧而惩处不力的趋势，2011年5月1日施行的《刑法修正案（八）》对1997年《刑法》规定的"重大环境污染事故罪"做出进一步补充和完善，一是扩大了入刑污染物的范围，把原来规定的"其他危险废物"修改为"其他有害物质"，从范围上扩大了刑法惩处的污染范围；二是降低了入刑的门槛，将"造成重大环境污染事故，致使公私财产遭受重大损失或者人身伤亡的严重后果"修改为"严重污染环境"，使原来不能入刑的案件进入刑事惩罚。修改后，罪名由原来的"重大环境污染事故罪"修改为"污染环境罪"。我国运用刑罚惩治环境污染的案件逐年上升，提高了以法解决社会矛盾的效果。

3. 拓宽利益表达渠道的增量改革

利益表达渠道的增量改革主要是在完善既有利益表达渠道功能基础上，拓宽新的利益表达渠道，其中现代信息技术在拓宽新的利益表达渠道方面有着广阔的前景。利用现代信息技术手段增强弱势群体利益表达的便捷性。现代信息技术在利益表达上具有快捷性、低成本、保护性等功能。弱势群体因为日常生活中的艰辛，很难花费大量的时间和金钱用于利益诉求的表达，农民工即使被拖欠工资，也很难通过司法渠道进行诉求，因为农民工在时间和金钱上拖不起。2013年国家信访局开通网上信访举报系统，方便群众足不出户即可查看办理进程和结果，不断降低信访成本。

（1）建立绿色通道化解专项社会矛盾，方便弱势群体利益的表达。我国针对拖欠农民工工资问题在不少地方建立了拖欠农民工工资问题"绿色通道"，许多基层政府劳动保障部门和法院对涉及拖欠农民工工资的案件简化程序、特事特办、优先受理、快速处理等。河南省实施了省内信访平信免费邮寄。从2013年10月1日起，河南省行政区域内公民向上级党委政府及职能部门反映问题、建议的信访来信，发信人只需在信封右上角写上"人民来信"字样,邮政部门将对发寄信件免费邮寄,所需费用由财政统一支付。这项措施有力地保障了信访人身份及信访材料的保密性,减少了信访人的经济负担。从个人角度而言,虽然减少的经济负担有限,但从全省的庞大信访总量看,有助于减少总量的经济负担。

(2)拓宽以互联网为媒介的网络举报系统。中国互联网络信息中心(CNNIC)2013发布的《第31次中国互联网络发展状况统计报告》显示,截至2012年12月底,我国网民规模达5.64亿人,全年新增网民5090万人。2012年中国网民人均每周上网时长达到20.5小时,相比2011年增加1.8个小时。庞大规模的网民数量为公民利用现代媒体进行利益表达提供了技术条件。互联网利益表达的廉价性、快捷性、方便性、隐匿性和安全性,使互联网成为部分网民进行利益表达的首选渠道,"信法不如信网"就是部分网民利益表达取向的心理写照。要建设网络表达形式的多样化,开辟诸如"网络论坛""民情邮箱""官方微博""领导博客""在线访谈""干群面对面"等网络载体,拓宽群众利益诉求渠道。探索开辟"领导热线""党代表热线""人大代表热线""政协委员热线"等,公布领导干部联系方式,方便群众利益表达。畅通弱势群体表达诉求的渠道,使大部分在源头产生的社会矛盾逐步化解,从源头上减少社会矛盾的产生。

4. 完善对政府工作人员办理民众利益诉求事务的责任追究机制

由过去以矛盾发生案件数量为地方政府维稳绩效的评价导向,转变为以矛盾案件办结数量为主导的政府维稳绩效考核机制,提升对政府执行力的监督和责任追究。各地可以依据《中国共产党纪律处分条例》《中华人民共和国行政监察法》《中华人民共和国公务员法》等相关党纪、法律和法规,制定本地有关损害群众利益的追究制度。对公务人员牟取不正当利益,或者不当履职给群众利益造成损害的,予以法律责任追究。根据责权一致的原则,将工作职责和惩处量化到人、量化到岗,明确责任主体、内容、考核标准,防止责任盲区、职责不清而无法进行有效的惩处。

四 健全权利平等和心理纾解机制,化解"不公平感"社会心理

"无直接利益冲突"群体性事件中不公平感的社会心理在事件发生与发展中起着重要的动因,这些不公平感的社会心理表现为怨恨、不满等社

会心态。从"无直接利益冲突"生成过程分析,早在"无直接利益冲突"发生之前,不良情绪已经产生。从"无直接利益冲突"源头来看,怨恨等不良情绪是在日常生活中产生的,在日常生活中减少怨恨等负面情绪的产生是治本之策。从负面情绪产生的主要原因分析,由于公共权力行使过程中不公正导致民众对政府产生不满意心理。强势群体对弱势群体的利益剥夺是不公平感的社会心理产生的主要因素。同时,社会心理疏导缺失也是社会负面情绪扩大的重要因素。政府应该从"无直接利益冲突"不公平感的社会心理产生的两个主要原因进行有针对性的治理,一是从公共权力、强势群体侵害弱势群体利益导致的权利不平等入手,保障权利平等机制建设;二是要以心理疏导为主要手段,缓解不良社会情绪蔓延。

(一) 以解决权力不公作为消除不公平感的关键领域

导致中国社会不公平感社会心理产生的原因是多方面的,既包括经济分配和收入不平等,也包括政治权力表达中的不平等,还包括司法过程的不平等以及民生建设中公共资源配置的不平等。在这些类型的不平等中,经济利益不平等对我国不公平感的社会心理生成仍然占据主导地位。经济收入和财富占有多少是衡量目前不同利益主体在利益格局中的位置的重要维度,中国改革开放过程是从经济收入平均化经过收入合理差别化再到收入差距扩大的一个缓慢发展过程。当前国内民众对贫富之间差距不满的主要社会心理,并不是针对一般收入差距过大的不满,例如没有人因为著名球星姚明每年收入数千万元就产生不满情绪,因为其高额收入是通过合法途径获得的,而民众对收入差距的不满主要是针对收入分配不公产生的。收入分配不公主要是指通过非法渠道导致的收入差距过大,中国社会科学院当代中国社会结构变迁研究课题组的一项全国抽样调查资料显示:目前大多数人认为,权力、职业和行业性质是导致中国社会不公平感现象的主要因素,大约6/10的人(61.5%)选择"因权力造成的不公平"作为中国社会最主要的不公平现象,显然,人们对政府官员以权谋私、贪污腐败和各种寻租行为极为不满。[1]

《人民论坛》"千人问卷"调查组在新浪网推出了"公众公平感"问卷调查,有"96.11%的受调查者表示由权力造成的不公平是当前社会不公平

---

[1] 李春玲:《各阶层的社会不公平感比较分析》,《中国党政干部论坛》2009年第6期。

现象最为突出的表现，民众最不认同权力造成的不公平；其次是由权力与金钱等结盟造成的不公平等，由金钱造成的不公平等位居第三位"[1]（见图5-1）。

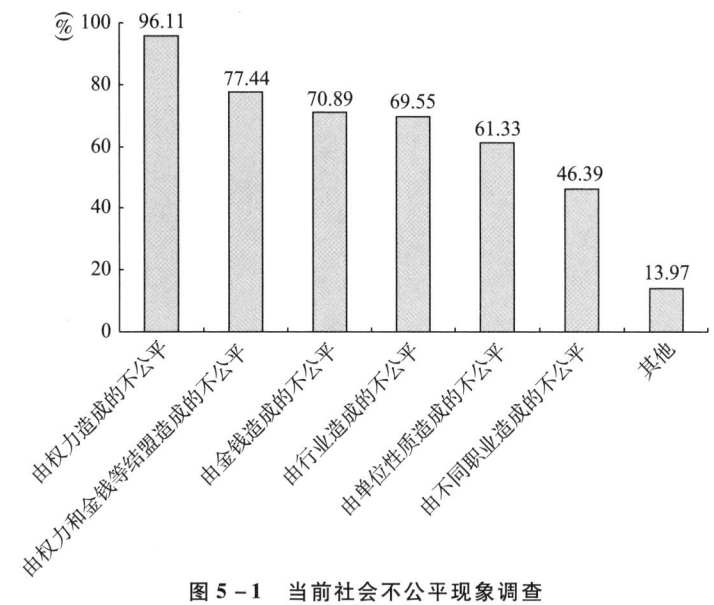

图 5-1 当前社会不公平现象调查

资料来源：《人民论坛》"千人问卷"调查组：《民众最不认同何种不公》，《人民论坛》2008年第11期。

我国社会民众对经济利益不公平感不是来自合法收入和财富上的差异，而主要是由非经济因素收入差异引起的。非经济因素主要是指因权力、垄断、偷税漏税、腐败、职位等因素导致的收入差别，解决中国目前收入差异导致的不公平感不能笼统地从一般经济领域差别入手，而是要重点解决由权力带来的非法经济收入问题。

1. 解决权力异化导致的权钱交易和权力导致的潜规则问题

把权力关进制度的笼子里，重点解决权力导致的腐败收入、灰色收入问题。腐败收入主要是通过市场经济条件下进行权力寻租导致的利用权力牟取非法收入，并利用权力支持亲戚、朋友经商，或者通过企业入股等隐秘手段获得的非法收入。除了治理权力导致的显性权钱交易之外，还要治理隐性的权力特权潜规则，治理特权导致入学不平等、就业不平等，权力

---

[1] 《人民论坛》"千人问卷"调查组：《民众最不认同何种不公》，《人民论坛》2008年第11期。

导致选择性执法等各种各样的社会不平等现象。

2. 解决垄断企业的超额收入问题

我国许多垄断企业并非真正通过市场竞争取得差额利润,而是通过垄断手段获得的,这些垄断企业属于国有企业,而其超额利润却被少数人分配,如石油、电力、烟草等行业,在同等劳动条件下却获得超额经济收入,引起人们不满。

3. 建立合理分配制度和社会保障制度

提升和保障弱势群体的收入可缓解社会矛盾的压力。尽管非权力因素(如受教育程度、智力因素和其他能力因素)并非是导致不公平感社会心理的主要因素,但收入分配差距过大仍然会导致不公平感社会心理的出现。要改变与提升劳动者在收入分配中的格局和地位,避免资本和其他因素在收入分配中所占比重过大的格局;要通过税收和财政转移支付加大对农村和中、西部地区支持力度,缩小城乡收入分配差距和东、中、西部地区收入差距过大带来的城乡不公平感和区域不公平感。要依据"全覆盖、保基本、多层次和可持续方针",统筹推进城乡社会保障体系建设,建成覆盖城乡居民的社会保障体系,社会保障体系是保障人民生存和安居乐业的底限,对失业、下岗、低收入等人群完善医疗保险和养老保险是消除这些群体不公平感社会心理的有效对策。

(二)构建权利平等机制作为化解"不公平感"心理的起点

当前中国社会不公平已经从过去分配结果不公平走向权利不公平,从经济领域向非经济领域扩散,特别是竞争过程中的起点不公平、权利不公平、规则不公平、过程不公平等对不公平感的社会心理影响最大。因城乡教育资源和校际教育资源不平等带来公民受教育权利不平等,因单位体制不同带来的行政、事业和企业不同养老保险权利不平等,因父辈和家庭地位带来的大学生就业权利不平等,因拥有资源不同带来的司法诉讼权利不平等各种形式的权利不平等,都与不同利益主体所拥有的政治、经济、文化等占有资源的不同呈现出明显的差别,权利不平等导致的直接后果就是过程不平等和结果不平等。教育部重大课题"社会公正与政府责任研究"中关于"社会公平感"的问卷调查清楚地反映了这一问题(见图5-2)。

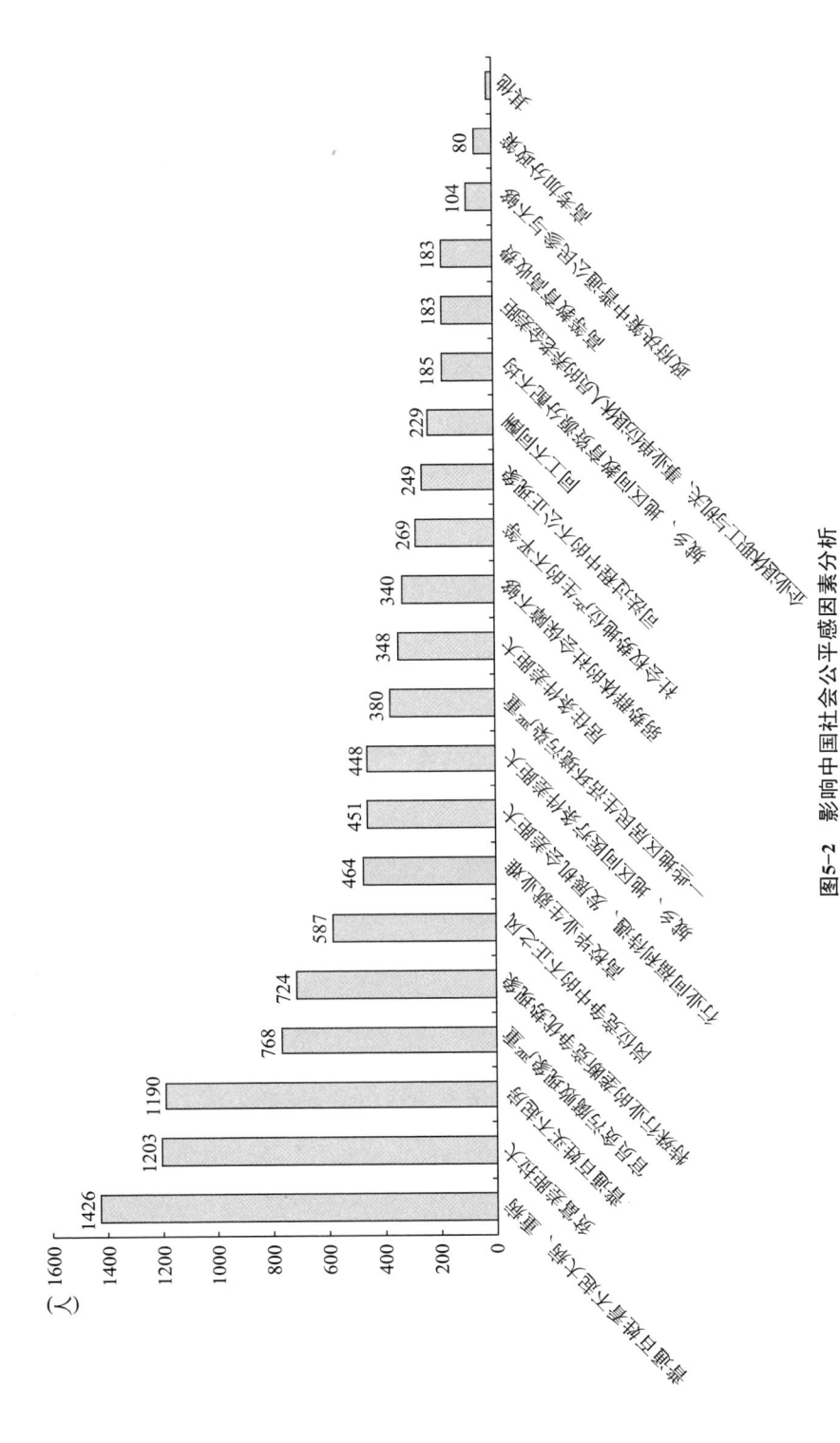

第五章 "无直接利益冲突"的治理研究 | 197

图5-2 影响中国社会公平感因素分析

资料来源：教育部重大课题"社会公正与政府责任研究"中"公民公平感"调研数据。

在社会"公平感"问卷调查中，影响民众基本生活的众多问题，如普通百姓看不起大病重病，岗位竞争中的不正之风，行业间福利待遇、发展机会差距大，城乡、地区间医疗条件差距大，弱势群体的社会保障不够，社会权势地位产生的不平等，司法过程中的不公正现象，同工不同酬，城乡、地区间教育资源分配不均，企业退休职工与机关、事业单位退休人员的养老金差距，政府决策中普通公民参与不够等15项问题涉及公民权利。在此项调查中，与公民权利不平等直接有关的不平等约占整个不平等现象的75%。从解决公民权利的不平等入手来消除社会不公平感远比从结果上解决不公平感问题效果更好。

要把公民权利的公平作为构建社会公平的起点，以保障公民享有同等生存权和发展权为重点，解决"同工不同酬""特殊行业的垄断竞争优势现象"问题，使农民工等部分弱势利益群体获得相同的劳动收益权利；以解决"机关、事业单位和企业退休人员的养老金差距""城乡、地区间医疗条件差距大""弱势群体的社会保障不够"等问题为重点，保障弱势群体的生存权利；以"城乡、地区间教育资源分配不均"为重点，解决公共服务资源权利不平等问题；以"政府决策中普通公民参与不够"作为解决公民发展权利不平等的重点领域；以解决"司法过程中的不公正现象"作为解决公民权利平等构建问题的有效途径。权利公平是所有公平的起点，只有做到权利公平，才能实现过程公平、规则公平、结果公平。

（三）把弱势群体作为完善公民平等权利保障的重点群体

从利益主体视角分析，权利不平等的承担者往往是社会弱势群体，完善权利平等需要重点关注弱势群体，只有弱势群体权利得到保障，才能在激烈的利益博弈中实现全体公民的权利平等。

1. 通过立法确立保障弱势群体平等权利的权威性和长效机制

在所有制度中，法律是保障公民权利平等最具权威性的载体，如我国通过《残疾人权益保障法》等法律有效保护了弱势群体的公民权利。目前，我国对部分弱势群体的权利保障大多还停留在政策、规定等政府文件中。例如，拖欠农民工工资的问题长期依靠政府政策和规定来解决，对拖欠农民工工资问题的治理取决于地方政府的重视程度，2012年我国通过《刑法》修正案，把拖欠农民工工资问题入刑，有力增强了解决拖欠农民工工资问题的权威性和长效机制。当前我国还有部分弱势群体生存权和发展权没有被纳入法律保障机制。例如，把教育平等权利纳入立法内容，有效化解城乡之间、不同区域之间教育资源分配不公的问题。把重大决策、重大事项和重大工程的听证会纳入立法程序，从法律层面有效保护公民的政治参与权，避免公民的政治参与权流于形式、虚置化。

2. 打击部分强势群体超越法律之外的特殊权利

由于中国"官本位"文化广泛的社会心理基础和制度上的不健全，部分掌握公共权力的人运用权力寻求特殊权利的现象呈现出扩大化的趋势，导致中国"特权"现象的泛化。这种特权现象泛化散布在中国各个权力部门，从小孩上学、看病、保障房分配到就业、司法诉讼、干部选任等内容，应加大对特权现象的查处力度，从法律等制度层面建立对特权现象的监督和约束机制。

除了掌握公共权力部门成为我国特殊权利的重灾区之外，改革开放以来获得较高收入的"富人"阶层也成为特殊权利行使的重点人群，要重点治理权力与资本结成利益联盟行使特权现象。2013年，习近平在中国共产党第十八届中央纪律检查委员会第二次全体会议上指出："反腐倡廉建设，必须反对特权思想、特权现象。共产党员永远是劳动人民的普通一员，除了法律和政策规定范围内的个人利益和工作职权以外，所有共产党员都不得谋求任何私利和特权。"[①] 由于我国经济转轨和社会转型时期体制的缺陷，一些富人阶层利用手中较多的经济资源和权力勾结起来，在公民纳税权利、保护环境权利、土地矿产资源开发权利等领域行使法律外的特权。要加大对资本和权力勾结现象的惩处力度，通过查处资本特殊权利现象，打击其背后的权力保护伞，加强对资本实施特殊权利的重点违法领域的专项治理，对资本与公共权力结盟的领域进行重点治理。

3. 对侵害民众最现实、最直接利益领域进行专项治理

当前我国处于社会主义初级阶段，民生领域是涉及民众最直接和最现实的利益区域，教育、医疗、就业、社会保障等领域涉及人民群众最基本的生存权和发展权，是权利不平等的多发领域，也是人民群众最不满意的不平等权利领域。在教育领域重点治理小学、初中划片招生中公民受教育不平等现象，不同区域间教育资源分配不平等现象；加大不同省（自治

---

① 习近平：《更加科学有效地防治腐败 坚定不移把反腐倡廉建设引向深入》，《人民日报》2013年1月23日。

区、直辖市）按人数进行招生名额分配，提升国内考生高等教育受教育平等权。在就业方面，加大对招工企业和事业单位男女就业性别歧视的惩处力度，保护公民就业性别平等权利，重点查处大学生在就业中的"拼爹"现象，严惩在国家机关、事业单位和国有企业招聘中的"萝卜"招聘、面试中弄虚作假的行为。严厉查处经济适用房、廉租房等涉及人民居住权的弄虚作假现象。对在农民低保户、贫困户救济中徇私舞弊行为进行查处，使人民群众在维护自身利益中的权利博弈中感受到国家政策公平。

（四）构建社会心理疏导机制和加强社会关怀建设

社会不良心态既与公共权力运行体制机制建设密切相关，还与不良心态自身发展规律密切相关，如果放任社会不良心态发展，就会导致不良心态的恶性循环。"无直接利益冲突"中诸多不良心态和社会心理，均是长期积累造成的恶果。如果开展良好的社会心理疏导与社会关怀，就会疏导不良心态的扩散，避免不良心态的累积，使不良心态得到有效消除。目前，我国正逐步注重对社会不良心态的疏导，并写入党的代表大会文件中。中共十八大报告提出："全面提高公民道德素质……加强和改进思想政治工作，注重人文关怀和心理疏导，培育自尊自信、理性平和、积极向上的社会心态。"随后，国家"十二五规划"提出"弘扬科学精神，加强人文关怀，注重心理辅导，培育奋发进取、理性平和、开放包容的社会心态"。注重心理疏导，加强人文关怀成为中国共产党新时期开辟思想政治工作的新领域。

1. 培育社会主义核心价值体系的心理认同

核心价值体系是一个国家文化的最核心部分，是一个国家软实力的体现，它统领微观的社会心理和社会情绪，是凝聚社会共识、化解社会矛盾的重要途径，是社会价值观上的"最大公约数"。一个国家、民族拥有良好的价值观，就会规范不良社会心态，引导积极向上的社会心态，一个国家、民族拥有共识的核心价值观，不良心态就会被压缩到最小化。

（1）把社会主义核心价值观内化为全民族的社会共识。党的十八大报告把社会主义核心价值观提炼为24个字："倡导富强、民主、文明、和谐，倡导自由、平等、公正、法治，倡导爱国、敬业、诚信、友善，积极培育社会主义核心价值观。"分别从国家、社会、公民三个层面阐述了社会主义核心价值观的内涵、层次，是社会主义核心价值体系最新的高度凝练和集中表达。社会主义核心价值观已经形成主流社会心态，但社会主义核心价值观与其他社会思想并存，并受到其他社会思潮挑战的现实依然存在。主要问题是如何把社会主义核心价值观变为中华民族的自觉追求和社会共识，内化于心，外化于行，让公民在社会实践中自觉践行社会主义核心价值观。

（2）对社会主义核心价值观的宣传要改变过去"假、大、空"现象，将其根植于中国特色社会主义实践的沃土，创新社会主义价值观达成共识的新载体。社会主义核心价值观的宣传只有根植于中国特色社会主义实践的沃土，富有时代性、真实性、可行性，才能在广大人民群众中引起情感的共鸣。利用传播载体，拓展价值观的传播渠道，如"感动中国十大人物""最美孝心少年""最美乡村教师"等评选，在现实生活中发现具有社会主义核心价值的代表人物，让优秀人物在现实生活中体现出"真、善、美"，让普通民众感到可信、可学、易学。除了宣传社会主义核心价值观，还要以社会主义核心价值观引领社会实践。社会主义核心价值观不仅体现在宣传上，更寓于实践中，经过实践检验的价值观更具有感召力。要通过"身边好人好事""志愿者行动""关爱留守儿童行动"等行动，彰显社会主义核心价值观的引领作用。

（3）对影响社会主义核心价值观的负能量予以鞭挞。社会主义核心价值观既需要正面的引领，也要对负面行为予以鞭挞。对影响社会主义核心价值观的负面鞭挞也能激发对正面宣传的弘扬。2011年广东佛山发生的"小悦悦"事件，引起了国内对"集体冷漠"的反思；"中国式过马路"宣传片的播出激发了国人对不文明行为的反省；对社会中的"老赖"曝光，让失去诚信的行为成为过街老鼠人人喊打等，只有对影响社会主义核心价值观负面行为的挤压，压缩其生存空间，才能使负能量的阵地逐步萎缩，扩展社会主义核心价值观正能量。

2. 建立纾解社会怨气的通道和出口

我国改革开放中出现一些负面社会心态，这些负面社会心态一时难以完全消除，关键是缓解不良社会心态的通道没有建立，不良心态难以进行制度性表达，不能纾解怨气，将其降到合理水平。

（1）制度化渠道是纾解怨气的重要通道，群众心里有气可以找到说理的地方，畅通信访、新闻媒体、网络论坛的诉求通道，群众有说理的地方，政府及其职能部门要认真倾听百姓的诉求，对合理诉求予以解决，不合理的给予耐心解释，让群众怨气得到充分释放，找到出口，这样怨气就不会积累起来，造成恶性循环。

（2）对不良心态的易感群体进行重点心理矫治。如同有些人群是某些疾病的易感人群一样，社会不良心态也有易感人群，社会不良心态易感人群分为两个层面。

一是个体易感者。这些人在现实生活中遇到挫折，由于性格缺陷等原因，容易产生偏执心理，从而做出极端事件，这些案例近些年并不少见。例如，福建南平郑民生杀童案中案犯郑民生的杀童行为与其性格缺陷以及现实生活困扰不易排解有直接的关系。上海杨佳袭警案、云南大学马加爵杀人案等，都透露出一些个人戾气的相似特征。这些社会易感个人或群体有着共同的心理特征，个性缺陷明显，抗挫折能力较弱，需要有针对性地进行心理矫治。

二是群体易感者。主要集中在贫困群体、相对剥夺感较强群体及特殊群体。经济收入的贫困化、社会声望的低层性、承受能力的脆弱性会引起某些社会群体的心理变化，导致其比普通社会群体更能产生不满、怨恨、报复、自卑、焦虑、冷漠等不良心态，共同的经济、社会等特征导致他们更容易出现相似的社会心态，更易以群体心态方式出现。在同样社会条件下，这些易感群体可能更容易产生群体行动。只有有针对性地关注社会心态易感人群，才能使社会不良情绪的纾解有的放矢，起到事半功倍的效果。

3. 构建社会心态预警机制

社会心态和其他社会矛盾一样，其发生发展都有前兆，现在我们过多关注社会矛盾预警机制的"硬件"建设，忽视社会矛盾预警机制的"软件"建设。社会心态变化都有前兆，并呈现出不同时期社会心态的动态变化，我们通过社会心态监测、预警，可以在不良社会心态处于萌芽状态时，做好事前防范与应对工作。仿照国外建立专门社会心态调查机构，定期发布社会心态指数的做法，改变我们国家社会心理监测和预警空白区状态。各级政府要建立专门的社会心态调查机构，或委托社会第三方组织定期调查社会心态变化，监测社会心态变化指数及新趋势，关注社会心态热点问题，并对社会热点心态领域提出有针对性的预防措施；也可在涉及群体切身利益的某些重大措施出台之前，进行专门的社会心态调查，收集和反映民意，在矛盾预防的社会稳定风险评估机制中，可以增加群体社会心态的专门调查，灵活捕捉群体社会心态变化苗头，做到"软"矛盾化解的前置。

4. 完善网络舆情预警和回应机制

网络改变着人们的生活方式，也在改变着人们利益诉求方式，如今网络成为舆情的首选地、扩散地，社会心态首先反映在网络上。人们通过网络发表对社会的看法，也包括社会怨恨、不满等不良情绪，由于网络的匿名性、虚拟性和快速扩散性，普通的网络舆情迅速扩散为重大网络舆情，对社会群体心态起着引导、共鸣、互动作用，对人们社会心态产生重大影响。

（1）网络舆情对社会心态影响有正能量和负能量之分。正能量可以有效聚集民意，引导社会心态朝着正面发展，提升一个国家的精神凝聚力。2011 年浙江杭州滨江区一个 2 岁女童突然从 10 楼坠落，楼下的吴菊萍奋不顾身地冲过去用双手接住了孩子，女孩稚嫩的生命得救了，但吴菊萍的手臂瞬间被巨大的冲击力撞成粉碎性骨折。这一感人事迹在网络上热传，无数网民为之动容，引起人们对真善美的赞誉，称其为"最美妈妈"。

负能量是网络舆情对社会心态负面情绪的集合。由于对某些执法不公、社会腐败问题、社会丑恶现象的愤慨，当网络舆情出现后，迅速出现舆情"放大"现象，引起人们对某种社会真实现象的心理放大，导致社会负面情绪的失控。2009 年云南晋宁县看守所发生一起死亡案件，当地公安部门通报，24 岁男青年李乔明在看守所中与狱友玩"躲猫猫"游戏时头部受伤，后经医院抢救无效死亡。这一事件经媒体报道后，在网络上迅速发酵，众多网民纷纷质疑，一群成年男人在看守所中玩小孩子的"躲猫猫"游戏听起来非常离奇，而这种"低烈度"游戏竟能致人死亡就更加令人难以置信。于是，一场以"躲猫猫"为标志的舆论抨击热潮迅速掀起。网络舆情出现后，少数基层政府面对网络舆情处于"无语"与"乱语"的状态，导致人们对政府公信力的怀疑，少数人借口某个案件执法不公对我国公检法执法公开性进行抨击，以偏概全，引起网民对我国执法公正的普遍怀疑。

（2）对网络舆情的有效回应是平息此类事件的必由之路。部分基层政府面对群体性事件之所以出现"无语"现象，是因为一旦突发社会高度关注的舆情事件，某些地方领导还是以传统处理社会舆情的做法处理，第一反应就是"捂""盖""压"。与过去工业社会不同的是信息社会中互联网已经得到普及和应用,现代化的传播媒介和方式是任何主体无法隐藏与控制的。"捂""盖""压"只会让公众对政府诚信产生怀疑,让真相变得扑朔迷离,并使谣言满天飞,使政府公信力受损。在2009年云南"躲猫猫"事件中,云南省委宣传部适应现代舆情传播规律,公开征集网民参与"躲猫猫"事件真相的调查。云南省相关部门反应迅速,在第一时间对社会公众质疑做出有效回应,并在引入公众社会监督方面采取了实质性举措,防止社会热点事件进一步发酵、扩大、升级,提升了调查结果的权威性,压缩了谣言传播的空间,并有效提高了政府的公信力。

(3) 依法打击网络谣言,避免引起民众心理震荡。网络作为一个虚拟社会,在增加人们交流便利的同时,也提高了虚假信息的传播概率。近些年的网络谣言,特别是针对"仇官""仇富""仇警"的网络谣言居高不下。这些网络谣言利用人们在社会转型期社会思潮多元化,人们对网络新闻的敏感性,部分人群对社会负面预期以及现实社会中存在的阴暗面,利用编造的虚假信息,夸大社会热点问题,引起人们心理共鸣,煽动人们对社会的不满情绪。

目前,在网络犯罪形式中,主要有网上发布不实信息、网络敲诈和网络诈骗,其中网络"造谣者"占据主导力量。已经查处的网络造谣案件中主要有四种形式,一是网络推手公关公司通过有组织的发帖、炒作、传播谋取经济利益,二是因个人恩怨编造谣言打击报复对方,三是有微博"大V"为了博取眼球、赚取粉丝编造谣言,四是假借"网络维权反腐"形式编造谣言并恶意传播。网络谣言的主要传播手法是夸大事实、添油加醋,捕风捉影、无中生有,傍名人、大款等。在网络"造谣"案件中,发布虚假信息的平台主要是地方论坛、QQ空间和微博微信等。很多谣言的最初发布平台是各级论坛,之后会被其他网站转载及微博微信传播。

2013年网络"大V"秦火火一则严重诋毁雷锋形象的信息被发布在互联网上并迅速传播,秦火火无中生有编造雷锋大衣等用品为90元,质疑他是怎么不吃不喝买下这些衣服的,对雷锋形象造成重大负面影响,动摇人们对模范英雄人物的认同。同样,2011年"7·23"动车事故发生后,秦火火在网上编造、散布中国政府花2亿元天价赔偿外籍旅客的谣言,该谣言在2个小时左右,就被网民转发了1.2万次,煽动民众对政府的不满情绪。

净化网络谣言,需要采取网络自我管理与政府依法整治相结合的方针。各个网络公司、论坛版主等要守土有责，自我清除、净化网络谣言。2012年5月新浪实行《新浪微博社区管理规定（试行）》，将整体失实、捏造细节、图文不符、夸大事实、过期信息五类信息规定为不实信息，最高可被处禁言30天以上、禁被关注30天以上，扣除信用积分20分以上，直至冻结账号。这种自我管理的方式在第一道网络防线净化了网络环境。

政府依法惩治网络谣言。严格依据《最高人民法院、最高人民检察院关于办理利用信息网络实施诽谤等刑事案件适用法律若干问题的解释》和《中华人民共和国治安管理处罚法》，对传播网络谣言的次数、社会危害程度分别予以行政拘留和刑事处罚。严格查处、关闭非法网站，一些不法分子私自建立专门用来实施敲诈勒索的"今日焦点网""社会焦点网""环球视点网"等网站进行传播谣言、诈骗、敲诈等行为，执法部门除了追究当事人的责任外，还依法关闭网站。

建立网站谣言举报平台，畅通网络谣言举报渠道。2013年8月，北京48家联盟网站社会公众举报通道正式接入北京地区网站联合辟谣平台。北京地区网站联合辟谣平台，为对接到的违规内容进行系统的界定和处理，辟谣平台的各大联盟网站均将举报邮箱、电话、网页等多种举报接口与平台相连，及时处理、曝光举报信息。新浪网等网站推出有效举措，比如网友如遇到身份证件、联系方式等信息被公布，或发现未经自己允许公布的照片，以及散布侮辱、诽谤等内容的帖子，都可以举报，通过网站申请删除。

采取弘扬正面"舆情"，逐步壮大社会正能量阵地，打击"谣言"传播，压缩负能量生存空间，通过正、负能量的一升一降，有效提升社会公众的正面心态。

五　提高事件现场的危机防范与应急管理能力

资本主义工业革命之后，不同国家和民族发展模式被纳入世界现代化发展道路，与早生内源性国家走向现代化道路不同，后发外源性国家走向现代化道路充满各种风险和挑战，最具有代表性的观点是亨廷顿提出的"现代性孕育着稳定，但现代化过程却滋生着动乱"[①]的观点。如果说以亨

---

① 〔美〕塞缪尔·亨廷顿：《变革社会中的政治秩序》，王冠华等译上海人民出版社，2006，第31页。

廷顿为代表的学者更多关注现代化过程中已经发生的暴力、动荡、骚乱等社会不稳定性后果，而以乌尔里希·贝克为代表的学者提出的"风险社会"理论，把现代性带来的不稳定转向潜在的社会风险研究。随着人类社会从传统社会进入现代社会，风险结构、认知特征发生了根本性变化，产生了不同于传统意义上的现代"风险社会"。改革开放后，中国步入世界现代化的整体发展进程中，由于中国的后发型、赶超型等发展特点，西方长达几百年的现代化进程逐次展开的社会矛盾，在中国被压缩到几十年的时间内，成为压缩性风险"胶囊"。

2003年"非典"（SARS）之后，危机管理应运而生，特别是以群体性事件为代表的社会危机管理更加凸显。危机事件通常具有突发性、不确定性、非程序化决策等特点。从时间发生过程来看，危机管理环节包括事前、事发、事中、事后环节，危机管理内容包括危机识别、预警管理、应急处置、事后管理等。与传统应急管理机制相比较，危机管理的特点是事后处置转向"预防为主、关口前移"，将事件不利影响减少到最低程度。"无直接利益冲突"群体性事件作为典型的危机与应急管理的对象，完全具备了危机事件的典型特征，是我们危机防范与应急管理的重点领域。

（一）完善中国特色危机与应急管理的体制机制

1. 体制与机制建设是危机管理的"硬件"建设

危机管理体制与机制建设包括危机管理的指导方针，危机管理的领导与组织机构建设，危机管理的法律、法规建设。在危机管理的领导与组织机构建设方面，国家层面已经成立国家应急管理办公室，各级政府分别成立了相应的应急管理办公室。我国政府应急管理的三大组织机构包括突发公共事件应急委员会、应急管理办公室以及各类专项突发公共事件管理机构，其中以应急委员会的地位最重要。

2. 危机管理法律、法规建设初步形成

我国已形成以"一案三制"为代表的中国特色国家应急管理体系。"一案"是指制定和修订国家与地方应急预案。2006年国务院发布了《国家突发公共事件总体应急预案》，2007年《中华人民共和国突发事件应对法》正式颁布并实施，我国已制定涉及应对突发事件的法律35件、行政法规37件、部门规章55件，有关文件111件。我国已经构建从国家总体预案到专项预案、部门预案、地方政府及部门预案、企事业单位预案的应急预案体系，国家及地方的应急预案体系已经形成。"三制"是指应急的体制、机制与法制。我国的应急管理体制是以统一领导、综合协调、分类管理、分级负责、属地管理为主的应急管理体制；应急管理机制是指建立健全监测预警机制、应急信息报告机制、应急决策和协调机制；应急管理法制是指在深入总结群众与基层实践经验的基础上，制订各级各类应急预案，形成完善的应急管理体制、机制，并上升为一系列的法律、法规和制度，使突发事件应急管理工作做到有法可依、有章可循。

"一案三制"奠定了中国特色应急管理体制与机制的框架，在我国应急管理中发挥了积极作用，但同时也暴露出一些弊端。主要是应急管理体制不完善，应急预案可操作性不强，重处置、轻预防危机管理机制还有相当大的影响。

3. 建立责权关系明晰和统一的应急管理体制

目前，在我国应急管理体制中垂直管理应急体制比较健全，但横向应急管理体制并不完善。以北京市为例，北京市应对群体性突发事件有两套应急管理体制，一套是"北京市维稳工作领导小组"，另一套是"北京市突发公共事件应急委员会""市专项应急指挥部""区县应急委（应急指挥中心）"三级应急管理机构。这两套应急管理体制存在着交叉分工的工作职能，责权并不明确。需要进一步协调不同隶属关系的应急管理资源，如北京市可以成立应急管理委员会，统一领导"北京市维稳工作领导小组"和"北京市突发公共事件应急委员会"。各级政府形成统一指挥、相互协调、资源充分利用的应急管理体制与机制。

4. 从侧重应急管理机制转向侧重危机防范机制

目前，我国应急管理机制侧重对突发事件之后的应对处置，"轰轰烈烈救援得到隆重表扬、默默无闻预防得不到奖励"的现象普遍存在，这种应急管理机制是在事件发生之后如何采取应对措施的应急管理机制，只能减少损失，而无法避免损失。应急管理机制需要进一步向前采取措施，在事件危机萌芽阶段，采取预防措施，更加注重社会风险评估机制和社会风险防范机制建设，把危机消灭在萌芽状态，阻断其向应急管理方向发展。

5. 增强各级政府及企事业单位应急预案的可操作性

《国家突发公共事件总体应急预案》下发后，各级政府及企事业单位大多依葫芦画瓢编制了相应的应急管理预案。这些应急管理预案普遍存在原则性过强、可操作性不强的问题。国务院应急管理预案侧重于国家层面的政策性和指导性，市级、县级和乡级体现在应急管理预案的应对行动，需要根据本地区的物资装备、应急队伍、地区特点编制有针对性的预案。针对同一地区可能会发生不同类型的应急事件，分类编制应急预案，把自然灾害、事故灾难、公共卫生事件、社会安全事件四种类型突发事件的特点在应急预案中体现出来，提高预案的针对性，使应急预案"看得懂、记得住、学得会、用得上"。按照不同应急管理预案进行演练，锻炼人们在非常规形势下的应急管理适应能力，做到有备不乱。

6. 从应急管理体制、机制建设转向能力提升建设

2003 年非典（SARS）之后，我国侧重于以"一案三制"为中心的应急管理制度、体制和机制建设，我国应急管理体系建设已基本完成。我国应急管理建设需要从静态的体系建设转为以能力为中心的动态建设。能力建设是"个人、群体、组织、制度和社会增强发挥主要作用、解决问题、建立和达到目标的能力以及用全面的观点和可持续的方法理解和应对发展需求的能力"[①]。

把应急管理能力建设与国家治理体系和治理能力现代化相结合，从提高国家治理能力大视野来提升应急管理能力，党的十八届三中全会强调，全面深化改革的总目标是完善和发展中国特色社会主义制度，推进国家治理体系和治理能力现代化。要加快形成科学有效的社会治理体制，确保社会既充满活力又和谐有序。必须加快形成风险源头治理、矛盾动态管理、突发事件应急处置相结合的社会治理机制，从全局性、战略性、系统性、基础性的层面推进应急管理能力建设工作。

7. 从应急管理程序上提升应急管理程序的制度化水平

要改变过去经验式、粗放式、临时性、人为性应急管理模式，建立科学化、精细化、长远性、制度化应急管理模式，使应急管理形成制度并规范执行。从应急管理阶段上，注重应对不同的过程，完善包括风险防范与应急准备、苗头监测与矛盾预警、应急处置与紧急救援、事后恢复与重建四个环节有机衔接的管理过程。

8. 在应急管理主体上从政府主导到多元主体共同参与

多元主体参与是现代社会治理的一个重要特征，在我国的应急管理中

[①] 钟开斌：《中国应急管理的演进与转换：从体系建构到能力提升》，《理论探讨》2014 年第 2 期。

存在政府作为单一应对主体的习惯，要促进每个公民参与应急管理，社会组织和中介组织发挥自身的特长，在政府与民众之间起到缓冲器的作用，群策群力，减少群体性事件发生的频率。

（二）危机防范：在"本体"诱因事件之前进行风险评估

"无直接利益冲突"作为一种突发群体性事件，都有事前、事发、事中、事后连续性阶段。事发、事中、事后属于应急管理阶段，事前属于危机管理阶段，应急管理只能对发生之后的事件进行处置，而危机管理则防患于未然，危机管理是改变过去轻预防、重处置的治理思路。危机管理主要是对潜在的风险进行评估与预警。

1. 社会稳定风险评估机制是危机管理的有效途径

任何一种危机都有发生和发展的过程，风险评估就是在危机发生的初期进行风险识别。中国社会发生的"无直接利益冲突"群体性事件均是社会风险与矛盾长期积累的结果，每一个发生"无直接利益冲突"的地区，事发前均是社会矛盾高风险区。例如，瓮安事件发生前，瓮安县在贵州省人民群众安全感评价调查中得分59.09，居全省第78位，位居全省后几位；人民群众对公安机关满意度为67.57%，位列全省第73位；人民群众对瓮安县党政领导综合满意度为67%，在全省靠后。

危机发生必有前兆，高危事件发生前征兆更为明显。危机发生必然会通过不同的社会指标反映出来，这些指标可以分为客观性指标和主观性指标。客观性指标主要通过客观存在的数据进行风险识别，主观性指标主要通过人们心理感知进行风险识别。客观指标体系主要由经济发展水平、个体生活水平、社会问题三个一级指标构成。其中，经济发展水平主要从宏观上分析经济发展风险，是其他社会风险指标的基础，主要由经济增长率、物价上涨指标、基尼系数三个二级指标构成；个体生活水平从微观层面对社会风险进行识别，主要包括个人收入增长率、社会保障程度、失业率三个二级指标；社会问题主要是从社会层面预测风险，主要包括腐败发生率变化、社会治安案件增长率、环境污染案件三个二级指标。主观性指标主要由经济发展预期度、经济收入满意度、社会安全感、心理满足度等指标构成。通过客观指标与主观指标，再结合数据、问卷分析，确定某一地区社会稳定风险水平。

以"无直接利益冲突"标本性案例——瓮安事件发生前的状况，对其进行社会稳定风险分析。瓮安经济发展速度较快，2000～2007年，全县GDP从11.4亿元增长到21.9亿元，是瓮安经济发展速度最快的时期。经济发展的速度风险较小，但其他社会稳定风险指标均处于较高水平，一些地方贫富分化较为严重，在矿产开发、移民安置中民众的利益受损，而矿主等大发其财，少数干警和黑恶势力勾结，破案率低，社会治安状况恶化。贵州省统计局调查显示，2007年瓮安民众安全感指数在全省排名为第78位，排名靠后。从主观指标来看，瓮安民众在瓮安事件前怨气甚大，仇官、仇富、仇警心理严重，社会心理冲突指标处于严重程度。如果瓮安事件发生前相关部门进行社会稳定风险指数评估，瓮安县将会处于高风险水平。

瓮安县高风险社会稳定指数已经有了预兆，小规模的群体性事件时有发生，2004年瓮安县就已经发生过因余庆县构皮滩水电站移民导致的群体性事件，2000名移民因为构皮滩水电站赔偿数额问题组织请愿，最终部分移民在与政府对峙中，打、砸当地乡政府。这一群体性事件说明在瓮安事件发生之前就已经出现社会稳定风险预兆，可当地政府并没有察觉，而是通过过度追求经济发展速度来稀释社会稳定风险，最终导致更大规模的瓮安事件发生，从风险指标高危度来看，瓮安事件发生"看以偶然，实属必然"。

2. 建立和完善危机预警机制

危机的发生都有前兆，危机识别就是建立和完善危机预警机制。在目前中国发生的"无直接利益冲突"群体性事件中，都有一个从"本体"事件向"变体"事件转变的过程。其中"本体"事件就是"无直接利益冲突"整个过程中的前兆，如何在"本体"事件建立风险识别机制，是阻断从"本体"事件向"变体"事件转变的关键。

（1）完善危机预警信息收集机制。"无直接利益冲突"群体性事件处于"本体"事件预警期时，都有一个危机前兆，这个前兆会通过不同形式表现出来。目前，"无直接利益冲突""本体"事件会通过现实与虚拟两个渠道进行传播，现实渠道是通过小道消息、谣言等形式进行传播，当事人及其家属会通过上访、打标语等方式进行诉求；虚拟渠道是通过微博、博客、贴吧等进行网络传播。基层政府需要构建能够灵敏捕捉相关信息的收集机制，通过公安局网络支队、宣传部网络中心、基层信访部门、网格化管理的网格员等收集危机舆情信息。

(2) 建立危机信息研判机制。通过不同渠道汇集的危机信息内容杂乱，需要通过专业部门进行鉴别，根据危机信息的内容进行风险等级研判。要根据已经收集到的风险信息，依据参与人数、事件缘由、诉求目的、社会反响、诉求渠道等因素，来判断危机风险级别，划分出高风险、较高风险、中级风险、较低风险、低风险5个等级。针对我国已经发生的"无直接利益冲突"案例经验教训，要特别注意非正常死亡案件可能带来的潜在高风险。针对不同研判的风险等级进行分类上报。

(二) 应急管理：提高政府处置突发事件的能力

应急管理主要是事件发生之后的紧急应对，主要包括事发、事中、事后等环节，主要内容包括事件发生之后的检测与预警，事件过程中的应急处置与救援，事后的恢复与重建。针对"无直接利益冲突"群体性事件发生的过程分析，事发环节是指"无直接利益冲突"群体性事件的"本体"事件，事中环节是指"无直接利益冲突"群体性事件从"本体"事件向"变体"事件转变的过程，事后环节是指"无直接利益冲突"群体性事件现场结束之后的较长时间治理过程。针对"无直接利益冲突"群体性事件发生过程的特点，需要采取不同的治理措施。

1. 阻断"本体"事件向"变体"事件转变

"无直接利益冲突"群体性事件"本体"事件阶段，是处置群体性事件的黄金期，因为此时该冲突还处于直接利益冲突阶段，参与人数单一、利益诉求明确、冲突方式较为缓和。针对"无直接利益冲突"中"本体"事件阶段当事人不同利益诉求，进行分类应对。以经济利益为主要诉求的"本体"事件，进行利益受损的评估以及经济利益补偿。对情绪冲突与利益相混合的"本体"事件，主要进行情绪疏导，并配合经济利益补偿。对单纯的情绪冲突，要以公平公正价值观为导向，还原事件的真相，对当事人进行价值导向的情绪纾解。

为了避免当事人与政府协商导致冲突升级，可以通过社会组织作为中间人进行协商，有效化解当事人的不良情绪。瓮安事件中社会民间组织的调解最终未能成功，但其扮演的角色和进行的努力值得重视。在瓮安事件中，需要关注的是"本体"事件发生（李树芬跳河溺水身亡）后，矛盾化解主体多元化特点得以体现，除了政府及公安机关参与矛盾化解工作之外，瓮安民间较有声望的袁树国、刘金学、谢青发以第三方身份主动参与矛盾调解或由政府邀请参与对矛盾纠纷的调解工作。以袁树国、谢青发、刘金学等为代表的民间"和事佬",有威信、懂法律、有手段、善言辞,发挥政府与民间矛盾调解的减压阀和沟通器作用。尽管瓮安事件中民间调解没有获得成功,但也充分展示了政府之外第三方参与调解的功能。这符合中国特色社会主义现代治理的基本特征,改变政党和政府在治理中的单一主体位置,实现治理主体多元化,是必由之路。重点是如把民间第三方治理主体纳入法治化轨道。

2. 采取多种手段纾解"本体"事件参与主体的情绪冲突

针对当前"本体"事件中参与主体的情绪诉求目标为主、利益诉求目标次之的特点,政府应采取协商的手段纾解当事人的情绪。在"无直接利益冲突"案例中,多起非正常死亡事件中的家属对当地(县级)公安机关的司法鉴定并不认同,可采取引入上级公安机关进行鉴定,或者请独立的第三方鉴定机构进行鉴定,提高鉴定的权威性,打消当事人的疑虑。针对当事人的疑虑,可以通过协商的手段,有效化解当事人的疑虑,疏导当事人的不满情绪,而不是公事公办。在进行化解情绪的同时,还要辅之以经济利益的补偿,满足当事人多方面的正当权益。

3. 提高基层政府应对网络舆情的能力

针对我国群体性事件中常见的政府失语等情景,必须提高政府应对舆情的能力。要牢牢掌握网络舆情的主动权,现在群体性事件舆情首先出现于网络,因此要善于发现网络上出现的谣言,在第一时间予以澄清,占领舆情引导的先机。辟谣要有针对性,传统媒体电视、报纸等主流媒介要积极跟进,针对谣言进行深度辟谣。坚决避免经常出现的网络失语现象,在谣言满天飞的情况下,如果政府任其发展,将会导致事态的不可控性。

4. 提高事件现场的应急处置能力

一是领导干部现场处置的原则。领导干部应该第一时间到事件现场掌控,掌握事件发展的最新态势,在事件没有完全恶化的情况下,采取对话协商的方式,倾听群众诉求,化解群众疑虑,疏导群众不满情绪,有效降低助推社会矛盾升级的能量。二是要慎用警力。在处置群体性事件中,要明确公安机关在群体性事件处置中的职能定位,公安机关的主要任务是维护现场秩序,协商化解矛盾,制止过激行为,防止局势失控。在工作中,必须讲究政策、讲究策略、讲究方法,坚持"三个慎用",即慎用警力、慎用武器警械、慎用强制措施,坚决防止因定位不准、用警不当、处置不妥而激化矛盾，坚决防止发生流血伤亡事件。① 时任贵州省委书记石宗源总结瓮安事件经验教训时指出："在处理这些矛盾纠纷和群体性事件中，一些干部作风粗暴、工作方法简单，甚至随意动用警力。他们工作不作为、不到位，一出事，就把公安推上第一线，群众意见很大，不仅导致干群关系紧张，而且促使警民关系紧张。"② 同时，也要防止使用警力走向另一个极端，即在任何情况下都不敢使用警力，任何事情都有一个界限，当群体性事件走向反面，由一般或者轻微违法行为变为暴力行为时，就要敢于果断使用警力，最大程度减少损失。瓮安事件中，当少数暴力分子对县政府打、砸、抢、烧时，警方仍然不敢使用警力，错过使用警力的最后一个时机，使事件损失不可逆转。

（三）善后处置："无直接利益冲突"不可或缺的环节

善后处置是治理"无直接利益冲突"群体性事件不可或缺的组成部分。通过反思，总结此类事件发生的深层次原因，在体制和机制上进行修补和完善，消除此类事件发生的土壤和环境。

1. 澄清"本体"诱因事件发生的真相

"无直接利益冲突"群体性事件发生的导火索是"本体"事件，善后处置的当务之急是还原"本体"事件的真相，消除事件发生的导火索。要通过引入第三方和事件当事人及其家属参与调查，最大限度澄清事件真相，最大限度向民众公布事件的真相，消除民众对诱发"本体"事件真相的疑虑。

2. 对触犯治安条例和刑律的人员依法处理

要对事件中不同的犯罪行为进行分类处理，对那些较为轻微的违法行为者，以教育为主；对那些带头打、砸、抢、烧等触犯刑律的犯罪分子进行刑事处罚；对那些初犯的未成年人，涉及轻微刑事犯罪行为的可减轻刑事处罚。瓮安事件中针对104名涉案违法犯罪青少年，坚持宽严相济的刑事政策，让其回归社会、学校和家庭，并对他们有针对性地开展帮教工作，给其以重新改过的机会，通过教育、感化、挽救，使他们能够重新回归到人生正确的轨道上来。绝大多数涉案青少年在政府、社会、学校的帮

---

① 孟建柱：《深入学习实践科学发展观 做党的忠诚卫士和人民群众的贴心人》，《求是》2008年第11期。
② 刘子富：《新群体事件观》，新华出版社，2009，第25页。

教下逐步走上人生正轨，其中9人考上了大学，取得良好的政治效果、社会效果、法律效果。①

3. 启动责任追究机制

根据中共中央办公厅、国务院办公厅转发中央处理信访问题及群体性事件联席会议《〈关于积极预防和妥善处置群体性事件的工作意见〉的通知》，结合《中国共产党纪律处分条例》等规定，对于中央关于维护稳定和预防、处置群体性事件的有关规定不执行或者贯彻不力，侵害群众利益，做出错误决策，引发群体性事件或者致使群体性事件升级的；群体性事件发生后不及时报告，不及时采取有效措施，处置失当，甚至压制有关部门、单位及时如实上报情况和及时处置，导致可以避免的影响和损失而未能避免的国家机关工作人员给予相应的党纪、政纪处分，构成犯罪的，依法追究刑事责任。②

4. 铲除"无直接利益冲突"发生的深层次土壤

与直接利益冲突群体性事件不同，"无直接利益冲突"群体性事件现场处置完毕并不等于事件的结束，因为导致事件发生的深层次矛盾并没有消除，还可能导致其他类似群体性事件的发生，必须针对事件发生的土壤进行针对性的治理。而对"无直接利益冲突"发生的深层次原因的治理，需要从矛盾治理的体制机制上进行创新。

六　加强党的建设，实现治理能力的现代化

"无直接利益冲突"从事前、事中到事后各个环节均与党的自身建设密不可分，"无直接利益冲突"事前阶段是各种社会矛盾积累时期，一些社会矛盾产生是由于基层党委和政府直接与不同利益主体之间的纠纷所致，与职能越位、与民争利不无关系，如国有企业改制的政策制定、部分土地征用、房屋拆迁等矛盾。还有部分社会矛盾是不同利益主体之间的矛盾，如环境污染、劳资纠纷、物业纠纷等矛盾均是市场经济中不同利益主体之间的矛盾，这些矛盾表面看与政府无关，但在纠纷裁定过程中，政府不可避免地被牵扯进来，并在裁定过程中偏离公平原则，导致矛盾主客体转移。

---

① 李忠将：《"三位一体"帮教使贵州瓮安事件违法青少年重返社会》，新华网·贵州频道，2010年4月27日。
② 中共中央、国务院：《关于积极预防和妥善处置群体性事件的工作意见》，2009。

在"无直接利益冲突"形成的过程中,矛盾是一个逐步积累的过程,由于官僚主义与形式主义,导致本应在基层和矛盾萌芽状态解决的问题,被不同部门"踢皮球",最终导致矛盾急剧膨胀。从"无直接利益冲突"发生现场来看,从"本体"诱因事件到"变体"事件的转变,往往与基层政府处置突发事件的方式有关,瓮安事件中女中学生李树芬之死成为事件的导火索,县公安局在鉴定李淑芬死亡原因时,面对家属的疑问及不满情绪,没有带着感情、耐心解释李树芬死亡的原因,而是公事公办,按照普通案件程序进行办理,致使死者家属的疑问及不满情绪未能得到有效释放,从而为瓮安事件形成埋下了伏笔。"无直接利益冲突"事后处置需要对引发社会矛盾的成因进行深层次治理,需要执政党及其领导下的政府转变工作作风,走群众路线,从关系群众切身利益的问题入手,才能从根本上消除"无直接利益冲突"生成的土壤,做到标本兼治。因此,从"无直接利益冲突"生成过程来看,矛盾发生、发展与执政党执政方式、政府行政方式有直接关系。

(一)构建新时期党和政府社情民意收集机制

"无直接利益冲突"中社会矛盾都是基层微小矛盾长期积累的结果,微小社会矛盾大多与基层群众的切身利益相关,解决这些问题需要深入群众,了解群众所思所想,实际上就是走群众路线。贵州瓮安事件前和云南孟连事件发生后出现"瓮安巨变"和"孟连巨变"的实践经验告诉我们,在各种化解社会矛盾的治理经验中,贯穿治理的主线是走群众路线。一个政党执政后最大的危险就是脱离群众,目前脱离群众的突出问题就是"四风"问题,即官僚主义、形式主义、享乐主义和奢靡之风。我党在治理"四风"问题上采取了许多措施,取得了一些成效,但侵害群众利益事件仍然时有发生,原因是多方面的,但主要原因是在世界观和价值观上丧失了人民群众是历史创造者的观点,没有将群众路线上升到党的规章制度与国家法律层面,没有"硬"约束力。

要把基层实践探索的群众工作方式上升为党的规章制度与国家法律层面,使群众路线从"虚"到"实",从"软"条件到"硬"约束。在我国实现从社会主义计划经济到市场经济体制的巨大转变中,如何在市场经济条件下创新群众工作方式。新时期坚持群众路线、创新群众工作方式,核心是把群众观点、群众利益至上观点,内化为中国共产党及政府的根本价值观，建立密切联系群众、吸收群众意见、发挥群众力量的长效机制，并真正将群众利益放在首位，将群众在利益表达、政策制定与评价等方面的权利予以落实，真正实现群众的知情权、参与权、表达权、监督权，这是新时期践行群众路线、创新群众工作方式的基本路线图。

创新党与政府的社情民意聚集收集机制。社情是社会的基本情况，民意是人民群众的意见愿望，社情民意就是社会生活的基本情况和人民群众的意见和愿望。全面、及时、准确地收集、研究、分析、处理人民群众的意见建议、思想动态、心理情绪，是体察民情、了解民意、化解民怨的第一道防线，也是新形势下做好群众工作的基本功，它不仅反映各级党委与政府工作水平的高低，也反映出其坚持人民群众创造历史的唯物主义世界观。构建民意收集网络广泛覆盖、捕捉民意迅速灵敏、畅通民意表达渠道、民意反馈及时高效为主要特征的社情民意收集机制，是党和政府健全社情民意收集机制的基本方向。

把基层党组织和政府创造的反映社情民意机制上升为国家制度层面，是建立长效机制的必由之路。改革开放以来，针对社会主义市场经济体制的逐步建立，一些基层党委与政府积极探索社情民意的反映机制。例如领导干部下访接待制度、领导干部基层联系点制度、市长热线电话、机关效能投诉电话、行风热线、人大代表联系基层制度、基层网格化管理制度，这些好的社情民意收集制度更多地停留在政府的政策方位，常常是人走政息，关键是把这些政策层面的创新内容上升为党的规章制度与国家法律制度。

拓宽民意表达渠道，特别是把新技术媒体纳入党和政府收集社情民意的新渠道，将基层利用新媒体好的做法上升为党与政府的顶层制度层面。在利用好传统社情民意的表达渠道基础上，积极拓展新技术媒体的社情民意表达空间。以互联网为代表的新型媒体因其便利性、快捷性、及时性、虚拟性等特点成为社情民意的首选集散地。建立专业队伍对互联网上的论坛、BBS、贴吧进行重点信息捕捉，及时上报社情民意动态，将基层党组织与政府利用互联网收集社情民意的好做法，如网上民意直通车、网上办事大厅等，上升为党与政府顶层制度层面。

创造条件拓宽群众参与公共政策制定的渠道，把群众参与的好做法上升为党的规章制度与国家法律层面。群众的观点不仅是深入群众，更重要的是把群众的利益纳入党和国家的公共政策范围，使群众的观点变为党与政府的决策内容。完善法律法规建议征集制度、人事任免公示制度、重大事项社会听证制度、重大事项社会风险评估制度等，一些基层好的做法进一步完善后可上升为国家制度层面，如浙江省温岭市的"议事厅""民主恳谈会""开放式决策""参与式预算"等。

（二）强化少数基层干部侵害群众利益的惩处机制

违背群众路线最大的问题是损害群众利益，侵害群众利益的表现形式主要有显性和隐性两种方式。显性损害群众利益方式主要有：一些医院、学校巧立名目变相收费；征地拆迁违犯法律规定，变相截留征地拆迁款；执法过程中的吃、拿、卡、要等行为；官商勾结导致群众利益直接受损。隐性损害群众利益的方式是指不敢明目张胆地损害群众利益，而是采取一些回避等消极方式，或者打着政策幌子堂而皇之地变相剥夺群众利益。隐性损害群众利益的主要方式有：面对群众利益受损，采取推诿扯皮消极不作为的态度；以发展经济为由，不顾客观条件不成熟，强行推行某种做法；打着民主集中制的旗号，对涉及群众切身利益的问题，变相让少数人参与。对于这些侵害群众利益的行为要从采取事前预防、事中监督、事后惩处三个方面入手，构建完善的预防、监督、惩处综合机制。

党务、政务、村务（厂务）"三公开"制度，是防止基层干部侵害群众利益的前提条件。公开是公平、公正的基础，阳光是最好的防腐剂。目前基层政府侵害群众利益现象中普遍存在着暗箱操作，拆迁补偿款只有少数人知道；基层决策局限于几个人知道等问题，暗箱操作必然导致不法行为的发生，权力公开透明是监督权力滥用的前提条件，只有权力公开透明才可能有监督权力、惩处权力滥用的后续步骤。1994 年，中共中央颁布了《关于加强农村基层组织建设的通知》，在全国推广"村务公开"制度建设。2002 年，中共中央办公厅、国务院办公厅下发了《关于在国有企业、集体企业及其控股企业深入实行厂务公开制度的通知》，加大推行厂务公开的制度化和规范化。2003 年国务院印发《全面推进依法行政实施纲要》，全面推行政务公开制度。2010 年中共中央办公厅下发了《关于党的基层组织实行党务公开的意见》，在全国推行党务公开制度。

党务、政务、村务（厂务）呈现出立体公开方式，成为党和国家执政、施政的基本方式。当前"三公开"体制机制还有待继续深化完善，只有深化完善"三公开"体制和机制，我国"三公开"制度在保障基层民众权益方面才能发挥最大的效应。"三公开"要从公开一般常规性内容转向群众关注的热点和难点问题。"三公开"部分停留在一般性内容和不疼不痒的内容上,对群众关注的基层公务接待费、差旅费、重大项目、重大人事任免等内容,要进行重点公布,除了涉及国家保密项目,一般不留死角。"三公开"要从粗放化走向精细化,"三公开"普遍存在的问题是,财务公开普遍存在着数据粗放化,只公布一组数据,缺乏详细的明细清单,群众看了一头雾水,要从关键数据公布的粗放化走向精细化,列出详细的账目清单,使群众看得明白。细化"三公开"制度建设,细化"三公开"制度的内容、时间、地点、程序,做到可操作性强。加强对"三公开"制度的监督工作,把"三公开"纳入党风廉政责任制考核的重要内容,从体制上保障各级领导对"三公开"的重视。健全基层自治组织中村民理财小组、村民议事小组、社区业主委员会对"三公开"监督的机制保障。利用现代信息技术实现"三公开"方式的多样化,目前大多数"三公开"还停留在纸上或政务公开栏上,政府应利用微信、微博、QQ等平台做到"三公开"形式多样化。

构建损害群众利益的复合型监督机制。损害群众利益行为时有发生,说明制度上存在某些漏洞,完善监督机制的最有效办法是从源头上堵塞制度漏洞,形成制度管人、制度管权、制度管事的长效机制。从政府自身来说,就是从管理型政府向服务型政府转变,明确政府权力边界和权力清单,明确市场在配置资源中的决定性作用,弱化政府配置资源的能力,减少权力寻租的范围,进一步加大简政放权的力度,重点做好以行政许可、非行政许可审批两项行政权力为主体的行政审批制度改革工作。党的十八届三中全会以来,国务院已经先后取消和下放七批共632项行政审批等事项,约占改革前行政审批项目总数的1/3。地方政府应该相应取消和下放行政审批权,减少行政权力审批事项对侵害群众利益行为具有釜底抽薪的作用。

促进权力相互制约与权利制约权力的双重机制建设。权力相互制约是建立在不同权力主体制约平衡的基础上,是不同公共权力之间的相互约束,构建权力制约均衡机制;权利制约权力是公民对权力的制约。我国除了继续完善权力监督机制,如党内纪律监督、人大法制监督等形式之外,应重点做好政协民主监督、媒体舆论监督、社会公众监督的工作,特别是群众监督。毛泽东早在延安时期,与黄炎培的对话中就提出了跳出"历史周期律"的论断，时至今日，我们尚不能说在人民监督政府上已经建立了成熟的制度。健全权力制约权力的重点领域，是加强基层民主建设，完善农村村民自治委员会和城市社区委员会，提升群众自我管理、自我监督的自治水平。把群众监督政府行之有效的方式上升为规章制度，把行风评议、行风热线、行政审批电子监察系统、办事公开制、首问责任制等方式上升为制度"硬"约束。

完善侵害群众利益的惩处机制。把常规监督和专项监督结合在一起，对侵害群众最直接的现实利益进行专项治理。对涉及群众切身利益的教育公平、医疗不正之风、涉法涉诉、环境污染、食品安全等问题进行专项治理。什么问题突出就治理什么，遏制侵害群众利益的现象。

健全侵害群众利益作风的惩处机制。整治机关干部存在的"冷""推""懒""浮""拖"五种"机关病"，整治行政"乱作为""不作为""慢作为""政令不畅"等"中梗阻"现象。不定期公开曝光一批典型案件，对机关官僚主义作风保持高压态势。实行问责制，对官僚主义工作作风，要严字当头，要敢于"动真碰硬"才能抓住要害和突破口。对基层干部以权谋私，行政官僚主义的不作为、行政乱作为，损害群众利益，或给国家、集体利益带来重大损失，造成社会不良后果的，要依据《中国共产党纪律处分条例》和相关法律规定，严格落实首问责任制，追究当事人和单位负责人的相关责任。

（三）推进党的作风长效机制建设

群体性事件发生与党和政府的作风建设密不可分，作风建设中的官僚主义中不作为、乱作为对群体性事件形成、发展起着重要的助推作用。中国共产党历来高度重视党的作风建设，以毛泽东为核心的第一代领导集体创造性地提出理论联系实际、密切联系群众、批评与自我批评三大优良作风；以邓小平为核心的第二代领导集体提出了"执政党的党风问题是有关党的生死存亡的问题"的科学论断；以江泽民为核心的第三代领导集体通过的《中央关于加强和改进党的作风建设的决定》成为新时期党风建设的纲领性文件；以胡锦涛为总书记的党中央站在党的作风体现党的宗旨，关系党的形象、关系人心向背、关系党和国家生死存亡，探索出在改革开放和社会主义市场经济条件下，通过党员主题教育活动的形式，全面推进党的作风建设，提高党的执政能力和执政水平。

1. 当前党的作风建设存在的主要问题

党的作风建设和党的思想、组织、制度以及反腐倡廉建设缺乏综合协调机制，难以形成党的建设合力。党的作风建设和党的思想、组织、制度以及反腐倡廉建设共同构成党的建设的全部内容，同时党的作风建设贯穿于党的思想、组织、制度以及反腐倡廉建设中，它们互为一体，我们既要根据不同时期党的建设特点，突出抓好党的建设的热点和难点问题，又要综合治理，积极推进党的作风建设的其他配套工程，把党的五大建设内容作为整体工程稳步推进。

（1）党的作风建设形式存在单一化倾向，需要不断创新党的作风建设的实现形式和有效途径。在新形势下，全党的作风建设的主要载体是党员干部的教育活动，这一形式已经被充分证明是新形势下党的作风建设的有效途径。党对其他形式的党风建设也做了初步探索，如领导干部联系点活动、领导干部蹲点调研活动、民主生活会制度等，但这些还没有形成制度化。因此，党的作风建设存在单一化倾向，制约着党的作风建设成效的发挥，需要以改革的精神创新党的作风建设，将那些管用的、能在全党推广的新方法进行总结，实现党的作风建设的多样化。

（2）政治动员式的党的作风建设特点明显，难以形成日常作风建设的长效机制。党的作风建设自上而下的动员式和自下而上的主动性不能有机结合，党员自我教育的主动性和自觉性未能有效发挥。政治动员的一个缺陷是机制和制度的不足，致使教育活动的成果未能贯穿于党的作风建设的日常活动中，呈现出明显运动式的阶段性特征。

（3）缺乏党的作风建设的考评机制和责任追究机制，未能形成对领导干部的制约机制。一是党的作风建设的考评体系不完善，指导思想倾向于定性化，缺少定量化，可操作性较差；评价指标体系的客观、公正和严密性有待进一步提高，考核的结果未能全面反映党的作风建设的实际成效。二是党的作风建设的考评主体不够广泛，党员所占比重过大，人民群众的监督权未能有效发挥。三是考评结果的效能不能充分发挥并形成震慑力和制约力，党的作风考评结果未能和领导干部年终的党风廉政责任制考核、领导干部的任用奖惩条例结合起来。四是党的作风建设的考评组织者为党务部门，不能体现出公正性，考评应由社会中介组织和机构实施。五是党的作风建设的责任追究力度不够，容易走形式。

2. 采取综合治理与重点突出相结合的方法加强党的作风建设

（1）科学判断党的作风建设出现的动态变化和新特点，不断提出主题鲜明的党的作风建设专题目标，牢牢把握党的作风建设的主动权。党的作风建设具有长期性和复杂性，贯穿于改革开放的整个过程，不能毕其功于一役，同时又要看到党的作风建设在不同时期会呈现新动向、新问题，积极构建党的作风建设的预警平台，综合信访工作的新动态、党风廉政责任制考核的新特点、网络舆情的新变化、政风行风评议的新焦点和人民内部矛盾的新动向，科学分析党的作风建设面临的新变化和新特点，以人民群众反映最强烈、最突出的问题作为党的作风建设的切入点。

对党的作风建设做到关口前移，增强党的作风建设的主动性和预见性，根据党的作风建设的新变化和新特点，不间断地开展党的作风建设的专题教育活动，使党的作风建设由被动变为主动，牢牢把握党的作风建设的主动权。根据党的作风建设的阶段性特点，把党的作风建设的阶段性目标和长远目标有机结合起来。根据党的作风建设面临的热点、难点问题，以群众反映最强烈的问题为切入口，做到有的放矢，有针对性地开展解决党的作风建设问题的专题活动，务求解决党的作风建设最突出的问题，取得实实在在的效果，积小胜为大胜，通过每次专项活动，使党的作风建设上台阶，在量变中把握质变，通过不断的专项教育活动，促使党的作风建设上新水平。

（2）积极探索党的作风建设多样化的有效途径和实现方式。密切党同人民群众的血肉联系是党的作风建设的核心，是中国共产党区别于其他政党的显著标志之一。江泽民告诫全党："我们党的最大政治优势是密切联系群众，党执政后的最大危险是脱离群众。"积极探索新形势下密切党同人民群众联系的途径，是加强党的作风建设的必由之路。

第一，要使密切联系群众活动规范化、制度化，形成党的规章制度。一是开展领导干部蹲点调研活动；二是健全领导干部联系重点建设项目和重大项目前期活动；三是把领导干部破解社会发展矛盾难题作为新的突破口，坚持领导"下访、包案、销号"活动。

第二，建立健全党的作风建设预警机制，加强对新闻网站、网络论坛、网络博客的日常监测，有效收集、整理和分析有关作风建设领域的信息，通过了解和掌握社情民意，形成作风建设舆情的汇集和分析机制，科学判断党的作风建设新问题、新动向，将问题消灭在萌芽状态，牢牢把握党的作风建设的主动权。

（3）拓宽党的作风建设的群众参与机制。一是在党的群众路线教育活动中，逐步改变党员教育活动中的相对封闭性，特别是将深入调查研究、领导班子专题民主生活会、领导班子分析检查报告、群众评议、整改落实方案、解决突出问题、完善体制机制、总结和测评八个环节置于群众的监督之下，使人民群众成为党的作风教育活动成效的裁判者，提高对党的作风教育活动的监督力和制约力。二是建立专项的一年一度党的作风建设的考核机制。在借鉴"万人评议"政府机关作风建设活动经验的基础上，按照科学合理、公正公开、注重实效和简便易行的原则，逐步建立"万人评议"党的机关作风的新方法，把党的作风的评议和政风、行风评议结合起来，形成党的作风建设专项评议新机制。

（4）拓宽党的作风评价主体，建立科学的评价体系、考评机制和责任追究机制。一是拓宽党的作风评价主体，把对党的作风评价从群众路线教育实践活动评价逐步走向党内和党外相结合，并以群众评价为主体。二是把问卷式调查方法引入党的作风建设评价体系，增强问卷的量化指标体系，增强问卷的可操作性，建立公正、客观、有效的评价体系。三是将党的作风建设考评实施者由过去的党委机关转变为社会中介部门，增强考评机制的公正性。四是把作风建设情况考核结果与党政机关的目标责任制考核、领导干部政绩考核和领导干部任用奖惩条例结合起来。五是建立健全党的作风建设责任追究制，明确责任追究的范围、承担责任的具体单位、责任追究的具体种类、责任追究的具体实施机构和具体程序，将责任追究落实到具体的工作岗位和责任人员。

（5）构建党的作风建设和基层体制创新的互动机制，夯实党的作风建设的基础性工程。把基层大胆探索党的作风建设的实践成果上升至体制和制度性高度，以制度创新来保证教育活动和实践成果的长期性，尊重基层党员干部和党的基层组织在探索党的作风建设方面的机制和体制创新的首创精神。实现党的作风建设常态化。把行之有效的党的作风建设机制和体制上升为党的规章制度，加快出台《中国共产党党员干部日常作风建设条例》，使其成为全体党员和领导干部日常作风建设的重要内容。

（6）建立正面示范和负面警示相结合的激励和惩戒的有效教育方式。利用不同时期先锋人物和革命精神等政治资源优势，在教育活动中积极弘扬焦裕禄精神。结合时代特征，积极推广和宣传时代先锋人物的优秀事迹，在党员教育活动中把先进人物的政治资源优势转化为党员干部教育活动的模范带头和示范、引导作用。同时，建立党员干部警示教育基地、警示教育案例等新的教育方式。

总之，"无直接利益冲突"是一种复合型矛盾，治理的方式需要多元化的措施。既要采取多元治理方针又要实施重点治理。其中，源头性利益矛盾的治理是化解"无直接利益冲突"的治本之道。畅通利益表达渠道，提高利益表达的有效性，是化解矛盾的重要环节，我国社会矛盾升级的关键是在这一环节上的缺失，利益表达是化解"无直接利益冲突"的关键。同时，纾解社会不良心理和心态也是现代文明社会建设不可或缺的内容，我们应该尽快补上这一课。在矛盾治理的不同环节中，贯穿于矛盾治理的红线是党和政府的治理措施。中国共产党既需要加强党的自身建设的内功，还需要提升执政能力的外功，只有两者相结合，才能使中国社会渡过矛盾凸显期，实现社会主义和谐社会。

参考文献

一 著作类

《马克思恩格斯选集》第1~4卷，人民出版社，1995。

《列宁选集》第1~4卷，人民出版社，1995。

《毛泽东选集》第1~4卷，人民出版社，1991。

《毛泽东文集》第7卷，人民出版社，1999。

《刘少奇选集》下卷，人民出版社，1985。

《邓小平文选》第2卷，人民出版社，1994。

《邓小平文选》第3卷，人民出版社，1993。

《江泽民文选》第1~3卷，人民出版社，2006。

胡锦涛：《论构建社会主义和谐社会》，人民出版社，2013。

中共中央党史研究室：《中国共产党历史》第二卷，中共党史出版社，2011。

王伟光：《利益论》，人民出版社，2004。

王浦劬等：《政治学基础》，北京大学出版社，2006。

李秀林、王于、李淮春等：《辩证唯物主义和历史唯物主义原理》，中国人民大学出版社，1990。

李培林、张翼、赵延东、梁栋：《社会冲突与阶级意识——当代中国社会矛盾问题研究》，社会科学文献出版社，2005。

李培林、李强、孙立平：《中国社会分层》，社会科学文献出版社，2004。

刘子富：《新群体事件观——贵州瓮安"6·28"事件的启示》，新华出版社，2009。

中国行政管理学会课题组：《中国群体性事件突发事件成因及对策》，国家行政学院出版社，2009。

崔亚东：《群体性事件应急管理与社会治理——瓮安之乱到瓮安之治》，中共中央党校出版社，2013。

许尧：《中国公共冲突的起因升级与治理——当代群体性事件发展过程研究》，南开大学出版社，2013。

高新民：《领导干部应对群体性事件案例评选》，中共中央党校出版社，2011。

王赐江：《冲突与治理：中国群体性事件考察分析》，人民出版社，2013。

郭纯平：《新世纪国内群体性事件研究——以构建和谐社会为视角的考察》，新华出版社，2013。

燕道成：《群体性事件中的网络舆情研究》，新华出版社，2013。

于建嵘：《抗争性政治：中国政治社会学基本问题》，人民出版社，2010。

谢岳：《抗议政治学》，上海教育出版社，2010。

谢立中：《西方社会学名著提要》，江西人民出版社，1998。

吴江霖等：《社会心理学》，广东高等教育出版社，2004。

汝信、陆学艺、李培林：《2005年中国社会形势分析与预测》，社会科学文献出版社，2005。

汝信、陆学艺、李培林：《2009年中国社会形势分析与预测》，社会科学文献出版社，2008。

汝信、陆学艺、李培林：《2011年中国社会形势分析与预测》，社会科学文献出版社，2010。

〔法〕古斯塔夫·勒庞：《乌合之众——大众心理学研究》，冯克利译，广西师范大学出版社，2007。

〔美〕曼瑟尔·奥尔森：《集体行动的逻辑》，陈郁、郭宇宽、李崇新译，上海人民出版社，1995。

〔英〕汤普森：《英国工人阶级的形成》，钱乘旦等译，译林出版社，2001。

〔美〕科塞：《社会冲突的功能》，孙立平译，华夏出版社，1989。

二　论文类

于建嵘：《当前我国群体性事件的主要类型及其基本特征》，《中国政法大学学报》2009 年第 6 期。

郝宇青：《当前中国"无直接利益冲突现象"的特征》，《探索与争鸣》2007 年第 2 期。

范明：《中外"群体性事件"问题比较研究》，《中国人民公安大学学报》2003 年第 1 期。

钟玉明、郭奔胜：《社会矛盾的新警号》，《瞭望》2006 年第 42 期。

孙玉杰：《国内外化解"无直接利益冲突"的理论与实践》，《中共天津市委党校学报》2010 年第 3 期。

许尧、刘亚丽：《群体性事件中的冲突升级及遏制机制研究》，《国家行政学院学报》2011 年第 1 期。

王绍光、胡鞍钢、丁元竹：《经济繁荣背后的社会不稳定》，《战略与管理》2002 年第 3 期。

王赐江：《群体性事件的类型化及发展趋向》，《长江论坛》2010 年第 4 期。

刘能：《怨恨解释、动员结构和理性选择——有关中国都市地区集体行动发生可能性的分析》，《开放时代》2004 年第 4 期。

应星：《"气"与中国乡村集体行动的再生产》，《开放时代》2007 年第 6 期。

赵鼎新：《西方社会运动与革命理论发展之述评——站在中国的角度思考》，《社会学研究》2005 年第 1 期。

蔡禾、李超海、冯建华：《利益受损农民工的利益抗争行为研究——基于珠三角企业的调查》，《社会学研究》2009 年第 1 期。

李俊：《相对剥夺理论的价值论视角》，《学海》2005 年第 4 期。

牛文元：《社会物理学与中国社会稳定预警系统》，《中国科学院院刊》2001 年第 1 期。

李春玲：《各阶层的社会不公平感比较分析》，《中国党政干部论坛》2009 年第 6 期。

《人民论坛》"千人问卷"调查组：《民众最不认同何种不公》，《人民论坛》2008 年第 11 期。

胡荣：《农民上访与政治信任的流失》，《社会学研究》2007 年第 3 期。

张小明：《我国社会稳定风险评估的经验、问题与对策》，《行政管理改革》2014 年第 6 期。

李强：《当代中国社会的四个利益群体》，《学术界》2000 年第 3 期。

李煜：《制度变迁与教育不平等的产生机制》，《中国社会科学》2006 年第 4 期。

谢金林：《情感与网络抗争动员——基于湖北"石首事件"的个案分析》，《公共管理学报》2012 年第 1 期。

薛澜、张强、钟开斌：《危机管理：转型期中国面临的挑战》，《中国软科学》2003 年第 4 期。

冯书泉：《构建和谐社会必须关注弱势群体》，《人民论坛》2005 年第 2 期。

朱力：《中国社会风险解析——群体性事件的社会冲突性质》，《学海》2007 年第 6 期。

刘勇：《"无直接利益冲突"群体心理分析及心理疏导机制构建》，《云南社会科学》2007 年第 1 期。

冯仕政：《西方社会运动的研究：现状与范式》，《国外社会科学》2003 年第 5 期。

李强：《当前中国的四个利益群体》，《学术界》2000 年第 3 期。

黄勇等：《反思瓮安"6·28"事件》，《瞭望》2008 年第 27 期。

应星：《草根动员与农民群体利益的表达机制——四个个案的比较研究》，《社会学研究》2007 年第 2 期。

王国勤：《"集体行动"研究中的概念谱系》，《华中师范大学学报》（人文社会科学版）2007 年第 5 期。

张泰苏：《中国人在行政纠纷中为何偏好信访？》，《社会学研究》2009 年第 3 期。

潘丽：《旁观者卷入无直接利益冲突的行动逻辑——对马鞍山 6·11 事件参与者的访谈分析》，《山东理工大学学报》（社会科学版）2012 年第 4 期。

程昆：《"无直接利益冲突"现状及其防范》，《人民论坛》2012 年第 12 期。

熊友华：《我国"无直接利益冲突"研究的批判性分析》，《科学社会主义》2012 年第 6 期。

郭星华：《"无直接利益相关者"新解》，《人民论坛》2009 年第 8 期。

后　记

《"无直接利益冲突"生成逻辑及社会治理》一书，是在 2011 年国家社科基金项目"人民内部矛盾中'无直接利益冲突'生成逻辑及治理研究"（11BKS041）最终成果基础上，经过修改、完善，并最终出版。

"无直接利益冲突"是当前研究中国社会矛盾与冲突的热点问题。2011 年该课题立项后，经过资料收集、整理、分析、稿件修改，于 2015 年 3 月通过国家社科规划办的鉴定。作为本书内容的阶段性成果，先后在《马克思主义研究》《科学社会主义》《中州学刊》《郑州大学学报》《广西社会科学》《中共福建省委党校学报》等发表，在这里向这些刊物和编辑深表谢意。

本课题研究中，杨清涛、秦国民、任俊英、陈文新、马润凡等对大纲的完善提出宝贵的修改意见，在此表示衷心的感谢。

中共中央党校马克思主义理论教研部主任、副教育长，博士生导师韩庆祥教授，在百忙之中欣然为本书作序，对本书研究予以肯定并提出殷切的希望。

感谢郑州大学公共管理学院诸位领导，特别是公共管理学院党委书记刘学民教授、院长高卫星教授为本课题的研究提供了宽松的学术研究氛围，使该课题能够顺利完成。

我的研究生刘丹、周宁等在资料收集、文字校对等方面付出了辛勤的劳动，在此表示感谢。

社会科学文献出版社的任文武和高启编辑，对本书编辑出版给予了大力支持，付出了大量的心血，谨表谢忱。

由于本人水平有限，本书纰漏之处在所难免，敬请学界专家指正。

谢海军

2015 年 6 月

图书在版编目(CIP)数据

"无直接利益冲突"生成逻辑及社会治理/谢海军著.—北京：社会科学文献出版社,2015.9
ISBN 978-7-5097-7912-5

Ⅰ.①无… Ⅱ.①谢… Ⅲ.①社会管理－研究－中国 Ⅳ.①D63

中国版本图书馆CIP数据核字（2015）第192656号

"无直接利益冲突"生成逻辑及社会治理

著　　者／谢海军

出 版 人／谢寿光
项目统筹／任文武
责任编辑／高　启　王　颉

出　　版／社会科学文献出版社·皮书出版分社(010)59367127
　　　　　地址：北京市北三环中路甲29号院华龙大厦　邮编：100029
　　　　　网址：www.ssap.com.cn
发　　行／市场营销中心（010）59367081　59367090
　　　　　读者服务中心（010）59367028
印　　装／三河市东方印刷有限公司
规　　格／开本：787mm×1092mm　1/16
　　　　　印　张：15　字　数：252千字
版　　次／2015年9月第1版　2015年9月第1次印刷
书　　号／ISBN 978-7-5097-7912-5
定　　价／58.00元

本书如有破损、缺页、装订错误，请与本社读者服务中心联系更换

版权所有 翻印必究